新能源汽车系列

电动汽车充电系统
原理与检修

张仕奇 刘仍贵 主 编
闫 军 朱 军 副主编

化学工业出版社

·北京·

本书注重理论与实际结合，系统地介绍了电动汽车充电技术基础，动力蓄电池及管理系统，电动汽车充电技术及装置，北汽新能源汽车、比亚迪电动汽车、荣威电动汽车等典型电动汽车充电系统的检修，以及电动汽车充电站及其运行等内容。书中图文并茂，并加入了典型实例，可读性强。本书配套电子课件，可发邮件到857702606@qq.com 免费索取。

　　本书可供广大新能源汽车行业从业者学习参考，也可供广大汽车专业及相关专业的职业院校作为教材选用，并可作为相关行业的培训用书。

图书在版编目（CIP）数据

电动汽车充电系统原理与检修 / 张仕奇，刘仍贵主编 .—北京：化学工业出版社，2019.9（2024.6重印）
　（新能源汽车系列）
　ISBN 978-7-122-34754-1

　Ⅰ . ①电⋯　Ⅱ . ①张⋯ ②刘⋯　Ⅲ . ①电动汽车 - 充电　Ⅳ . ① U469.72

　中国版本图书馆 CIP 数据核字（2019）第 124651 号

责任编辑：韩庆利　　　　　　　　　文字编辑：张绪瑞
责任校对：王素芹　　　　　　　　　装帧设计：刘丽华

出版发行：化学工业出版社（北京市东城区青年湖南街 13 号　邮政编码 100011）
印　　装：北京科印技术咨询服务有限公司数码印刷分部
787mm×1092mm　1/16　印张 14$\frac{1}{4}$　字数 334 千字　2024 年 6 月北京第 1 版第 5 次印刷

购书咨询：010-64518888　　　　　　　售后服务：010-64518899
网　　址：http://www.cip.com.cn
凡购买本书，如有缺损质量问题，本社销售中心负责调换。

定　　价：59.00 元　　　　　　　　　　　　　　　　版权所有　违者必究

前言

随着我国经济水平的提高，汽车已成为生活中的交通和出行的工具，也推动了汽车产业的快速发展。汽车的消费提高了人们生活质量，方便了人们的出行，但也带来了石油大量消耗和对石油的依赖性，甚至出现能源危机，同时汽车尾气也造成空气污染，特别已成为产生雾霾的主要因素之一，为此，全世界都在应对石油短缺、环境污染和气候变暖的共同挑战，也纷纷出台相关的措施节能减排。在汽车领域，各国提高汽车节能技术和汽车尾气排放标准，加快培育和发展节能汽车与新能源汽车的进度，既是有效缓解能源和环境压力，推动汽车产业可持续发展的紧迫任务，也是加快汽车产业转型升级、培育新的经济增长点和国际竞争优势的战略举措。

充电系统作为电动汽车核心技术之一，电动汽车，特别是纯电动汽车的充电技术，最关键的问题是如何能实现高效率的快速充电。这关系到充电器的容量和性能、电网的承载能力和动力电池的承受能力等。随着动力电池本身充放电速度的不断提高，充电系统的性能也在不断地改进，以满足在多种不同应用情况下的快速充电需求。由于快速充电系统需要强大的瞬时功率，所以在快速充电设施中电网的承载能力是一个关键的制约因素。如果想要把充电速度进一步提高，从普通电网直接供电基本上不可能。为了解决这个矛盾，技术人员正着手研发新一代带有储能缓冲环节的超快速充电系统。这项技术目前还处于早期发展阶段，但已经有示范系统展示。汽车在行驶中充电称为在线充电，这也是技术人员将要研究和开发的技术之一。这种技术一旦实施，车载的电池容量将可以降低。随着电动汽车市场的迅速发展，这些技术一定会得到广泛的应用并产生巨大的经济效益。

本书条理清晰、层次分明，全书系统地介绍了电动汽车充电技术基础，动力蓄电池及管理系统，电动汽车充电技术及装置，北汽新能源汽车充电系统等典型电动汽车充电系统的检修，以及电动汽车充电站及其运行等内容。本书内容详实，图文并茂，注重实例介绍，可读性强，适合广大新能源汽车行业从业者学习参考，也可供广大汽车专业及相关专业的职业院校作为教材选用。

本书由张仕奇、刘仍贵担任主编，江苏城市职业学院徐州分院闫军、宿迁中等专业学院朱军担任副主编，参加编写的还有徐峰、杨光明、潘明明、周钊、汪倩倩、魏金营、江滔、姜琳晖、杨小波、周宁、姚东伟、潘旺林、满维龙、卢小虎、陈忠民、徐淼、楚宜民等。

本书在编写过程中得到了部分新能源汽车生产厂商的大力支持和帮助，在此表示最诚挚的谢意！

由于新能源汽车领域技术日新月异，同时编者知识和能力也会存在不足，书中难免存在疏漏和不当之处，请读者及时反馈，以便以后修订。

编　者

目录

第五章　电动汽车充电站及其运行 ································· 204

参考文献 ································· 220

第一章　电动汽车充电技术基础

电动汽车，特别是纯电动汽车的充电技术，最关键的问题是如何能实现高效率的快速充电。这关系到充电器的容量和性能、电网的承载能力和动力电池的承受能力等。随着动力电池本身充放电速度的不断提高，充电系统的性能也在不断地改进，以满足在多种不同应用情况下的快速充电需求。由于电力的储运和使用比汽油方便得多，充电设备的建造也呈现出多样性和灵活性，既可以为集中式的充电站，也可以设置在道路边、停车场、购物中心等任何方便停车的地方。除了固定充电装置以外，电动汽车还带有车载充电器，可以在夜间利用家里的市电插座进行充电，甚至还可以在用电高峰期把电力逆变后返送回电网。目前，根据不同的汽车动力电池电压和容量、充电速度要求，以及电网供电容量等因素的考量，固定充电器的容量一般为 15 ～ 100kW，输出电压一般为 50 ～ 500V。车载充电器容量则在 3kW 左右。

目前，世界各国都在研究电动汽车的快速充电技术。欧洲已研发出充电 10min 可行驶 100km 的快速充电系统。美国也已经研发出充电 6min 可以行驶 100km 的超快速充电系统。这些系统都采用国际通用的快速充电标准接口，输入电源可以用交流电，也可以用直流电。

由于快速充电系统需要强大的瞬时功率，所以在快速充电设施中电网的承载能力是一个关键的制约因素。如果想要把充电速度进一步提高，从普通电网直接供电基本上不可能。为了解决这个矛盾，技术人员正着手研发新一代带有储能缓冲环节的超快速充电系统。这项技术目前还处于早期发展阶段，但已经有示范系统展示。汽车在行驶中充电称为在线充电。这也是技术人员将要研究和开发的技术之一。这种技术一旦实施，车载的电池容量将可以降低。随着电动汽车市场的迅速发展，这些技术一定会得到广泛的应用并产生巨大的经济效益。

一、电动汽车充电系统的结构组成

充电系统是动力汽车主要的能源补给系统。图 1-1 是动力汽车充电系统示意。动力汽车充电系统主要由充电桩、充电线束、车载充电器、高压控制盒、动力电池、DC/DC 转换器、低压蓄电池以及各种高压线束和低压控制线束等组成。

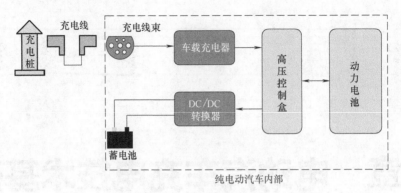

纯电动汽车内部

图 1-1　充电系统示意

对于纯电动汽车和插电式混合动力汽车，高电压蓄电池充电系统是不可缺少的子系统之一，其功能是将电网的电能转化为车载高电压蓄电池的电能，当高电压蓄电池充满后自动停止充电。高电压蓄电池充电系统主要由充电器、充电设备和车载充电接口三部分组成。

1. 充电器

充电器是指将电网提供的交直流电能转化为车载高电压蓄电池所需的直流电能的装置（即 AC/DC、DC/DC 整流器）。纯电动汽车和插电式混合动力汽车充电器分为车载充电器（安装在车内）和非车载充电器（安装在充电桩内）两种。

车载充电器是指将 AC/DC 整流器安装在插电式混合动力或纯电动汽车上，采用地面交

图 1-2　车载充电器

流电网或车载电源对高电压蓄电池组进行充电的装置，如图 1-2 所示。车载充电器负责与交流电网建立连接并满足车辆充电电气安全要求。此外还通过控制导线与车辆建立通信。这样可以安全启动充电过程并在车辆与车载充电器之间交换充电参数（例如最大电流强度）。

2. 充电设备

充电设备是指为满足纯电动汽车或插电式混合动力汽车充电而配备的户外使用型供电设备，可固定在停车场、广场及其他便于新能源汽车停靠的地点。充电设备给纯电动汽车或插电式混合动力汽车提供单相或三相交流电源，使用标准非接触式智能卡控制充电开始和结束，并提供过压、欠压、过流、过温、防雷等系统保护功能。

（1）移动充电包　所谓的移动充电包，就是一条充电线，任何有普通电源插口的地方都可以充电，体积和重量均较小，所以使用非常方便，如图 1-3 所示。可将移动充电包放在发动机室盖下方的移动充电包盒内或者后备厢内。由于使用普通家用插座将移动充电包连接到交流电压网络上，因此限制了最大充电电流强度。在我国针对该交流电压网络提供的相关产品型号可使用最大 16A 电流强度或最大 3.7kW 充电功率，属于车载慢充系统，从计算角度来说，使之前完全放电的插电式混合动力与纯电动汽车高电压蓄电池重新充满电大约需要持续 7h。为减少数小时计的最大充电功率使用时间，不允许以最大充电电流进行

充电。因此实际充电持续时间更长。

需要注意的是使用家用插座为新能源汽车充电时，也需要考虑插座及线路的承受能力，如果采用一些伪劣产品的插座，也可能导致充电插座烧毁、线路烧熔等安全隐患。

（2）固定充电桩　插电式混合动力与纯电动汽车供电设备根据其尺寸和电气要求必须以固定方式进行安装，例如客户屋内或车库内；在公共场所例如停车场也可以设立这种充电桩。固定安装式充电桩设备（又称为"充电桩"）分为交流电充电桩和直流电充电桩。

交流电充电桩可通过两相（美国）或三相（在德国普及）方式将交流电充电桩连接至交流电压网

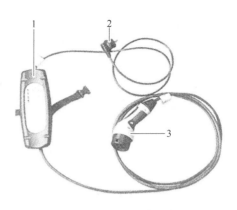

图 1-3　宝马 i3 移动充电包
1—电动车辆供电设备（集成型，又称为"集成式电缆箱"）；2—用于连接家用插座的插头；3—用于连接车辆的插头

络，但始终通过单相方式与新能源汽车充电接口进行连接。在我国，固定安装式交流电充电桩包括落地式和挂壁式两种，如图 1-4 所示。与移动充电包不同，在此最大电流强度可为 32A，最大充电功率可为 7.4kW，这些最大值由电气安装所用导线横截面大小所决定。进行安装时，电气专业人员根据导线横截面进行充电桩配置，从而确保可通过控制信号将相应最大电流强度传输至车辆。

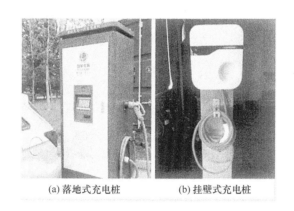

(a) 落地式充电桩　　　　(b) 挂壁式充电桩

图 1-4　固定式交流电充电桩

在美国，充电电缆与交流电充电站之间不允许使用插接连接件。因此客户无法断开充电电缆与交流电充电站的连接。

直流电充电桩是固定安装式充电桩的另一种形式。与交流电充电桩不同，在直流电充电桩内已将交流电压转化为直流电压。因此在新能源汽车上无需通过车载充电器将交流电压转化为直流电压。直流电充电桩通常可提供远高于交流电充电桩的充电功率。因此通过直流电充电桩可更加迅速地为高电压蓄电池充电。

3. 车载充电接口

插电式混合动力与纯电动汽车车载充电可分为快充和慢充，为了保证充电迅速高效，使用特定的充电接口进行充电，像在传统车辆上必须打开燃油箱盖一样，按压充电接口盖

电动汽车充电系统原理与检修

图1-5　充电接口防潮保护装置

或操作遥控钥匙开锁按钮从而使充电接口盖开锁。此外，充电时需要保证整车防水密封性要求，通过另一个端盖防止真正的充电接口受潮和弄脏，如图1-5所示，并且要保证车载充电接口能够承受瞬时大电流的充电过程。

车载充电接口一般设置在车辆的侧面（原加油口位置）和前面（车标后面），不同厂家在充电接口位置设置时略有不同。比亚迪e6电动汽车车载充电接口安装在左侧围外板上，如图1-6所示。可以用直流充电桩给汽车进行充电，以100A或30A的充电电流给高压蓄电池充电（连接图中左侧充电接口）；也可以用充电桩或家用220V交流电充电（连接图中右侧充电接口）。

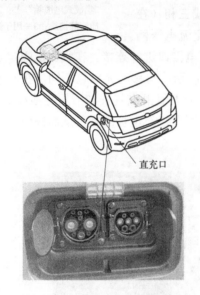

直充口

图1-6　比亚迪e6车载充电接口

二、电动汽车充电方法与充电模式

（一）电动汽车充电方法及特点

电动汽车充电方式主要有常规充电方式、快速充电方式、电池更换方式、无线充电方式及未来其他前沿技术等。

1. 常规充电方式

常规充电方式采用恒压、恒流的传统充电方式对电动汽车进行充电，相应的充电机的工作和安装成本相对较低，电动汽车家用充电设施（车载充电机）和小型充电站多采用这种充电方式。

车载充电机是电动汽车的一种最基本的充电设备，如图1-7所示。充电机作为标准配置固定在车上或放在后备厢里。由于只需将车载充电机的插头插到停车场或家中的电源插座上即可进行充电，因此充电过程一般由客户自己独立完成、直接从低压照明电路取电，充电功率较小，由220V/16A规格的标准电网电源供电。典型的充电时间为8～10h

（SOC值达到95%以上）。这种充电方式对电网没有特殊要求只要能够满足照明要求的供电质量就能够使用。由于在家中充电通常是晚上或者是在电低谷期，有利于电能的有效利用。

小型充电站是电动汽车的一种最重要的充电方式，如图1-8所示，充电桩设置在街边、超市、办公楼、停车场等处。采用常规充电电流充电，电动汽车驾驶员只需将车停靠在充电站指定的位置上，接上电线即可开始充电。计费方式是投币或刷卡，充电功率一般为5～10kW，采用三相四线制380V供电或单相220V供电。其典型的充电时间是，补电1～2h，充满5～8h（SOC值达到95%以上）。

图1-7　车载充电机充电方式　　　　图1-8　小型充电站充电方式

常规充电方式主要优点是，充电技术成熟，技术门槛低，使用方便，容易推广普及；充电设施配置简单，占地较小，投资少；电池充电过程缓和，电池能够深度充满；充电时电池发热温和，不易发生高温短路或爆炸危险，安全性较高；接口和相关标准较低；充电功率相对低，对配电网要求降低，基础设施配套需求小，一般选择夜间充电可避开傍晚用电高峰期，节能效果较好。

常规充电方式主要缺点是，充电时间长，续驶里程有限，使用受到限制；用于有慢速充电需求的停车场所，如住宅小区停车场、社会公共停车场等。

2. 快速充电方式

快速充电方式以150～400A的高充电电流在短时间内为蓄电池充电，与常规充电方式相比安装成本相对较高。快速充电也可称为迅速充电或应急充电，其目的是在短时间内给电动汽车充满电，大型充电站（机）多采用这种充电方式。

大型充电站（机）的快速充电方式如图1-9所示，它主要针对长距离旅行或需要进行快速补充电能的情况进行充电，充电机功率很大，一般都大于30kW，采用三相四线制380V供电。其典型的充电时间是10～30min。这种充电方式对电池寿命有一定的影响，特别是普通蓄电池不能进行快速充电，因为在短时间内接受大量的电量会导致蓄电池过热。快速充电站的关键是非车载快速充电组件，它能够输出35kW甚至更高的功率。由于功率和电流的额定值都很高，因此这种充电方式对电网有较高的要求，一般应靠近10kV变电站附近或在监测站和服务中心中使用。

快速充电方式主要优点是，技术较为成熟，接口标准要求较低，充电速度快，增加电动汽车长途续航能力，是一种有效的补充方案。

快速充电方式主要缺点是，充电功率较大，接口和用电安全提高，电池散热成为重要因素；电池不能深度充电，一般为电池容量的80%左右，容易损害电池寿命，需要承担更

图 1-9　大型充电站（机）的快速充电方式

多的电池折旧成本；短时用电消耗大，对配电网要求较高，基础设施配套需求巨大。

3. 更换电池充电方式

除了以上几种充电方式外，还可以采用更换电池组的方式，即在蓄电池电量耗尽时，用充满电的电池组更换已经耗尽的电池组。电动汽车用户把车停在一个特定的区域，然后用更换电池组的机器将耗尽的蓄电池取下，换上已充满电的电池组。由于电池更换过程包

图 1-10　利用换电机器人为电动汽车更换电池

括机械更换和蓄电池充电，因此有时也称它为机械"加油"或机械充电。电池更换站同时具备正常充电站和快速充电站的优点，也就是说可以用低谷电给蓄电池充电，同时又能在很短的时间内完成"加油"过程。通过使用机械设备，整个电池更换过程可以在10min 内完成，与现有的燃油车加油时间大致相当。

如图 1-10 所示为利用换电机器人为电动汽车更换电池。

电池更换方式主要优点是，电池更换客户感受接近传统的加油站加油；用户只需购买裸车，电池采用租赁的方式，大幅降低了车辆价格；采用适合的充电方式保证电池的健康以及电池效能的发挥，电池集中管理便于集中回收和维护，减小环境污染；选择夜间用电低谷时段慢速充电，降低服务机构运行成本，对电网起到错峰填谷作用。

电池更换方式主要缺点是，基础设施建设成本较高，占用场地大，电网配套要求高；需解决电动汽车更换电池方便的问题，如电池设计安装位置、电池拆卸难易程度等；需要电动汽车行业众多标准的严格统一，包括电池本身外形和各项参数的标准化，电池和电动汽车接口的标准化，电池和外置充电设备接口的标准化等；电池更换容易导致电池接口接触不良等问题，对电池及车辆接口的安全可靠要求提高；电池租赁带来的资产管理、物流配送、计价收费等一系列问题，运作复杂性和成本提高。

4. 无线充电方式

无线充电方式包括电磁感应式、磁场共振式、无线电波式三种方式。电动汽车非接触充电方式的研究目前主要集中在感式充电方式，不需要接触即可实现充电。目前，日产和

三菱都有相关产品推出，其原理是采用了可在供电线圈和受电线圈之间提供电力的电磁感应方式，即将一个受电线圈装置安装在汽车的底盘上，将另一个供电线圈装置安装在地面，当电动汽车驶到供电线圈装置上，受电线圈即可接收到供电线圈的电流，从而对电池进行充电。

相对于电动汽车的有线充电而言，无线充电具有使用方便、安全、可靠，没有电火花和触电的危险，无积尘和接触损耗，无机械磨损，没有相应的维护问题，可以适应雨、雪等恶劣的天气和环境等优点。无线充电技术用于电动汽车充电可以降低人力成本，节省空间，不影响交通视线等。如果可以实现电动汽车的动态无线充电，则可以大幅减少电动汽车配备的动力电池容量，从而减轻整车重量，降低电动汽车的运行成本。

有了无线充电技术，公路上行驶的电动汽车或双能源汽车可通过安装在电线杆或其他高层建筑上的发射器快速补充电能。电费将从电动汽车上安装的预付卡中扣除。

电动汽车无线充电示意图如图 1-11 所示。

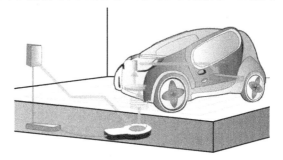

图 1-11　电动汽车无线充电示意图

5. 移动式充电方式

对电动汽车蓄电池而言，最理想的情况是汽车在路上巡航时充电，即所谓的移动式充电（MAc）。这样，电动汽车用户就没有必要去寻找充电站、停放车辆并花费时间去充电了。MAc 系统埋设在一段路面之下，即充电区，不需要额外的空间。

接触式和感应式的 MAc 系统都可实施。对接触式的 MAc 系统而言，需要在车体的底部装一个接触拱，通过与嵌在路面上的充电元件相接触，接触拱便可获得瞬时高电流。当电动汽车巡航通过 MAc 区时，其充电过程为脉冲充电。对于感应式的 MAc 系统，车载式接触拱由感应线圈所取代，嵌在路面上的充电元件由可产生强磁场的高电流绕组所取代。很明显，由于机械损耗和接触拱的安装位置等因素的影响，接触式的 MAc 对人们的吸引力不大。

（二）电动汽车常见充电模式

充电是电动汽车使用过程中必不可少的环节，充电快慢影响着电动汽车使用者的出行规律。根据电动汽车动力电池组的技术特性和使用性质，在国际标准 IEC 61851-1 中（IEC=国际电工委员会）规定了不同的充电模式。表 1-1 汇总了各种充电模式的重要参数。

表 1-1　电动汽车各种充电模式的重要参数

充电类型	充电模式	额定电压电流	与车辆通信	充电插头连接
交流充电	充电模式一	220V AC/16A	无	插座
	充电模式二	220V AC/8～16A	通过充电电缆内的模块	插座
	充电模式三	220V AC/16～63A	通过充电站内的模块	交流充电桩
直流充电	充电模式四	380V AC/30～300A	通过充电站内的模块	非车载充电机（柜）

同样是充电，究竟这些不同的充电模式除了充电时间外的差异，还有没有别的区别呢？根据充电电流大小及充电方式的异同，交流充电可以分为三种充电模式，各厂家不同

模式对应不同的充电导线或不同颜色的插头。

1. 充电模式一

由于家用充电插座内不带控制导线和接近导线，充电模式一（图1-12）无法与车辆建立通信，充电时无法限制和确认最大电流强度，所以大部分厂家都不采用。

图 1-12　充电模式一

1—普通家用插座；2—用于普通家用插座的插头；3—保护开关；
4—充电电缆；5—充电插头；6—车辆上的充电接口

2. 充电模式二

纯电动汽车与插电式混合动力汽车车载充电器负责与交流电压网络建立连接并满足车辆充电电气安全要求，此外还通过控制导线与车辆建立通信。这样可以安全启动充电并在车辆与车载充电器之间交换充电参数（例如最大电流强度）。采用随车配备的便携式移动充电包进行充电，一般采用充电模式二（图1-13），可使用家用电源或厂家专用充电桩电源。充电电流较小，一般为 8 ~ 16A，电流可采用两相交流电和三相交流电，因此依据电池组容量大小，充电时间为 5 ~ 8h。

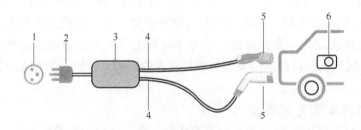

图 1-13　充电模式二

1—普通家用插座；2—用于普通家用插座的插头；3—集成式电缆箱；
4—充电电缆；5—充电插头（欧规和美规）；6—车辆上的充电接口

由于使用普通家用插座将集成式电缆箱连接到交流电压网络上，因此限制了最大充电电流强度。值得注意的是，一般家用插座为10A，16A 插头并不通用，需要用电热水器或空调的插座。电源线上的插头有标明该插头是 10A 或 16A。充电模式二使用非常广泛，可设立在家里、公共停车场与公共充电站等地方。因充电时间较长，可满足白天运作、晚上休息的车辆。

3. 充电模式三

在充电站还没有全面普及的情况下，公共充电桩或厂家充电机很大程度上解决了纯电动汽车或插电式混合动力汽车在公共场合充电难的问题。通过厂家充电机或充电桩进行交流充电时，一般采用充电模式三（图 1-14）。

交流充电桩充电需要通过充电模式三的充电插头进行车辆连接（图 1-15）。在美国充电电缆与交流电充电站／充电桩之间不允许使用插接连接件。因此用户无法断开充电电缆与交流电充电站／充电桩的连接。

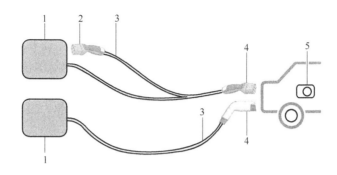

图 1-14　充电模式三

1—充电机或充电桩；2—充电插头（欧规）；3—充电电缆；4—用于连接车辆的充电插头（欧规和美规）；5—车辆上的充电接口

图 1-15　交流充电桩充电

4. 充电模式四

直流充电桩主要用于对纯电动汽车进行快速充电，需要通过充电模式四的充电插头进行车辆连接（图 1-16）。直流充电桩实质上为应急充电模式，其目的是短时间内给电动汽车充电。高功率、高电压的工作条件使得直流充电桩仅在大型充电站或公路旁作为应急使用。

图 1-16　直流充电桩（充电模式四）

从总体使用层面来说，并不建议常使用直流充电桩进行充电。直流充电桩仅部分车型支持，如特斯拉、比亚迪e6、北汽新能源E150/200、启辰晨风和荣威E50。快速充电模式的电流和电压一般为150～400A和200～750V，充电功率大于50kW。此种方式多为直流供电方式，地面的充电机功率大，输出电流和电压变化范围宽。

虽然快速充电的充电速度非常高，其充电时间接近内燃机注入燃油的时间，但充电设备安装要求和成本非常高，并且快速充电的电流电压较高，短时间内对电池的冲击较大，容易令电池的活性物质脱落和电池发热，因此对电池保护散热方面要求更高，并不是每款车型都可快速充电。无论电池再完美，长期快速充电终究影响电池的使用寿命。

（三）充电连接装置及连接方式

电动汽车充电时，连接电动汽车和电动汽车供电设备的组件，除电缆外，还可能包括供电接口、车辆接口、缆上控制保护装置和帽盖等部件。充电连接装置示意如图1-17所示。

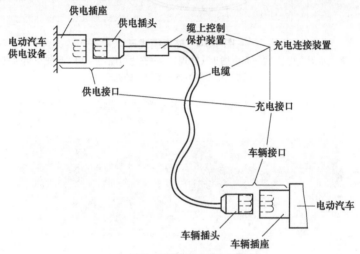

图1-17　充电连接装置示意

连接方式指的是使用电缆和连接器将电动汽车接入电网（电源）的方法。

1. 连接方式 A

将电动汽车和交流电网连接时，使用和电动汽车永久连接在一起的充电电缆和供电插头，如图1-18所示。

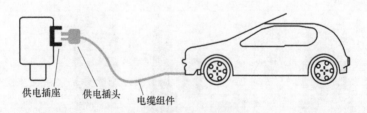

图1-18　连接方式A

注：电缆组件是车辆的一部分

2. 连接方式 B

将电动汽车和交流电网连接时，使用带有车辆插头和供电插头的独立的活动电缆组件，如图1-19所示。

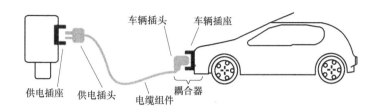

图 1-19　连接方式 B

注：可拆卸电缆组件不是车辆或者充电设备的一部分

3. 连接方式 C

将电动汽车和交流电网连接时，使用和供电设备永久连接在一起的充电电缆和车辆插头，如图 1-20 所示。

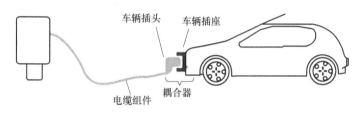

图 1-20　连接方式 C

注：电缆组件是充电设备的一部分

连接方式 A、连接方式 B、连接方式 C 适用于模式三。仅连接方式 C 适用于模式四。

三、电动汽车充电标准和技术要求

1. 全球统一标准

为了加速电动汽车市场化进程，降低开发成本，利于供应商、运营商及用户，缩短开发周期并利于电动汽车厂商的出口竞争力，很多充电组件均采用标准化结构和功能。目前全球充电标准统一为"Combo（联合充电系统）"，如图 1-21 所示。

其优点是低成本，快速、便利、可靠、体积小、带宽高，可应用于其他场合。目前主要标准有 SAE（美国机动车工程师学会）标准和 IEC（国际电工委员会）标准。GB（国家标准）暂时没有统一的标准出台。

2. 充电插头的技术要求

所用充电插头为标准化部件（IEC 62196-2）。根据车辆配置和国家规格使用不同充电接口。表 1-2 概括了最常见的充电插头型号。

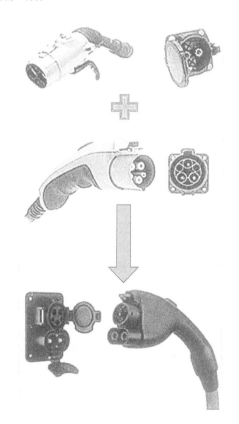

图 1-21　全球充电标准统一为"Combo"

表 1-2　常见的充电插头型号

充电方式	美国（型号1）	欧洲（型号2）
交流电充电	 SAE J1772/IEC 62196-2	 IEC 62196-2
直流电充电	 SAE J1772/ IEC 62196-3 Combo 1	 IEC 62196-3 Combo 2
充电方式	日本	中国
交流电充电	 IEC 62196-2	 GB第2部分
直流电充电	 CHAdeMO/IEC 62196-3	 GB第3部分/IEC 62196-3

（1）美规交流充电插头技术要求　美国、日本、韩国等国家主要使用充电插头型号 1 进行交流电充电。用于 7.4kW 交流电充电和 3.7kW 交流电充电的充电电缆基本上使用相同插头来连接车辆，插头区别仅在于根据充电电缆的电流承载能力，接近导线内的电阻大小不同，图 1-22 展示了该插头的结构和接口。

（2）欧规交流充电插头技术要求　欧洲和我国主要使用充电插头型号 2 进行交流电充电。在与交流电充电即车载充电机有关的标准中，国家电网的 Q/GDW 399—2009 仅规定了接口的定义、实现的功能，对于具体外形尺寸、控制电路并未具体说明；南方电网只有交流充电桩的标准。通过了解，现在交流充电的标准已经统一，即工信部的 QC/T 841—2010，所以重点介绍 QC/T 841—2010 中交流接口的部分，图 1-23 展示了该插头的结构和接口。

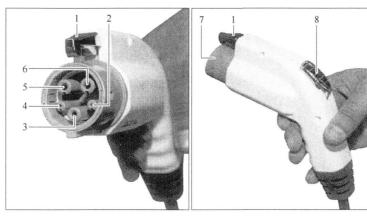

(a) 与车辆接口侧面图　　　　　　　　　(b) 手柄侧面图

图 1-22　交流充电插头（美规型号 1）

1—机械锁止件；2—控制导线接口；3—地线 PE 接口；4—接近导线接口；5—相位 L 接口；
6—零线 N 接口；7—机械导向件 / 插头壳体；8—用于在拔出前进行插头机械开锁的按钮

　　无论是充电插头型号 1 还是型号 2，常用 5 个端子接口。相位 L 和零线 N 采用带有屏蔽层的高电压导线设计，连接 220V 高压电，端部通过一个扁平高电压插头连接车载充电器的交流电接口。控制导线和限流导线使用普通信号导线，这些信号导线也带有屏蔽层。控制导线用于确定和传输最大的可用充电电流强度。通过接近导线可识别出将充电插头插入车辆充电接口内的充电电缆最大电流负载能力。在充电电缆插头内，限流接口与地线之间接有一个欧姆电阻，如图 1-24 所示。电阻值说明所用充电电缆允许的最大电流强度（根据导线横截面）。在标准 IEC 61851 中规定了电阻和电流强度的分配情况。地线在充电接口附近与车辆接地电气连接，通过这种方式保护接地。

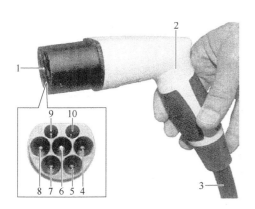

图 1-23　交流充电插头（欧规型号 2）

1—机械导向件 / 插头壳体；2—手柄 / 插头壳体；

3—导线；4—零线 N 接口；5—备用通信端子；

6—地线 PE 接口；7—备用通信端子；

8—相位 L 接口；9—接

近导线接口；10—控制导线接口

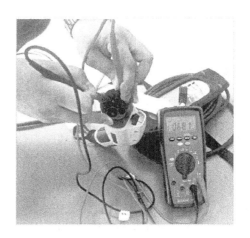

**图 1-24　家用 8A 的充电插头机械开
关锁止时的限流电阻**

（3）组合充电插头 Combo 技术要求　　Combo 充电是依据 IEC 62196 用于纯电动汽车和插电式混合动力汽车的充电插接系统，既支持交流电充电也支持直流电充电。主要包括一个车辆充电接口和一个充电插头（集成有两个分别用于交流电充电和直流电充电的充电插头）。这种通用插接系统只需要具备一个车辆充电接口便可实现不同的交流电和直流电充电方式。在此分为用于美国市场的型号 Combo 1 接口，如图 1-25 所示；欧洲市场的型号 Combo 2 接口，如图 1-26 所示。

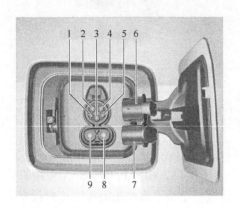

图 1-25　交直流充电插头接口（美规 Combo 1）
1—接近导线接口；2—相位 L 接口；3—地线 PE 接口；
4—零线 N 接口；5—控制导线接口；6—交流电
充电插孔保护帽；7—直流电充电插孔保护帽；
8—直流电负极导线接口；9—直流电正极导线接口

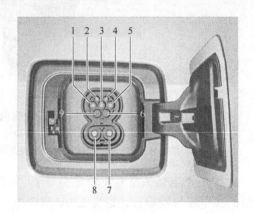

图 1-26　交直流充电插头接口（欧规 Combo 2）
1—相位 L 接口；2—接近导线接口；3—地线 PE 接口；
4—控制导线接口；5—零线 N 接口；6—未使用；
7—直流电负极导线接口；8—直流电正极
导线接口；9—未使用

这两种型号的直流电接口触点相同。由于与交流电充电相比直流电触点尺寸较大，可实现最大 200A 电流，因此可在例如途中进行快速充电。

用于 Combo 充电的车辆充电接口（Combo 1 和 Combo 2）包括上述用于交流电充电的插孔（型号 1 和型号 2）以及用于直流电充电的插孔，这种充电接口的优点是，客户既可使用交流电充电站也可使用直流电充电站进行高电压蓄电池充电。

进行直流电充电时，充电期间断开充电插头会产生电弧。为了避免这种情况，充电期间以电动机械方式锁止充电插头，这样可以避免使用者遇到危险情况。充电插头上的人机工程学造型手柄以及较小插入力和拉力确保用手便可实现舒适插头操作。

（4）我国直流充电插头的技术要求　　中国型号充电插头是指我国直流充电标准，目前直流充电接口相关的标准有工信部、国家电网和南方电网三个标准，尚未完全统一。三个通信协议均将充放电过程划分为握手阶段、配置阶段、充电阶段、充电结束阶段，对于充电机与 BMS 的地址分配也是一样的，但由于三个标准的起草单位均没有重叠，所以协议中报文的具体格式并不相同。三个标准均遵循 CAN2.0B 协议的内容，推荐波特率为 250kb/s，均推荐使用独立的 CAN 总线接口。负电流值代表充电，正电流值代表放电，图 1-27 展示了该插头接口。

出于安全考虑，在充电接口连接过程中，端子连接顺序为：保护接地、直流电源正极与直流电源负极、低压辅助电源正极与低压辅助电源负极、充电通信、充电确认；在脱开的过程中则顺序相反。新能源汽车的车辆控制装置能够通过测量检查点的峰值电压判断充

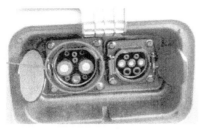

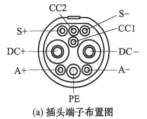

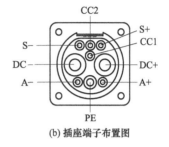

(a) 插头端子布置图　　　　　(b) 插座端子布置图

图 1-27　直流充电插头接口（中国型号）

S+—通信 CAN-H；S-—通信 CAN-L；CC1—充电连接确认 1；CC2—充电连接确认 2；DC+—直流电正极导线接口；

DC-—直流电负极导线接口；PE—地线接口；A+—低压辅助电源 +；A-—低压辅助电源 -

电插头与充电接口是否充分连接。

（5）日 本 直 流 充 电 插 头 CHAdeMO 技 术 要
求　CHAdeMO 充电是另一种直流电充电，主要在日本
作为标准充电方式使用。CHAdeMO 是 CHArge de Move
的缩写，即 "Charge for moving"（移动充电）。目前欧
洲和美国的充电站也可进行符合 CHAdeMO 要求的快速
充电。采用这种方式时，充电电压在 300 ～ 600V 范围
内变化，电流强度最高可达 200A，因此充电功率约为
60kW，用于直流电充电的充电接口位于车辆右侧后方。
图 1-28 展示了该插头接口。

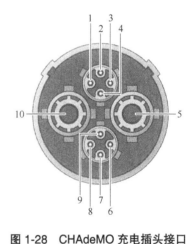

四、电动汽车充电状态的识别

插电式混合动力与纯电动汽车充电时可以通过充电
接口的充电指示灯、220V 家用充电移动包的集成式电缆
箱、充电桩（机）用户操作界面或按钮指示灯等几个方
面进行充电状态的识别。

图 1-28　CHAdeMO 充电插头接口

1—用于绝缘监控的参考电位；2—直流
电接触器 1 供电；3—未使用；4—授
权充电；5—直流电负极导线接口；
6—直流电接触器 2 供电；7—接地线接口；
8—CAN（高电平）；9—CAN（低电平）；
10—直流电正极导线接口

1. 充电接口的充电指示灯

充电接口的充电指示灯有单个 LED 指示灯和 C 形光导纤维 LED 指示灯。奇瑞 S15EV
采用了单个 LED 指示灯，位于充电接口下方，打开加油口盖和充电口盖就可以看到（图
1-29）。充电状态指示灯闪烁方式见表 1-3。

宝马插电式混合动力汽车与纯电动汽车有 1 个 C 形光导纤维围绕在车辆充电接口周围，
通过其可显示出充电状态；同时光导纤维还用作充电接口定向照明。

电动汽车充电系统原理与检修

图 1-29 充电状态指示灯

表 1-3 充电状态指示灯闪烁方式

序号	充电状态	指示灯状态
1	正在充电	红灯常亮
2	满电	绿灯常亮
3	充电暂停	黄灯常亮
4	故障	不亮

充电接口定向照明装置用于插上和拔下充电电缆时为驾驶员提供方向引导。充电接口盖打开后，2 个 LED 就会发出白光（图 1-30）。识别出正确插入充电插头后，就会关闭定向照明装置并显示初始化状态。

正确插入充电插头后就会立即开始初始化。初始化阶段最长持续 10s。期间 LED 以频率为 1Hz 的橙色闪烁（图 1-31）。成功进行初始化后可开始为高电压蓄电池充电。

图 1-30 定向照明状态指示灯（白光）

图 1-31 初始化状态指示灯（橙光）

LED 以蓝色闪烁表示目前正处于高电压蓄电池充电过程（图 1-32）。闪烁频率约为 0.7Hz。如果初始化阶段已顺利完成且当前不打算充电（例如设定夜间低谷时充电），充电暂停或充电就绪。

充电结束后 LED 以绿色持续亮起时表示高电压蓄电池充电状态"已完全充电"（图 1-33）。

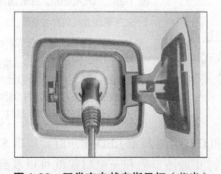

图 1-32 正常充电状态指示灯（蓝光）

图 1-33 充电结束状态指示灯（绿光）

如果在充电过程中出现故障，LED 会以红色闪烁表示相关状态（图 1-34）。在此 LED 以约 0.5Hz 的频率闪烁 3 次，每 3 组暂停约 0.8s。

图 1-34　充电时故障状态指示灯（红光）

2. 220V 家用充电移动包的集成式电缆箱指示灯

220V 家用充电移动包的集成式电缆箱指示灯功能见图 1-35，各个指示灯状态的定义一般位于集成式电缆箱的背面。

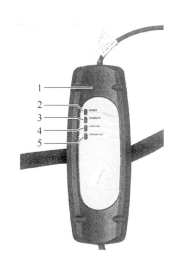

"电源"灯	"充电中"灯	"接地检测"灯	"充电故障"灯	状态
●	●	●	●	无电源接入
○	●	○/●	●	未请求充电
○	○	○/●	●	控制盒供电
○	○/●	○	●	接地短路
○	○/●	●	●	未接地
○	●	○/●	○	车辆通信故障
○	●	○/●	⊠	车辆接地故障
○	●	⊠	⊠	内部故障
● = 暗　　　○ = 亮　　　⊠ = 闪烁				

图 1-35　集成式电缆箱指示灯功能

1—BMWi 移动式车辆供电设备；2—电源指示灯；3—充电状态指示灯；
4—车载充电器故障指示灯；5—充电期间故障指示灯

3. 充电桩 / 充电机指示灯

充电桩 / 充电机指示灯分为智能型和非智能型。智能型带有用户操作界面直接显示（例如比亚迪 100A 的直流充电机）。充电时蓝色充电指示灯不断闪烁（图 1-36）。

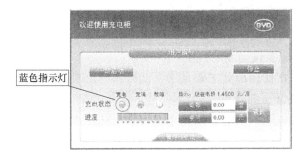

图 1-36　充电状态指示灯

当车辆充满电时，充电机自动停止充电，此时粉色充电指示灯闪烁（图1-37）。

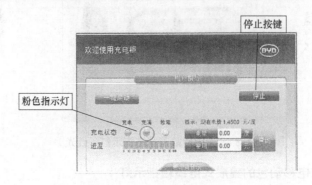

图1-37　充满电状态指示灯

非智能型不带用户操作界面，只能通过按钮背景指示灯进行识别（例如比亚迪30A的直流充电机）。连接正常后，向右旋开充电机侧面的急停按钮，此时充电机为待机状态，中间LED指示灯闪烁为红色；充电时中间LED指示灯和启动/停止按钮为绿色；当电动车充满电时，充电机自动停止充电，此时中间LED指示灯闪烁为红色；如充电过程中或是启动充电时出现故障，充电机中间LED指示灯闪烁为黄色（图1-36）。

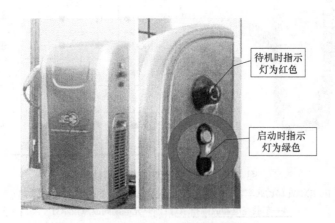

图1-38　充电机中间LED指示灯

五、电动汽车充电系统的工作原理

以北汽新能源EV系列电动汽车为例，介绍充电系统的结构组成与工作原理。

（一）充电系统低压设计的功能

纯电动汽车充电系统低压部分主要是用于低压供电及控制信号。

1. 车载充电器相关低压部分

12V电源（低压蓄电池）供电：供充电过程中BMS、VCU、仪表等用电。

CAN通信：BMS通过CAN通信控制车载充电器工作状态。

CAN网络系统，如图1-39所示。

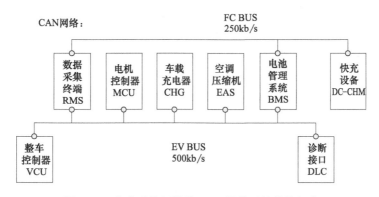

图 1-39　充电系统相关的 CAN 网络系统结构示意

2. DC/DC 转换器低压部分

通过使能控制 DC/DC 转换器开关机，12V 电源提供整车低压系统用电。

低压充电系统控制方式，如图 1-40 所示。

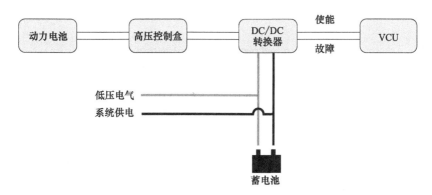

图 1-40　低压充电系统控制方式

3. 其他相关的低压部分

如充电接口相关低压部分等。

（二）慢充和快充控制策略

1. 充电系统控制过程

作为纯电动汽车的核心，动力电池的充电过程由 BMS 进行控制及保护。

车载充电器工作状态及指令均由 BMS 发出的指令进行控制，包括工作模式指令、动力电池允许最大电压、充电允许最大电流、加热状态电流值。

快充和慢充的流程均为：采用恒流 - 恒压充电方法，在不同温度范围内以恒定电流充电至动力电池组总电压达到或最高单体电压达到此温度条件下的规定电压值，以恒定电压充电至电流小于 0.8A 后停止充电。

慢充控制顺序，见表 1-4。

2. 充电温度与充电电流的要求

快充采用地面充电桩充电，快充充电温度与充电电流要求（非车载充电器模式下充电要求），见表 1-5。

慢充充电温度与充电电流要求（车载充电器模式下充电要求），见表 1-6。

表 1-4　慢充控制顺序

车载充电器	动力电池及 BMS	VCU、仪表及数据采集终端
200V 上电	待机	待机
12V 低压供电等待指令	唤醒	
接收指令并执行加热流程	BMS 检测电池状态并发送加热指令	
接收指令并停止工作	BMS 监控电池温度并发送停止指令	唤醒
接收指令并执行充电流程	BMS 待充电器反馈后发送充电指令	
接收指令并停止工作	BMS 监控电池状态并发送完成指令	
完成后 1min 控制充电桩结算	待机	待机

表 1-5　快充充电温度与充电电流要求

温度	小于 5℃	5 ～ 15℃	15 ～ 45℃	大于 45℃
可充电电流	0A	20A	50A	0A

表 1-6　慢充充电温度与充电电流要求

温度	小于 0℃	0 ～ 55℃	大于 55℃
可充电电流	0A	10A	0A
备注	当电芯最高电压高于 3.6V 时，降低充电电流到 5A，当电芯电压达到 3.70V 时，充电电流为 0A，请求停止充电		

（三）快充模式充电系统组成和原理

1. 快充模式充电系统组成

在快充模式下，充电系统主要由充电桩（直流快充桩）、快充接口、高压控制盒、动力电池、整车控制器、高压线束和低压控制线束等组成。

2. 快充模式充电系统结构原理

快充模式充电系统结构原理如图 1-41 所示。整车控制器是快速充电功能的主控模块。将快速充电接口由充电桩连接至车辆快充接口以后，整车控制器通过 CC 线判断充电接口已经正确连接，并启用唤醒线路唤醒车辆内部充电系统电路及部件。整车控制器通过输出高压接触器接通指令至高压控制盒，实现快速充电桩与动力电池之间高压电路的接通。接通并实现充电时，整车控制器向仪表输出正在充电的显示信息。

3. 充电条件要求

① 充电线连接确认信号正常。

② BMS 供电电源正常（12V）。

③ 充电唤醒信号输出正常（12V）。

④ 充电桩、VCU、BMS 之间通信正常（主继电器闭合、发送电流强度需求）。

⑤ 动力电池电芯温度大于 5℃，小于 45℃。

⑥ 单体电池最高电压与最低电压差小于 0.3V（300mV）。

⑦ 单体电池最高温度与最低温度差小于 15℃。

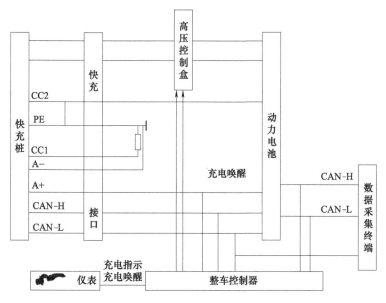

图 1-41　快充模式充电系统结构原理

⑧ 绝缘性能大于 20MΩ。

⑨ 实际单体最高电压不大于额定单体电压 0.4V。

⑩ 高、低压电路连接正常（远程开关关闭状态）。

（四）慢充模式充电系统组成和原理

1. 慢充模式充电系统组成

在慢充模式下，充电系统主要由供电设备（充电桩）、慢充接口、车载充电器、高压控制盒、动力电池、整车控制器（VCU）、高压线束和低压控制线束等组成。

2. 慢充模式充电系统结构原理图

慢充模式充电系统结构原理如图 1-42 所示。

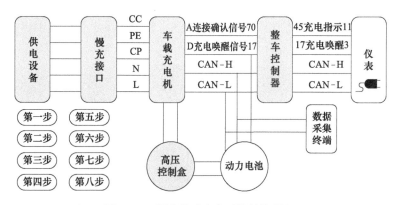

图 1-42　慢充模式充电系统结构原理

充电枪连接通过车载充电机（充电器）反馈到整车控制器，再唤醒仪表显示连接状态（负触发）；充电机同时唤醒整车控制器和动力电池管理模块（正触发），整车控制器唤醒仪表启动显示充电状态（负触发）；正、负主继电器由整车控制器发出指令，并由动力电池管理模块控制闭合。

慢充模式充电系统工作电路如图 1-43 所示，充电桩通过 CC 连接确认信号后，把 S1 开关从 12V 端切换到 PWM 端；当检测点 1 电压降到 6V 时，充电桩 K1/K2 开关闭合输出电流。

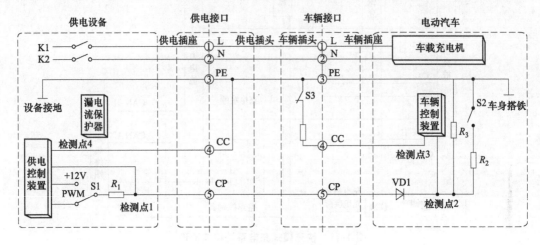

图 1-43　慢充模式充电系统工作电路

3. 充电控制流程

充电控制过程如下（图 1-44）。

① 交流供电。

② 充电唤醒。

③ BMS 检测充电需求。

④ BMS 给车载充电机发送工作指令并闭合继电器。

⑤ 车载充电机开始工作，进行充电。

⑥ 电池检测充电完成后，给车载充电机发送停止指令。

⑦ 车载充电机停止工作。

⑧ 电池断开继电器。

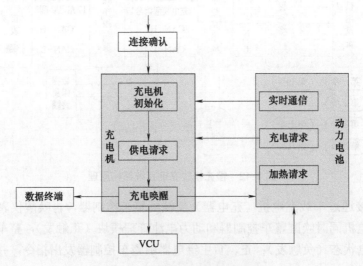

图 1-44　慢充模式充电控制过程

4. 充电条件要求

① 充电线连接确认信号正常。

② 充电机供电电源正常（含 220V 和 12V）及充电机工作正常。

③ 充电唤醒信号输出正常（12V）。

④ 充电机、VCU、BMS 之间通信正常（主继电器闭合、发送电流强度需求）。

⑤ 动力电池电芯温度大于 0℃，小于 45℃。

⑥ 单体电池最高电压与最低电压差小于 0.3V（300mV）。

⑦ 单体电池最高温度与最低温度差小于 15℃。

⑧ 绝缘性能大于 20MΩ。

⑨ 实际单体最高电压不大于额定单体电压 0.4V。

⑩ 高、低压电路连接正常（远程控制开关关闭状态）。

六、电动汽车充电操作及注意事项

（一）充电电源选择

电动汽车的逐步普及已是不争的事实，然而目前充电和行程问题成为普及推广的主要瓶颈。目前，国家电网正在初步规划充电站，由于工程量大、投入成本高、周期长，加上充电时间长、车位少、充电站覆盖点少等缺陷，导致电动汽车车主苦于无法方便地对自己的爱车进行充电。因此，有的车主就会在家里拉出线缆，私自改造充电接口，对电动汽车进行充电，这种充电方式存在安全隐患。

由于技术和工艺的限制，目前电动汽车车载充电器功率都比较小，一般在 3kW 左右，采用 220V 家用电的电流大概在 16A 左右，而一般情况下入户电流容量最大不超过 16A，因此，家用电缆会因过载工作而有可能引起火灾。

国家在电动汽车充电方面有标准，建议车主使用充电桩进行充电，因为充电桩能根据供电电源的容量自动限制车载充电器的充电功率，并能在出现故障后安全、可靠地切断电源，避免火灾等事故发生。标准中不建议在没有充电桩的情况下进行充电，更是禁止在没有充电桩的情况下采用三相工业用电进行充电。目前，电动汽车充电市场并未完善，充电手段参差不齐，直接将充电枪插到家用电上充电的现象也并不少见。电动汽车车主需要注意的是，如不按照国家标准或不按照规定的方式进行充电，那么出事故后车主是不能得到国家的相关标准保护的。

（二）交流充电（慢充）充电桩和充电口选择

1. 慢充充电桩

慢充充电的充电桩和主要技术参数如图 1-45 所示。它可以采用停车位桩体式（落地安装）（250V/AC 32A/16A）和家用车库挂壁式（250V/AC 16A）充电桩，也可以采用家用插座交流充电器（240V/AC 8A），如图 1-46～图 1-48 所示。

2. 慢充充电口

慢充充电口在实车上的位置如图 1-49 所示。

（三）直流充电（快充）充电桩和充电口选择

1. 快充充电桩

直流充电的充电桩和主要技术参数，如图 1-50 所示。

项目	参数	项目	参数
充电连接器	IEC/GB	安装	落地安装 挂壁安装
人机界面	LCD/LED/VFD 键盘	通信	RS485/2G/3G
计费装置	RFID/IC card	环境温度	-20～50℃
供电	200V±10% 50Hz±1Hz	环境湿度	5%～95%
输出电压	单相 AC 220V±10%	海拔	≤2000m
输出电流	≤32A	平均无故障 工作时间	≥8760h
IP	IP55		

图 1-45 交流慢充的充电桩和主要技术参数

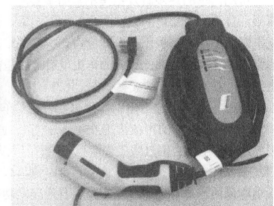

图 1-46 停车位桩
体式充电桩

图 1-47 家用车
库壁挂式充电桩

图 1-48 家用插座交流充电器

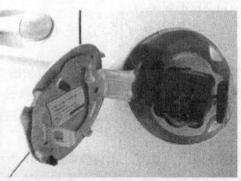

(a) 宝马i3

(b) 北汽EV150

图 1-49 慢充充电口在实车上的位置

内容	技术指标
额定输出电压	DC 750V(200～750V)
额定输出电流	DC 100A／250A／400A
输出稳定精度	≤±0.5%
输出稳流精度	≤±1%
功率因数	≥0.99(含APFC)
效率	≥93%(半载以上)

图 1-50 直流充电的充电桩和主要技术参数

2. 快充充电口

快充充电口在实车上的位置，如图 1-51 所示。

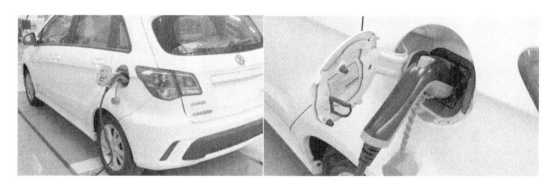

图 1-51 快充充电口在实车上的位置（北汽 EV150）

（四）充电时的注意事项

混合动力车辆插有充电电缆时不要加油，与易燃物品保持充足安全距离。否则，未按规定插入或拔出充电电缆时，存在因燃油燃烧等导致人员受伤或物品损坏的危险。

通过家用插座为高电压动力电池充电，会导致插座上出现较高持续负荷。因此必须遵守以下说明：

① 不要使用适配器或延长电缆。

② 充电结束后首先拔出车上的充电插头，然后再拔出墙上的充电插头。

③ 避免绊倒危险以及充电电缆和插座机械负荷。

④ 不要将充电插头插在损坏的插座上。

⑤ 不要使用损坏的充电电缆。

⑥ 为高电压动力电池充电时，充电插头和充电电缆可能会变热。如果变得过热，则此充电插座不适于进行充电或充电电缆已损坏。应立即中止充电并让电气专业人员进行检查。

⑦ 反复出现充电故障或中断情况时，联系具有专业资质的维修人员。

⑧ 仅使用防潮和防侵蚀的插座。

⑨ 不要用手指或物体接触插头触点区域。

⑩ 切勿自行维修或改进充电电缆。

⑪ 进行清洁前将电缆两侧拔出，注意不要将电缆浸入液体内。

⑫ 充电期间不允许进行自动洗车。

⑬ 仅在经过电气专业人员检查的插座上进行充电。

⑭ 在不了解的基础设施／插座上充电时，遵守用户手册内的特殊说明。在车上将充电电流设置为"较低"。

第二章　动力蓄电池及管理系统

第一节

动力电池系统基础知识

一、动力电池主要性能指标

电动汽车上的动力电池主要是化学电池，即利用化学反应发电的电池，可以分为原电池、蓄电池和燃料电池；物理电池一般作为辅助电源使用，如超级电容器。

动力电池是电动汽车的储能装置，要评定动力电池的实际效应，主要是看其性能指标。动力电池性能指标主要有电压、容量、内阻、能量、功率、输出效率、自放电率、使用寿命等，根据动力电池种类不同，其性能指标也有差异。

1. 电压

电池电压主要有端电压、标称（额定）电压、开路电压、工作电压、充电终止电压和放电终止电压等。

（1）端电压。电池的端电压是指电池正极与负极之间的电位差。

（2）标称电压。标称电压也称额定电压，是指电池在标准规定条件下工作时应达到的电压。标称电压由极板材料的电极电位和内部电解液的浓度决定。铅酸蓄电池的标称电压为2V，金属氢化物镍蓄电池的标称电压为1.2V，磷酸铁锂电池的标称电压为3.2V，锰酸锂离子电池的标称电压为3.7V。

（3）开路电压。电池在开路条件下的端电压称为开路电压，即电池在没有负载情况下的端电压。

（4）工作电压。工作电压也称负载电压，是指电池接通负载后处于放电状态下的端电压。在电池放电初始的工作电压称为初始电压。

（5）充电终止电压。蓄电池充足电时，极板上的活性物质已达到饱和状态，再继续充电，电池的电压也不会上升，此时的电压称为充电终止电压。铅酸蓄电池的充电终止电压为 2.7 ～ 28V，金属氢化物镍蓄电池的充电终止电压为 1.5V，锂离子蓄电池的充电终止电压为 4.25V。

（6）放电终止电压。电池在一定标准所规定的放电条件下放电时，电池的电压将逐渐降低，当电池再不宜继续放电时，电池的最低工作电压称为放电终止电压。如果电压低于放电终止电压后电池继续放电，电池两端电压会迅速下降，形成深度放电。这样，极板上形成的生成物在正常充电时就不易再恢复，从而影响电池的寿命。放电终止电压和放电率有关，放电电流直接影响放电终止电压。在规定的放电终止电压下，放电电流越大，电池的容量越小。金属氢化物镍蓄电池的放电终止电压为 1V，锂离子蓄电池的放电终止电压为 3.0V。

2. 容量

容量是指完全充电的蓄电池在规定条件下所释放的总的电量，单位为 A·h 或 kA·h，它等于放电电流与放电时间的乘积。单元电池活性物质的数量决定单元电池含有的电荷量而活性物质的含量则由电池使用的材料和体积决定，通常电池体积越大，容量越高。电池的容量可以分为额定容量、n 小时率容量、理论容量、实际容量、荷电状态等。

（1）额定容量。额定容量是指在室温下完全充电的蓄电池以 11（A）电流放电，达到终止电压时所放出的容量。

（2）n 小时率容量。n 小时率容量是指完全充电的蓄电池以 n 小时率放电电流放电达到规定终止电压时所释放的电量。

（3）理论容量。理论容量是指把活性物质的质量按法拉第定律计算而得到的最高理论值。为了比较不同系列的电池，常用比容量的概念，即单位体积或单位质量的电池所能给出的理论电量，单位为 A·h/L 或 A·h/kg。

（4）实际容量。实际容量也称可用容量，是指蓄电池在一定条件下所能输出的电量，它等于放电电流与放电时间的乘积，其值小于理论容量。实际容量反映了蓄电池实际存储电量的大小，蓄电池容量越大，电动汽车的续驶里程就越远。在使用过程中，电池的实际容量会逐步衰减。国家标准规定新出厂的电池实际容量大于额定容量值为合格电池

（5）荷电状态。荷电状态（state of charge，SOC）是指蓄电池在一定放电倍率下，剩余电量与相同条件下额定容量的比值，反映蓄电池容量变化的特性。SOC-1 即表示蓄电池为充满状态。随着蓄电池的放电，蓄电池的电荷逐渐减少，此时可以用 SOC 值的百分数的相对量来表示电池中电荷的变化状态。一般蓄电池放电高效率区为（50% ～ 80%）SOC。对蓄电池 SOC 值的估算已成为电池管理的重要环节。

3. 内阻

电池的内阻是指电流流过电池内部时所受到的阻力，一般是蓄电池中电解质、正负极群、隔板等电阻的总和。电池内阻越大，电池自身消耗掉的能量越多，电池的使用效率越低。内阻很大的电池在充电时发热很严重，使电池的温度急剧上升，对电池和充电机的影响都很大。随着电池使用次数的增多，由于电解液的消耗及电池内部化学物质活性的降低，蓄电池的内阻会有不同程度的升高。电池内阻通过专用仪器测量得到。

绝缘电阻是电池端子与电池箱或车体之间的电阻。

4. 能量

电池的能量是指在一定放电制度下，电池所能输出的电能，单位为 W·h 或 kW·h，

它影响电动汽车的续驶里程。电池的能量分为总能量、理论能量、实际能量、比能量、能量密度、充电能量、放电能量等。

（1）总能量。总能量是指蓄电池在其寿命周期内电能输出的总和。

（2）理论能量。理论能量是电池的理论容量与额定电压的乘积，指一定标准所规定的放电条件下，电池所输出的能量。

（3）实际能量。实际能量是电池实际容量与平均工作电压的乘积，表示在一定条件下电池所能输出的能量。

（4）比能量。比能量也称质量比能量，是指电池单位质量所能输出的电能，单位为W·h/kg。常用比能量来比较不同的电池系统。

比能量有理论比能量和实际比能量之分。理论比能量是指1kg电池反应物质完全放电时理论上所能输出的能量；实际比能量是指1kg电池反应物质所能输出的实际能量。由于各种因素的影响，电池的实际比能量远小于理论比能量。

电池的比能量是综合性指标，它反映了电池的质量水平。电池的比能量影响电动汽车的整车质量和续驶里程，是评价电动汽车的动力电池是否满足预定的续驶里程的重要指标。

（5）能量密度。能量密度也称体积比能量，是指电池单位体积所能输出的电能，单位为W·h/L。

（6）充电能量。充电能量是指通过充电机输入蓄电池的电能。

（7）放电能量。放电能量是指蓄电池放电时输出的电能。

5. 功率

电池的功率是指电池在一定的放电制度下，单位时间内所输出能量的大小，单位为W或kW。

电池的功率决定了电动汽车的加速性能和爬坡能力。

（1）比功率。单位质量电池所能输出的功率称为比功率，也称质量比功率，单位为W/kg或kW/kg。

（2）功率密度。从蓄电池的单位质量或单位体积所获取的输出功率称为功率密度，单位为W/kg或W/L。从蓄电池的单位质量所获取的输出功率称为质量功率密度；从蓄电池的单位体积电池所获取的输出功率称为体积功率密度。

6. 输出效率

动力电池作为能量存储器，充电时把电能转化为化学能储存起来，放电时把电能释放出来。在这个可逆的电化学转换过程中，有一定的能量损耗。通常用电池的容量效率和能量效率来表示。

（1）容量效率。容量效率是指电池放电时输出的容量与充电时输入的容量之比，即

$$\eta_e = \frac{C_o}{C_i} \times 100\%$$

式中，η_e 为电池的容量效率；C_o 为电池放电时输出的容量，A·h；C_i 为电池充电时输入的容量，A·h。

影响电池容量效率的主要因素是副反应。当电池充电时，有一部分电量消耗在水的分解上。此外，自放电以及电极活性物质的脱落、结块、孔率收缩等也降低容量输出。

（2）能量效率。能量效率也称电能效率，是指电池放电时输出的能量与充电时输入的

能量之比，即

$$\eta_E = \frac{E_o}{E_i} \times 100\%$$

式中，η_E 为电池的能量效率；E_o 为电池放电时输出的能量，$W \cdot h$；E_i 为电池充电时输入的能量，$W \cdot h$。

影响能量效率的原因是电池存在内阻，它使电池充电电压增加，放电电压下降。内阻的能量损耗以电池发热的形式损耗掉。

7. 自放电率

自放电率是指电池在存放期间容量的下降率，即电池无负荷时自身放电使容量损失的速度，它表示蓄电池搁置后容量变化的特性。自放电率用单位时间容量降低的百分数表示，其表达式为

$$\eta_{\Delta c} = \frac{C_a - C_b}{C_a T_t} \times 100\%$$

式中，$\eta_{\Delta c}$ 为电池自放电率；C_a 为电池存储前的容量，$A \cdot h$；C_b 为电池存储后的容量，$A \cdot h$；T_t 为电池存储的时间，常以天、月为单位。

8. 放电倍率

电池放电电流的大小常用"放电倍率"表示，即电池的放电倍率用放电时间表示或者说以一定的放电电流放完额定容量所需的小时数来表示，由此可见，放电时间越短，即放电倍率越高，则放电电流越大。

放电倍率等于额定容量与放电电流之比。根据放电倍率的大小可分为低倍率（$0.5C$）、中倍率（$0.5C \sim 3.5C$）、高倍率（$3.5C \sim 7.0C$）、超高倍率（$7.0C$）。

例如，某电池的额定容量为 $20A \cdot h$，若用 $4A$ 电流放电，则放完 $20A \cdot h$ 的额定容量需用 $5h$，也就是说以 5 倍率放电，用符号 $C/5$ 或 $0.2C$ 表示，为低倍率。

9. 使用寿命

使用寿命是指电池在规定条件下的有效寿命期限。电池发生内部短路或损坏而不能使用，以及容量达不到规范要求时电池使用失效，这时电池的使用寿命终止。

电池的使用寿命包括使用期限和使用周期。使用期限是指电池可供使用的时间，包括电池的存放时间。使用周期是指电池可供重复使用的次数，也称循环寿命。

目前，电动汽车发展的瓶颈之一就是电池价格高。除此之外，成本也是一个重要的指标。

除上述主要性能指标外，还要求蓄电池无毒性、对周围环境不会造成污染或腐蚀，使用安全，有良好的充电性能，充电操作方便，充电时间短，耐振动，无记忆性，对环境温度变化不敏感，寿命长，制造成本低，易于调整和维护等。

表 2-1 动力电池性能比较

电池类型	质量能量密度 /（$W \cdot h/kg$）	质量功率密度 /（W/kg）	能量效率 /%	循环寿命 /次
铅酸电池	$35 \sim 50$	$150 \sim 400$	80	$500 \sim 1000$
镍镉电池	$30 \sim 50$	$100 \sim 150$	75	$1000 \sim 2000$
镍氢电池	$60 \sim 80$	$200 \sim 400$	70	$1000 \sim 1500$
锂离子电池	$100 \sim 200$	$200 \sim 350$	>90	$1500 \sim 3000$

从表 2-1 中可以看出，锂离子电池由于能量密度高、充放电能量强、能量效率高等优点，已成为电动汽车动力电池的首选。

二、电动汽车对动力电池的工作要求

动力电池是各种电动汽车的主要能量载体和动力来源，也是电动汽车整车成本的主要组成部分。电池的历史可以追溯到一个半世纪前。1859 年法国科学家普兰特（Plante）发明的铅蓄电池是世界上第一只可充电的电池。1889—1901 年瑞典的杨格纳（Jungner）和美国的爱迪生（Edison）先后研制成功了镍铁电池和镍镉电池。这些电池在实际应用中都经历了数次结构、工艺、材料方面的改进，性能得到大幅度的提高。随着 20 世纪 80 年代镍氢电池（全称为金属氢化物镍电池）的问世以及 90 年代锂离子电池出现，电池的性能和寿命有了长足进步。同时，电池从研制成功到规模化生产的周期也大大缩短。至今，在电动汽车上普遍使用的电池有铅酸电池、镍 - 氢电池和锂离子电池等。

根据容量的大小和输出功率的能力，动力电池可以分为能量型动力电池、功率型动力电池、能量 / 功率兼顾型动力电池。

（1）能量型动力电池。能量型动力电池通常具有比较大的容量，能够提供比较持久的能源供给，常常用于纯电动汽车、中度或重度混合动力电动汽车。这种电池总能量在整车的能源配置中占有较大的比例，常常超过 10kW·h。这样不仅可以部分吸收车辆制动回馈的能量，而且可以提高车辆纯电动模式运行时的续驶里程，降低污染物的总排放。

（2）功率型动力电池。功率型动力电池的容量通常比较小，可以提供瞬间大功率供电，主要用于电动工具、轻度混合动力电动汽车。在电动汽车中主要用于吸收制动回馈的能量，同时为车辆启动、加速工况提供瞬间的额外能量。

（3）能量 / 功率兼顾型动力电池。能量 / 功率兼顾型动力电池能量密度高，同时在 SOC 低时有提供大功率的能力，在 SOC 高时能接收大功率，即要求电池具有高能量、大功率兼顾的特性，主要用于插电式混合动力汽车。

由于不同种类电动汽车的构型和工作模式不同，对动力电池的要求应结合不同的车型，下面分别予以说明。

1. 纯电动汽车电池的工作要求

纯电动汽车行驶完全依赖电池的能量，电池容量越大，可以实现的续驶里程越长，但电池的体积、重量也越大。纯电动汽车要根据设计目标、道路情况和行驶工况的不同来选配电池。具体要求归纳如下。

（1）电池组要有足够的能量和容量，以保证典型的连续放电不超过 1C，典型峰值放电一般不超过 3C；如果电动汽车上具有回馈制动功能，电池组必须能够接受高达 5C 的脉冲电流充电。

（2）电池要能够实现深度放电（如 80%）而不影响其寿命，在必要时能实现满负荷甚至全负荷放电。

（3）需要安装电池管理系统和热管理系统，以显示电池组的剩余电量和实现温度控制。

（4）由于动力电池组体积和质量大，电池箱的设计、电池的空间布置和安装问题都需要认真研究。

2. 混合动力汽车对电池的工作要求

与纯电动汽车相比，混合动力汽车对电池的容量要求有所降低，但要求为整车实时提供足够的瞬时功率，即要实现"小电池提供大电流"。

由于混合动力汽车构型的不同，串联式和并联式混合动力汽车对电池的要求也有差别。

（1）串联式混合动力汽车完全由电机驱动，发动机-发电机总成与电池组一起为电机提供需要的电能，电池SOC处于较高的水平，对电池的要求与纯电动汽车相似，但容量要小一些。

（2）并联式混合动力汽车发动机和电机都可直接为车轮提供驱动力，整车的功率需求可以由不同的动力组合来满足。动力电池的容量可以更小，但是电池组瞬时提供的功率要满足汽车加速或爬坡要求，电池的最大放电电流有时可能高达20C以上。

在不同构型的混合动力汽车上，由于工作环境、汽车构型、工作模式存在巨大差异，对混合动力汽车用动力电池提出统一的要求是比较困难的，但一些共性的要求可以归纳如下。

（1）电池的峰值功率要大，能短时大功率充放电。

（2）循环寿命要长，达到1000次以上的深度放电循环和40万次以上的浅度放电循环。

（3）电池的SOC应尽可能保持在50%～85%的范围内。

（4）需要配备电池管理系统和热管理系统。

3. 插电式混合动力汽车（PHEV）对电池的工作要求

PHEV对动力电池的要求应兼顾纯电动和混合动力两种模式。图2-1所示为PHEV的工作模式，PHEV在设计上既要实现在城市里以纯电动汽车模式行驶，又要实现在高速公路上以混合动力模式行驶。PHEV期望纯电动工作模式的行驶里程能够达到几十公里，而且期望电池在低SOC时也能提供很高的功率，满足HEV模式。

图2-2表示了PHEV、EV和HEV对电池要求在功率密度和能量密度上的差别。从成本角度来讲，由于电池成本高，PHEV的售价会比传统汽车和无纯电动里程的混合动力汽车高。可见，PHEV对电池的要求是非常高的。

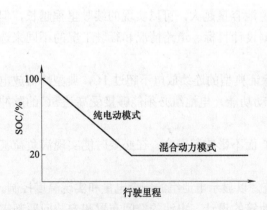

图 2-1　PHEV 的工作模式

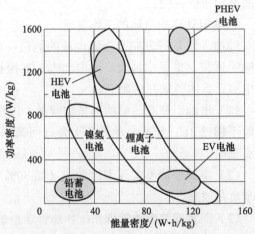

图 2-2　PHEV、EV 和 HEV 对电池要求的差别

三、动力电池系统的基本结构原理

(一)动力电池系统的结构组成

新能源汽车的车载电源系统主要由辅助动力源和动力电池系统(动力电池模组、电池管理系统、动力电池箱辅助元器件)组成。辅助动力源是供给新能源汽车其他各种辅助装置所需能源的动力电源,一般为12V或24V的直流低压电源,其作用是给动力转向、制动力调节控制、照明、电动窗门等各种辅助装置提供所需的能源;动力电池模组由多个电池模块或单体电芯串联组成;电池管理系统是整个动力电池系统的神经中枢;动力电池箱用来放置动力电池模组;辅助元器件主要包括动力电池系统内部的电子电器元件,如熔断器、继电器、分流器、接插件、紧急开关、烟雾传感器、维修开关以及电子电器元件以外的辅助元器件,如密封条、绝缘材料等。

动力电池系统的组成及其内部结构如图2-3～图2-5所示,辅助元器件如图2-6所示。

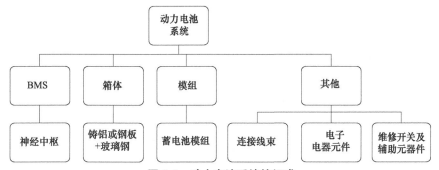

图2-3　动力电池系统的组成

图2-4　动力电池系统

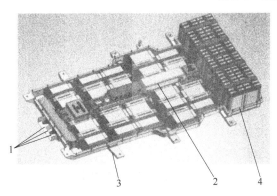

图2-5　动力电池系统内部结构
1—辅助元器件;2—电池管理系统;3—动力
电池箱;4—动力电池模组

图2-6　辅助元器件

电池单体是构成动力电池模块的最小单元，一般由正极、负极、电解质及外壳等构成，实现电能与化学能之间的直接转换。

电池模块是一组并联的电池单体的组合，该组合的额定电压与电池单体的额定电压相等，是电池单体在物理结构和电路上连接起来的最小分组，可作为一个单元替换。

动力电池模组则是由多个电池模块或单体电芯串联组成的一个组合体。

（二）动力电池系统的工作原理

动力电池模组放置在一个密封并且屏蔽的动力电池箱内，动力电池系统使用可靠的高压接插件与高压控制盒相连，然后输出的直流电由电动机控制器转变为三相脉冲高压电，驱动电动机工作；系统内的 BMS 实时采集各电芯的电压、各传感器的温度值、电池系统的总电压值和总电流值等数据，实时监控动力电池的工作状态，并通过 CAN 线与 ECU 或充电动机进行通信，对动力电池系统充放电等进行综合管理。

高、低压系统及绝缘监测回路的工作原理如图 2-7 ～图 2-9 所示。

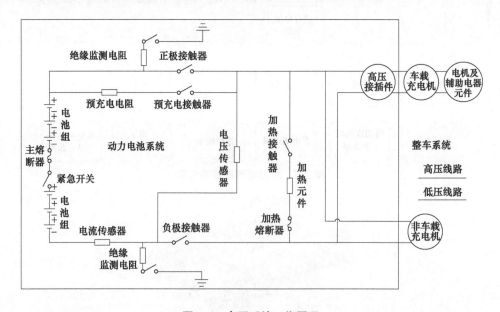

图 2-7　高压系统工作原理

四、电动汽车蓄电池的种类及特点

（一）铅酸蓄电池

自 1859 年法国科学家普兰特（Plante）发明了铅酸蓄电池，至今已经过了一个半世纪。多年来铅酸蓄电池历经了许多重大的改进，由于制造工艺及相关配套技术成熟，且具有价格便宜、规格齐全、原料易得、使用可靠、温度特性好、可大电流放电等优点，因此在许多领域里得到了广泛应用。

铅酸蓄电池是指正极活性物质使用二氧化铅，负极活性物质使用海绵状铅，并以硫酸溶液为电解液的蓄电池。铅酸蓄电池主要用在低速电动汽车上。

1.铅酸蓄电池的基本分类

铅酸蓄电池分为免维护铅酸蓄电池和阀控密封式铅酸蓄电池。

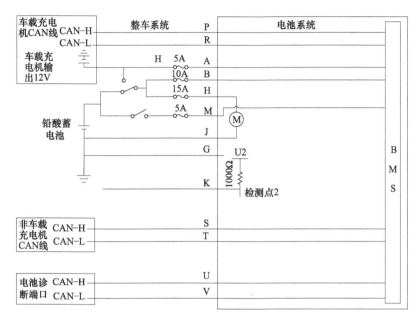

图 2-8 低压系统工作原理

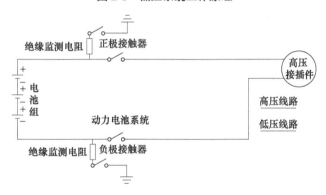

图 2-9 绝缘监测回路工作原理

（1）免维护铅酸蓄电池 免维护铅酸蓄电池由于自身结构上的优势，电解液的消耗量非常小，在使用寿命内基本不需要补充蒸馏水，它具有耐振、耐高温、体积小、自放电小的特点。使用寿命一般为普通铅酸蓄电池的2倍，市场上的免维护铅酸蓄电池也有两种：第一种是在购买时一次性加电解液，以后使用中不需要添加补充液；另一种是电池本身出厂时就已经加好电解液并封死，用户根本就不能加补充液。

（2）阀控密封式铅酸蓄电池 阀控密封式铅酸蓄电池在使用期间不用加酸加水维护，电池为密封结构，不会漏酸，也不会排酸雾。电池盖子上设有溢气阀（也叫安全阀），其作用是当电池内部气体量超过一定值，即当电池内部气压升高到一定值时，溢气阀自动打开排出气体，然后自动关闭，防止空气进入电池内部。

阀控密封式铅酸蓄电池分为玻璃纤维（AGM）电池和胶体（GEL）电池两种。AGM电池采用吸附式玻璃纤维棉作隔膜，电解液吸附在极板和隔膜中，电池内无流动的电解液，电池可以立放工作，也可以卧放工作；GEL电池以二氧化硅（SiO_2）作凝固剂，电解液吸附在极板和胶体内，一般立放工作。无特殊说明，皆指 AGM 电池。

电动汽车使用的动力电池一般是阀控密封式铅酸蓄电池。

2. 铅酸蓄电池的型号含义

铅酸蓄电池是采用稀硫酸作电解液，用二氧化铅和绒状铅分别作为电池的正极和负极的酸性蓄电池。它通常按用途、结构和维护方式来分类，实际上我国铅酸蓄电池产品型号的中间部分就包含其类型。通常铅酸蓄电池型号用三段式来表示：第一段用数字表示串联的单体电池数，第二段用两组字母分别表示其用途和特征，第三段用数字表示额定容量。如型号 6DAW150 表示为由 6 个单体电池串联组合（通常单体电池电压为 2.0V）成为额定电压 12V，用于电动道路车辆的干荷电式、免维护及额定容量为 150A·h 的蓄电池。其中特征就是按其结构和维护方式来划分的。表 2-2 中列出了铅酸蓄电池型号中表示用途和特征的两组拼音字母含义。

表 2-2　铅酸蓄电池型号含义

表示蓄电池用途		表示蓄电池特征	
字母	含义	字母	含义
Q	启动用（启动发动机，要求大电流放电）	A	干荷电式（极板处于干燥的荷电状态）
G	固定用（固定设备中作保护等备用电源）	F	防酸式（电池盖装有防酸栓）
D	电池车（作牵引各种车辆的动力电源）	FM	阀控式（电池盖设有安全阀）
N	内燃机车（用于内燃机车启动和照明等）	W	无需维护（免维护或少维护）
T	铁路客车（用于车上照明等电器设备）	J	胶体电解液（电解液使用胶状混合物）
M	摩托车用（摩托车启动和照明）	D	带液式（充电态带电解液）
KS	矿灯酸性（矿井下照明等）	J	激活式（用户使用时需激活方式激活）
JC	舰船用（潜艇等水下作业设备）	Q	气密式（盖子的注酸口装有排气栓）
B	航标灯（航道夜间航标照明）	H	湿荷式（极板在电解液中浸渍过）
TK	坦克（用于坦克启动及其用电设备）	B	半密闭式（电池槽半密封）
S	闪光灯（摄像机等用）	Y	液密式

（二）锂离子电池

锂离子电池是 1990 年由日本索尼公司首先推向市场的新型高能蓄电池。与其他蓄电池比较，锂离子电池具有电压高、质量能量密度高、充放电寿命长、无记忆效应、无污染、快速充电、自放电率低、工作温度范围宽和安全可靠等优点。相比于镍氢电池，新能源汽车采用锂离子电池，可使电池组的质量下降 40%～50%，体积减小 20%～30%，能源效率也有一定程度的提高。所以锂离子电池逐渐成为新能源汽车动力电池的首选。如图 2-10 所示。

1. 锂离子电池的分类及特点

（1）锂离子电池的分类

① 按电解质材料分类：根据所用电解质材料的不同，锂离子电池可以分为聚合物锂离子电池和液态锂离子电池。

② 按正极材料分类：根据正极材料的不同，锂离子电池可以分为锰酸锂离子电池、磷酸铁锂离子电池、镍钴锂离子电池以及三元（镍钴锰）材料锂离子电池。目前应用广泛的

图 2-10　常见的锂离子电池

是锰酸锂离子电池、磷酸铁锂离子电池和三元锂电池。

③ 按外形分类：根据外形形状的不同，锂离子电池可以分为方形锂离子电池和圆柱形锂离子电池。

（2）普通锂离子电池的特点

单体电池工作电压高达 3.7V，是镍 - 镉电池、镍 - 氢电池的 3 倍，铅酸蓄电池的 2 倍；重量轻；比能量大，高达 150W·h/kg，是镍 - 氢电池的 2 倍、铅酸电池的 4 倍，因此重量是相同能量的铅酸电池的 1/4 ～ 1/3；体积小，高达到 400W·h/L，是铅酸电池的 1/3 ～ 1/2；提供了合理的结构和更美观的外形设计条件、设计空间；循环寿命长，以容量保持 60% 计，电池组 100% 充放电循环次数可以达到 600 次以上，使用年限可达 3 ～ 5 年，寿命为铅酸电池的 2 ～ 3 倍；自放电率低，每月不到 5%；允许工作温度范围宽，锂离子电池可在 −20 ～ 55℃ 条件下工作；无记忆效应，所以每次充电前无须像镍 - 镉电池、镍 - 氢电池一样放电，可以随时随地进行充电；电池充放电深度对电池的寿命影响不大，可以全充全放；无污染，锂离子电池中不存在有毒物质，因此被称为"绿色电池"，而铅酸蓄电池和镍 - 镉电池由于存在有害物质铅和镉，故环境污染问题严重。

2. 典型锂离子电池

锂离子电池内部主要由正极、负极、电解质及隔膜组成。正、负极及电解质材料及工艺上的差异使电池有不同的性能，并且有不同的名称。目前市场上的锂离子电池正极材料主要是钴酸锂（$LiCoO_2$），另外还有少数采用锰酸锂（$LiMn_2O_4$）及镍酸锂（$LiNiO_2$）的，一般将后两种正极材料的锂离子电池称为"锂锰电池"及"锂镍电池"。新开发的磷酸铁锂动力电池是用磷酸铁锂（$LiFePO_4$）材料做电池正极，它是锂离子电池家族的新成员。下面主要介绍钴酸锂电池、锰酸锂电池、磷酸铁锂电池以及镍钴锰酸锂三元材料电池的工作原理、特点以及放电特性。

（1）钴酸锂电池　目前用量最大、使用最普遍的锂离子电池是钴酸锂电池，其结构稳定，比容量高，综合性能突出，但是其安全性差，成本非常高，主要用于中小型号电芯，标称电压为 3.7V。其理论容量为 274mA·h/g，实际容量为 140mA·h/g 左右，也有报道实际容量已达 155mA·h/g。

① 优点：工作电压较高（平均工作电压为 3.7V），充放电电压平稳，适合大电流充放

电，比能量高，循环性能好，电导率高，生产工艺简单，容易制备等。

② 缺点：价格昂贵，抗过充电性较差，循环性能有待进一步提高。

（2）锰酸锂电池　合成性能好、结构稳定的正极材料锰酸锂是锂离子蓄电池电极材料的关键，锰酸锂是较有前景的锂离子正极材料之一，但其较差的循环性能及电化学稳定性却大大限制了其产业化，掺杂是提高其性能的一种有效方法。掺杂有强 M—O 键、较强八面体稳定性及离子半径与锰离子相近的金属离子，能显著改善其循环性能。

①优点：安全性略好于镍钴锰酸锂三元材料；电压平台高，$1C$ 放电中值电压为 3.8V 左右，$10C$ 放电中值电压在 3.5V 左右；电池低温性能优越；对环境友好；成本低。

② 缺点：电池高温循环性能差；极片压实密度低于三元材料，只能达到 3.0g/cm³ 左右；锰酸锂电池比容量低，一般只有 105mA·h/g 左右；循环性能比三元材料差。

（3）磷酸铁锂电池　磷酸铁锂（LiFePO₄）动力电池是以磷酸铁锂作为正极材料的锂离子电池，虽在 2002 年出现，但从目前各种锂离子电池的性能对比可以看出，磷酸铁锂电池是目前最适合于新能源汽车产业化运用的锂离子电池，中国汽车技术发展报告（2014—2015）中的数据显示，2013 年磷酸铁锂电池装车总容量为 82.1×10⁴kW·h，占各类型电池装车总量的 95%。

磷酸铁锂电池有以下特点。

① 高效率输出。标准放电为 $2C \sim 5C$，连续高电流放电可达 $10C$，瞬间脉冲放电（10s）可达 $20C$。

② 高温时性能良好。外部温度 65℃时内部温度则高达 95℃，电池放电结束时温度可达 160℃。

③ 电池的安全性好。即使电池内部受到伤害，电池也不燃烧、不爆炸，安全性好。

④ 经 500 次循环，其放电容量仍大于 95%。

⑤ 过放电到 0V 也无损坏。

⑥ 对环境无污染。

⑦ 可快速充电。

⑧ 成本低。

（4）镍钴锰酸锂三元材料电池　镍钴锰酸锂三元电池融合了钴酸锂电池和锰酸锂电池的优点，在小型低功率电池和大功率动力电池上都有应用。但该种电池的材料之一——钴是一种贵金属，价格波动大，对钴酸锂的价格影响较大。钴处于价格高位时，三元材料价格较钴酸锂低，具有较强的市场竞争力；但钴处于低价位时，三元材料相较于钴酸锂的成本优势就大大减小。随着性能更加优异的磷酸铁锂的技术开发，三元材料大多被认为是磷酸铁锂未大规模生产前的过渡材料。

① 优点：镍钴锰酸锂材料比容量高，电池循环性能好，$10C$ 放电循环可以达到 500 次以上；高低温性能优越；极片压实密度高，可以达到 3.4g/cm³ 以上。

② 缺点：电压平台低，$1C$ 放电中值电压为 3.66V 左右，$10C$ 放电平台在 3.45V 左右；电池安全性能相对差一点；成本较高。

三元材料电池不同温度下的放电曲线如图 2-11 所示。

最后，给出钴酸锂电池、镍钴锰酸锂电池、锰酸锂电池以及磷酸铁锂电池的性能以及应用领域的对比，见表 2-3。

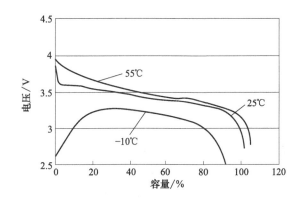

图 2-11　三元材料电池不同温度下的放电曲线

表 2-3　钴酸锂电池、镍钴锰酸锂电池、锰酸锂电池以及磷酸铁锂电池的对比

性能	钴酸锂（LiCoO₂）	镍钴锰酸锂（LiNiCoMnO₂）	锰酸锂（LiMn₂O₄）	磷酸铁锂（LiFePO₄）
振实密度 /（g/cm³）	2.8～3.0	2.0～2.3	2.2～2.4	1.0～1.4
比表面积 /（m²/g）	0.4～0.6	0.2～0.4	0.4～0.8	12～20
克容量 /（mA·h/g）	135～140	140～180	90～100	130～140
电压平台 /V	3.7	3.5	3.8	3.2
循环次数	≥500 次	≥500 次	≥300 次	≥2000 次
过渡金属	贫乏	贫乏	丰富	非常丰富
原料成本	很高	高	低廉	低廉
环保	含钴	含镍、钴	无毒	无毒
安全性能	差	较好	良好	优秀
适用领域	中小电池	小电池、小型动力电池	动力电池、低成本电池	动力电池、超大容量电源

（三）镍-氢电池

目前在美、日等发达国家的很多油电混合动力汽车均使用镍-氢（NiMH）电池组。镍-氢电池是由美国人斯坦福发明的，其正极材料是氢氧化镍（NiOH），负极则是金属氢化物，即储氢合金（MH），电解液是 30% 的氢氧化钾水溶液。这里所谓"储氢合金"是指具有很强吸收氢气能力的金属镍，其单位体积储氢的密度相当于储存 1000 个大气压的高压氢气。储氢合金能稳定地储气和放气，其工作原理是利用水的氢离子移动反应来获得电流，这时氢气在负极上被逐渐消耗掉。其能量密度（电动汽车的续航能力）与普通的锂电池差距并不大，约为 70～100W·h/kg。

镍-氢电池于 20 世纪 90 年代发展起来，目前技术较为成熟，具有安全性好、无污染、比能量高、快速充放电、循环寿命长等优势。但是其能量效率较低，所以目前在包括丰田普锐斯在内的混合动力汽车上使用广泛。

镍-氢电池是一种碱性电池，标称电压为 1.2V，比能量可达到 70～80W·h/kg，有利于延长新能源汽车的行驶里程；比功率可达到 200W/kg，是铅酸蓄电池的 2 倍，能够提高车辆的启动性能和加速性能；有高倍率的放电特性，短时间可以 3C 放电，瞬时脉冲放电率很大；过充和过放电性能好，能够带电充电，并可以快速充电，在 15min 内可充 60% 的容量，1h 内可完全充满，应急补充充电的时间短；在 80% 的放电深度下，循环寿命可达到 1000 次以上，是铅酸电池的 3 倍；采用全封闭外壳，可以在真空环境中正常工作；低温性能较好，能够长时间存放；没有 Pb 和 Cd 等重金属元素，不会对环境造成污染；可以随充随放，不会出现其他电池在没有放完电后即充电而产生的"记忆效应"。

镍 - 氢电池用于新能源汽车，主要优点是：启动、加速性能好，一次充电后的行驶里程较长，不会对周围环境造成污染，易维护，快速补充充电时间短。

镍 - 氢电池在充电过程中容易发热，发热产生的高温会对镍 - 氢电池产生负面影响。高温状态下，正极板的充电效率较差，并会加速正极板的氧化，使电池寿命缩短。镍 - 氢电池在充电后期会产生大量的氧气，在高温环境条件下将加速储氢合金氧化，并使储氢合金平衡压力增加，使储氢合金的储氢量减少而降低镍 - 氢电池的性能。尼龙无纺布隔膜在高温作用下会发生降解和氧化。尼龙无纺布隔膜发生降解时，会产生氨根离子和硝酸根离子，加速了镍 - 氢电池的自放电；尼龙无纺布隔膜发生氧化时，氧化成碳酸根，使镍 - 氢电池的内阻增加。在镍 - 氢电池充电的过程中，电池温度迅速升高，会使充电效率降低，并产生大量氧气，如果安全阀不能及时开启，会有发生爆炸的危险。

在镍 - 氢电池的制造技术上进行一些改进，例如，正极板采用多极板技术而负极板采用端面焊接技术，在电解液中适当加入 LiOH 和 NaOH，采用抗氧化能力强的聚丙烯毡做隔膜等，可以有效地提高镍 - 氢电池的耐高温能力。在镍 - 氢动力电池组的单体镍 - 氢电池之间，加大散热间隙，采取有效的散热措施和建立自动热管理系统，以保证镍氢电池正常工作并延长使用寿命。

镍 - 氢电池的成本很高，达 600 ~ 800 美元 /（kW • h）。不同的储氢合金具有不同的储氢能力，价格也不相同。我国自行研制了稀土系的储氢合金，已达到世界先进水平，为我国生产镍 - 氢电池提供了有利条件。目前高档电动车多采用镍 - 氢电池或锂离子电池。

第二节

动力电池组的充电控制

一、动力蓄电池组的充电要求

动力蓄电池组的充电模式若采用"限流、限压"两阶段充电模式，在充电开始阶段，一般采用最佳充电倍率（锂离子电池为 $0.3CA$）进行限流充电。在这一阶段，由于蓄电池的电动势较低，即使蓄电池充电电压不高，蓄电池的充电电流也会很大，必须对充电电流加以限制。所以，这一阶段的充电称为"限流"充电，即充电电流保持在限流值。随着充电的延续，蓄电池电动势不断上升，蓄电池的充电电压也不断上升。当蓄电池电压上升到允许的最高充电电压时，保持恒压充电。在这一阶段，由于蓄电池电动势还在不断上升，而充电电压又保持不变，所以蓄电池的充电电流呈双曲线趋势不断下降，一直下降到零。但在实际充电过程中，当充电电流减小到 $0.015CA$ 时，就可停止充电。这一阶段的充电被称为"恒压"充电。

　　动力蓄电池组充电过程及充电电压、电流的变化曲线如图 2-12 所示。这是锂离子电池组对充电模式的基本要求。此外，充电系统还必须具有自动调节充电参数、自动控制和自动保护等功能。

　　（1）自动调节充电参数。在充电过程中，充电系统必须能根据蓄电池组的状态、蓄电池管理系统（BMS）输出的信息和整车监控输出的信息，自动调节充电参数和自动控制充电。

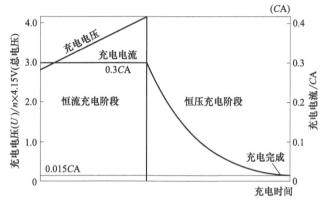

图 2-12　充电过程及充电电压、电流的变化曲线
（图中 n 为电池组中串联的单体电池个数）

　　例如，在充电时，尤其在恒压充电阶段，如果锂离子电池组中有某一个单体电池的充电电压超过允许的充电电压（根据不同锂离子电池的特性，一般设定为 3.9 ～ 4.3V）时，充电系统应会根据蓄电池管理系统（BMS）输出的信号，自动减小充电电压和电流，使该锂离子电池的充电电压不超过允许的充电电压，防止该锂离子电池过压充电。

　　又如，在充电开始时，经蓄电池管理系统（BMS）监测到有某一个单体电池的电压过低，充电系统应能自动减小初始充电电流，待锂离子电池的电压正常后，再转入正常充电。

　　（2）自动控制和自动保护功能。在充电过程中，锂离子电池组和电动汽车发生任何不正常情况时，如锂离子电池组短路、断路、高温、起火及损坏时，充电系统应能迅速切断电源，停止充电。

　　（3）与整车 CAN 总线通信。在充电过程中，充电系统的信息可与整车 CAN 总线通信。

二、动力蓄电池组充电分段恒流控制

　　在蓄电池组充电过程中，增大充电电流，蓄电池极板上单位时间内恢复的活性物质增多，充电时间就可缩短，但过大的充电电流会损害蓄电池。蓄电池可接受的充电电流是有限的，且会随充电时间呈指数规律下降。在蓄电池充电过程中，充电电流曲线在该指数函数曲线以上时会导致蓄电池电解液发生析气反应（过充电），反之则不能有效缩短充电时间。理想化的蓄电池快速充电过程是充电电流始终保持在蓄电池充电可接受电流的极限值，即充电电流曲线与该蓄电池的充电可接受电流曲线相重合。

1. 分段恒流充电控制方案

　　要实现分段恒流充电的自动控制，阶段恒流充电终止判断参数可选择充电时间、蓄电池温度和蓄电池电压等。大量的调查分析和蓄电池充电试验结果表明，单参数控制方法难以实现理想的分段恒流充电控制。

（1）充电时间参数控制方法简单，但在蓄电池型号不同、充电起始状态不同、所需的充电时间也不一样的条件下，如果单以充电时间来控制阶段恒流充电的结束，容易导致蓄电池过充电或充电时间延长。

（2）温度参数控制方法的优点是可实现蓄电池温度过高保护，但是由于受环境和传感器响应时间延迟的影响，如果仅以蓄电池温度参数作为阶段恒流充电终止判断标准，则容易造成蓄电池过充电。

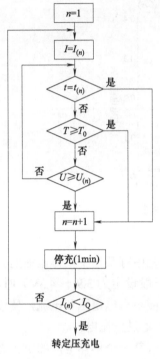

图 2-13　分段恒流充电控制流程

（3）电压参数控制被认为是较好的阶段恒流充电终止控制方法，其不足也是显而易见的，如不能识别因蓄电池极板硫化而产生的充电电压异常升高及蓄电池充电过程中出现的异常温升等，将导致蓄电池充电时间延长或蓄电池损坏。

为了保证在各种情况下均能检测蓄电池的实际充电状态，并实现较为理想的阶梯形充电电流曲线，采用充电时间、蓄电池温度和终止电压 3 个参数作为各阶段恒流充电终止判断依据，控制流程如图 2-13 所示。图中，t 为蓄电池温度；T_0 为停充温度；$t_{(n)}$ 为设定的第 n 次恒流充电的充电时间；$I_{(n)}$ 为设定的第 n 次恒流充电的电流值；$U_{(n)}$ 为设定的第 n 次恒流充电的终止电压，分段恒流充电结束后再进行一段时间的定压充电，是为了确保蓄电池能完全充足。

3 个控制参数的具体控制策略如下。

（1）时间参数控制。根据蓄电池容量和充电电流，预先设定某段恒流充电的时间，当充电时间达到设定值时，通过定时器发出信号，结束该阶段的恒流充电并自动将充电电流减小，进入下一段恒流充电。

（2）温度参数控制。设定某段恒流充电至可接受电流极限时的蓄电池温度最高值，根据温度传感器检测的蓄电池温度来控制充电装置。当外界环境温度较低、设置的蓄电池最高温度较高时，采取控制温升法，当蓄电池的温升达到设定值时，温控器使充电装置停止充电，直到温度下降至适当值时，自动进入下一阶段恒流充电。

（3）电压参数控制。蓄电池的绝对电压可以反映蓄电池的充电情况，设定某段恒流充电达到或接近充电可接受电流极限值的电压，当电压达到设定值时，充电装置便自动结束本阶段恒流充电，进入下一阶段。

2. 分段恒流充电智能化控制方案

分段恒流充电智能化控制框图如图 2-14 所示。该电路采用 CPU 控制，可对充电蓄电池和充电环境温度进行检测，对蓄电池充电进行计时，采样充电过程中蓄电池的电压和电流，对分段恒流充电过程进行控制。

分段恒流充电智能化控制方案如下。

（1）采用容量梯度法确定阶段恒流充电终止标准。采用容量梯度参数 dU/dC 作为阶段恒流充电终止判断标准，按该型蓄电池恒流充电特性曲线确定充电终止容量梯度参数，在充电过程中，控制器以设定的频度对充电电压进行采样，计算 $I_{(n)}$ 下的容量梯度值，并与

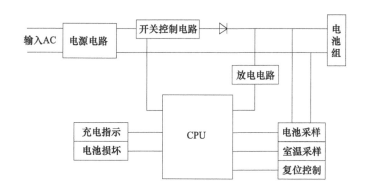

图 2-14 分段恒流充电智能化控制框图

设定的充电终止容量梯度标准进行比较，根据比较结果判断是否终止当前阶段恒流充电。

（2）减小各段恒流值下降梯度。通过试验确定该型蓄电池初次恒流值 $I_{(1)}$，并减小阶段恒流充电的电流下降幅度。如果降低充电电流后，达到充电终止容量梯度值的时间很短（设定一个最小充电时间），则适当增大电流下降的幅度。

（3）将蓄电池温度设为充电安全保障控制参数。设置蓄电池最高温度限定值，在充电过程中，如果蓄电池温度达到了限定值，立即停止充电。当蓄电池温度降至正常温度时，适当减小充电电流继续充电，直到该段恒流充电结束。

三、动力蓄电池组充电的均衡控制

目前，限压限流充电方法无论在充电速度还是效果上都不够科学，充电初期极化效应并不激烈，蓄电池的电流接受能力最强，充电电流还应该加大，恒流后期蓄电池温升、内压增大，电流已经超出蓄电池接受能力，电流应该减小，同时，极化作用、趋肤效应降低了材料反应的活性，可利用反向电流脉冲削弱这些不利影响。要实现单体蓄电池电压的均衡控制，均衡器是蓄电池管理系统的核心部件，离开均衡器，管理系统即使得到了蓄电池组测量数据也无所作为，也就无所谓管理。

1. 断流与分流

均衡器按能量回路处理的方式分为断流和分流。断流是指在监控单体电压变化的基础上，在满足一定条件时把单体蓄电池的充电或负载回路断开，通过机械触点或电力电子部件组成开关矩阵，动态改变蓄电池组内单体蓄电池之间的连接结构。电动汽车用蓄电池组功率很大，瞬时电流可达数百安培而且双极性变化，在考虑可行性、性价比、实用性、可靠性等诸多因素，断流的实施难度极大，不适合在电动汽车动力蓄电池组上使用。

分流并不断开蓄电池的工作回路，而是给每只单体蓄电池各增加一个旁路装置，就像蓄电池伴侣，两者合起来的特性趋于蓄电池组内各单体蓄电池的平均特性。

2. 能耗型与回馈型

能耗型是指给各单体蓄电池提供并联电流支路，将电压过高的单体蓄电池通过分流转移电能以达到均衡的目的，实现并联电流支路的装置可以是可控电阻，或经能量功率变换器带动空调、风机等耗电设备。其实质是通过能量消耗的办法限制单体蓄电池出现过高或过低的端电压，只适合在静态均衡中使用，因高温升等特点降低了系统的可靠性，消耗能源，故不适合在动态均衡中使用。

回馈型与能耗型不同，回馈型是通过能量功率变换器将单体蓄电池之间的偏差能量馈送回蓄电池组或组中某些单体蓄电池。理论上，当忽略转换效率时，回馈型不消耗能量，可实现动态均衡。回馈型具有更高的研究价值和使用价值，最有可能达到实用化设计。

3. 能量功率变换器

蓄电池电压均衡可利用能量变换装置来实现，依据高频开关电源（SMPS）的原理和技术设计，基本的电源电路包括非隔离式的 Buck、Boost、Buck Boost、Cuk、Sepic、Zeta，隔离式的 Forward、Flyback、Push Pull、Half Bridge、Full Bridge、Iso-Cuk 等。充电时小容量蓄电池充入较少能量，分流电路吸收电能，放电时分流电路补充能量，能量功率变换器应能实现双向变换。原则上各种电源电路经改进设计都可以实现双向，最简单的方案是用两个电源，输入与输出交叉并联，两个电路分别控制。由于受成本、体积与重量、长期工作的可靠性等因素的影响，双向单功率变换器比单向双功率变换器更有优势，是发展方向。

4. 充电、放电和动态均衡

按均衡功能特点分充电均衡、放电均衡和动态均衡。充电均衡在充电过程中后期，单体蓄电池电压达到或超过截止电压时，均衡电路开始工作，减小单体蓄电池电流，以限制单体蓄电池电压不高于充电截止电压。与充电均衡类似，放电均衡在蓄电池组输出功率时，通过补充电能限制单体蓄电池电压不低于预设的放电终止电压。充电截止电压和放电终止电压的设置与温度有关联。与充电均衡和放电均衡不同，动态均衡不论在充电状态、放电状态，还是浮置状态，都可以通过能量转换的方法实现蓄电池组中单体蓄电池电压的平衡，实时保持相近的荷电程度。

充电均衡的唯一功能是防止过充电，而在放电使用中带来的是负面影响，在不加充电均衡时，容量小的蓄电池被一定程度过充，蓄电池组内任何单体蓄电池过放以前，蓄电池组输出电量略高于单体蓄电池最小容量。使用充电均衡时，小容量蓄电池没有过充，能放出的电量小于不用均衡器时轻度过充所能释放的电能，使得该单体蓄电池放电时间更短，过放的可能性就更大了。另外，当电动机控制器以蓄电池组电压降低到一定程度为依据减小或停止输出功率时，由于大容量蓄电池因充电均衡被充入更多电能而表现出较高的平台电压，掩盖了小容量蓄电池的电压跌落，将出现蓄电池组电压足够高而小容量单体蓄电池已经过放的情况。

放电均衡与充电均衡情形相似，即大容量浅充足放，小容量过充足放，加速单体蓄电池性能差异性变化的结果是相同的，都不能形成真正实用的产品，只有动态均衡集中了两种均衡的优点，尽管单体蓄电池之间初始容量有差异，工作中却能保证相对的充放电强度和深度的一致性，渐进达到共同的寿命终点。

5. 单向和双向

根据均衡器处理能量的可能流向分为单向型均衡和双向型均衡，双向型均衡器使用双向功率变换器，输入输出方向动态调整。比较而言，双向型均衡器更具优势，基于均衡效率考虑，对于单向型均衡器，使用自蓄电池组高压到单体蓄电池低压的变换器适用于放电均衡，如图2-15（a）所示，使用自单体蓄电池低压到蓄电池组高压的逆变器适合充电均衡，如图2-15（b）所示。

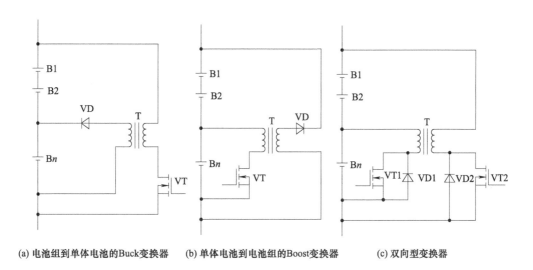

(a) 电池组到单体电池的Buck变换器　　(b) 单体电池到电池组的Boost变换器　　(c) 双向型变换器

图2-15　Buck或Boost单向与双向型变换器

最先进的均衡方案是从单体蓄电池到单体蓄电池，从高压单体蓄电池直接把能量变换到低压单体蓄电池，具有最佳的均衡效率，实现难度也较大。按单体蓄电池容量大小排序 $C_1 > C_2 > \cdots > C_n$，n 是串联单体蓄电池数量，平均容量为 $C_a = (C_1+C_2+\cdots C_n)/n$，设第 k 只单体蓄电池容量最接近平均值，即 $C_k = C_a$，则均衡系统的目标是从 C_1，C_2，$\cdots$，C_{k-1} 取出能量 $C_{out} = (C_1+C_2+\cdots+C_{k-1}) - (k-1)C_a$，转移到 C_{k+1}，C_{k+2}，$\cdots$，C_n。考虑到能量变换效率，k 值需要适当后移。

6. 集中与分散

在把上述单向和双向功率变换器连接蓄电池组电压的所有绕组合并为一个绕组后，就得到如图2-16所示的集中式功率变换器，优点是功率变换器成本和技术复杂度大幅降低，主要缺点有低压绕组到各单体蓄电池之间的导线长度和形状不同，变比有差异，均衡误差大。另一方面，功率变换器与蓄电池组之间的 $n+1$ 条功率导线的布线工艺不容易设计，车辆行驶过程中对导线的拉伸和剪切给安全带来隐患。

基于成本和均衡效率考虑，集中式可应用于助力车等中小功率及蓄电池组无振动或少移动的场合。一种使用单只电容器循环均衡每只单体蓄电池的方法称为飞渡电容法，也属于集中式，如图2-16（d）所示。其特点是均衡功能直接通过电容器充放电进行，但开关上瞬间开启电流很大，易出现电弧或电磁干扰，开关触点压降直接影响均衡效果。

7. 独立与级联

一种均衡器的设计思路让每两只邻近的单体蓄电池实现均衡，进而达到各单体蓄电池之间的均衡。图2-17列出了3种级联式变换器，双向BuckBoost功率变换器利用电感传能，双向Cuk和开关电容网络利用电容传能，蓄电池组中高压单体蓄电池与低压单体蓄电池之间间隔数只单体蓄电池，从高压单体蓄电池导出能量给低压单体蓄电池需要多只级联功率变换器同时工作，到达目的单体蓄电池的能量转换效率极低，极端情况与能耗型功率变换器接近。

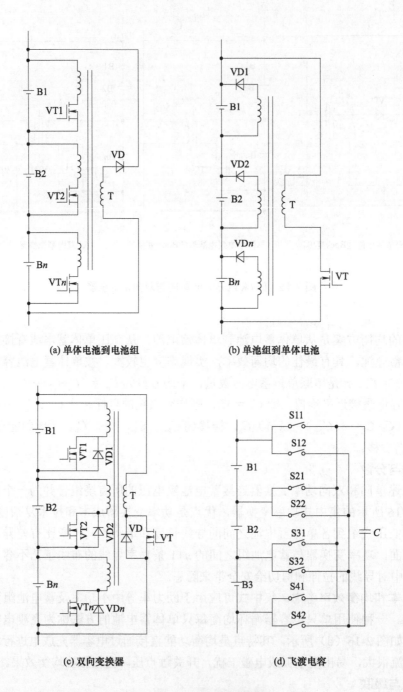

(a) 单体电池到电池组　　　　　　(b) 单池组到单体电池

(c) 双向变换器　　　　　　(d) 飞渡电容

图 2-16　集中式功率变换器

8. 效率与安全

在将动态均衡应用于放电过程中，功率变换器的热耗取自蓄电池组能量，由于单体蓄电池电压较低，功率变换器效率是一个设计难点，须采纳和借鉴当代电源电路的最新设计技术，如同步整流、软开关等。

在均衡器设计中，参数超限报警、热保护等常规检测功能是必不可少的，电动汽车

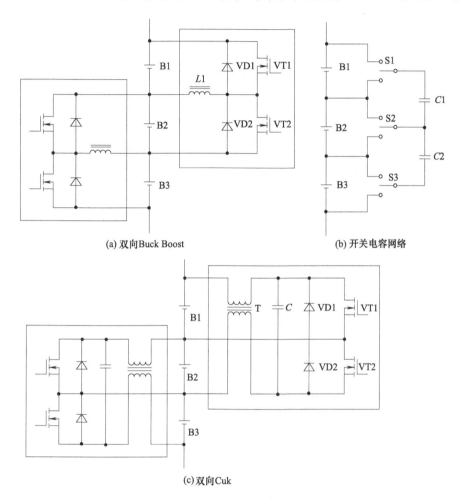

(a) 双向Buck Boost　　　　　　(b) 开关电容网络

(c) 双向Cuk

图 2-17　级联式变换器

内环境长期处于颠簸和振动，配线工艺、紧固结构都须认真设计，导线外皮磨损破裂短路，可能导致与蓄电池性能无关的火灾隐患，就功率变换器而言，还需要考虑浪涌抑制、过压过流保护、电磁兼容等问题，可靠性是均衡器的另一个设计难点。

9. 控制与管理

均衡控制方案不同，管理系统复杂程度也不一样，被动型均衡由充电器调整输出电压和电流，控制最简单，均衡能力也最差。国外产品有的采用主辅模块的分布式管理结构，辅模块相当于独立式均衡器，主模块完成管理系统的功能，两者通过现场总线连接。有的采用分级管理，上级模块管理下级模块，下级模块管理12只蓄电池。

在控制策略方面，要求把蓄电池电化学特性、电源技术、控制技术相结合，电动汽车在行驶中随时会出现加速、滑坡、堵转、刹车等情况，蓄电池组输出的电流和功率呈双极

性变化，各种阻抗特性和电动机控制器的调制特性都给蓄电池组电压变化带来复杂性，管理决策不能仅依据简单公式计算，应避免往复均衡，造成蓄电池能源的浪费。

第三节
动力电池管理系统及运行模式

电池管理系统（Battery Management System，BMS），是新能源汽车能量管理系统的核心，其主要任务是通过电压、电流及温度检测等功能实现对动力电池系统的各种控制、保护、故障报警及处理、与其他控制器通信功能等操作，保证电池安全可靠的使用，充分发挥电池的能力和延长使用寿命。

一、动力电池管理系统的基本功能

BMS 作为电池和整车控制器以及驾驶者沟通的桥梁，通过控制接触器控制动力电池组的充放电，并向 VCU 上报动力电池系统的基本参数及故障信息。其基本功能包括：数据采集、电池状态计算、能量管理、安全管理、热管理、电压均衡控制及人机接口等，见表 2-4。

表 2-4　动力电池管理系统的基本功能

建立电池模型	—	描述电池参数的动态变化规律，用数学方程式表达，用于动力电池系统仿真
数据检测及采集	集中式或分布式检测装置	单体电池电压、电流，动力电池组总电压、总电流检测和采集，控制均衡充放电策略
能量管理	电池管理器模块	根据电池的电压、电流，荷电状态 SOC 控制电池的充放电，防止过充和过放
状态估算	电池管理器模块	根据动力电池荷电状态 SOC 和 SOH 的算法，估算电池寿命（衰减）状态
热量管理	热量检测模块及传感器	冷却系统和冷却装置（风扇或液泵）检测及控制
数据处理与通信	串行通信接口，CAN 总线	单体电池采用串行通信接口，整车管理系统采用 CAN 总线
数据显示	仪表、显示器	动力电池组实时对电压、电流、SOC、剩余电量、温度等数据进行显示和故障报警等
安全管理	自动断电、报警	动力电池过充、过放、过压、过流、高温等危险状态自动切断电源、报警等

二、动力电池管理系统的工作原理

动力电池管理系统的工作原理是将动力电池模组放置在一个密封并且屏蔽的动力电池箱里面，动力电池系统使用可靠的高压接插件与高压控制盒相连，然后输出的直流电由电机控制器转变为三相交流高压电，驱动电机工作；系统内的 BMS 实时采集各电芯的电压、各温度传感器的温度值、电池系统的总电压值和总电流值等数据，实时监控动力电池的工作状态，并通过 CAN 线与 VCU 或充电机之间进行通信，对动力电池系统进行充放电等进行综合管理。

其中 BMS 的主要工作原理可简单归纳为：数据采集电路首先采集电池状态信息数据，再由电子控制单元（ECU）进行数据处理和分析，然后根据分析结果对系统内的相关功能模块发出控制指令，并向外界传递信息，如图 2-18 所示。

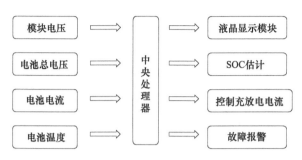

图 2-18 BMS 工作原理结构框图

BMS 一般包括电池管理子系统、电压平衡控制子系统、热管理子系统和安全防护系统四个子系统。

1. 电池管理子系统

电池管理子系统的主要功能是通过电压检测等功能实现对动力电池系统的保护、对电池状态的估计和在线故障诊断。其中电池状态估计又包括电池剩余电量（SOC）和电池老化程度（SOH）两个方面。SOC 是电池管理系统中最重要的一个指标，其工作原理是通过各类传感器采集电池的相关参数，包括电压、电流及温度等，然后由 ECU 对数据进行分析和处理，根据结果对 SOC 进行分析，并将结果传递到驾驶员仪表板上。

2. 电压平衡控制子系统

电压平衡控制子系统主要是通过充电控制、自动均衡、继电器控制、SOC 估算、充放电管理、均衡控制、故障报警及处理、与其他控制器通信功能等实现电压平衡控制。

3. 热管理子系统

热管理子系统是为了确保动力电池系统能在适宜的温度下工作，以保障动力电池系统的电性能和寿命，其主要功能包括：①电池温度的准确测量和监控；②电池组温度过高时的有效散热和通风；③低温条件下的子快速加热；④有害气体产生时的有效通风；⑤保证电池组温度场的均匀分布。

4. 安全防护系统

安全保护作为整个 BMS 重要的功能，主要包括过电流保护、过充过放保护、过温保护和绝缘监测。

（1）过电流保护　由于电池有一定的内阻，当工作电流过大时，电池内部会产生热量，从而造成电池温度升高、热稳定性下降。BMS 会通过判断采集的充放电电流值是否超过安全范围来采取相应的安全保护措施。

（2）过充过放保护　过充电会使电池正极晶格结构被破坏，从而导致电池容量减小，如果电压过高还会引发因正负极短路而造成的爆炸。过放电会导致放电电压低于电池放电截止电压，使电池负极上的金属集流体被溶解，电池被损坏，若继续给这种电池充电则有内部短路或漏液的危险。BMS 会判断采集的单体电池电压值是否超过充放电的限制电压，如果电压值超过限制，BMS 就会断开充放电回路从而保护电池系统。

（3）过温保护　动力电池的稳定运行需要适宜的温度。过温保护结合了热管理系统，BMS 在电池温度过高或过低时，禁止系统进行充放电。

（4）绝缘监测　动力电池系统的电压通常有几百伏，如果出现漏电，会对人员造成危险。BMS 会实时监测总正总负搭铁绝缘阻值，在该值低于安全范围时，上报故障，并断开高压电。

三、动力电池管理系统的要求

QC/T 8997—2011《电动汽车用电池管理系统技术条件》中规定了电池管理系统的一般要求和技术要求。

1. 电池管理系统的一般要求

① 电池管理系统应能检测电池电和热相关的数据，至少应包括电池单体或者电池模块的电压、电池组回路电流和电池包内部温度等参数。

② 电池管理系统应能对动力电池的荷电状态（SOC）、最大充放电电流（或者功率）等状态参数进行实时估算。

③ 电池管理系统应能对电池系统进行故障诊断，并可以根据具体故障内容进行相应的故障处理，如故障码上报、实时警示和故障保护等。

④ 电池管理系统应有与车辆的其他控制器基于总线通信方式的信息交互功能。

⑤ 电池管理系统应用在具有可外接充电功能的电动汽车上时，应能通过与车载充电机或者非车载充电机的实时通信或者其他信号交互方式实现对充电过程的控制和管理。

2. 电池管理系统的技术部分要求

① 绝缘电阻。电池管理系统与动力电池相连的带电部件和其壳体之间的绝缘电阻值应不小于 $2M\Omega$。

② 绝缘耐压性能。电池管理系统应能经受绝缘耐压性能试验，在试验过程中应无击穿或闪络等破坏性放电现象。

③ 状态参数测量精度。电池管理系统所检测状态参数的测量精度要求见表 2-5。

表 2-5　状态参数的测量精度要求

参数	总电压值	电流值[①]	温度值	单体（模块）电压值
精度要求	≤ ±2% FS	≤ ±3% FS	≤ ±2℃	≤ ±0.5% FS

① 应用在具有可外接充电功能的电动汽车上时，电流值精度同时应满足≤ ±1.0A（当电流值小于 30A 时）。

④ SOC 估算精度。SOC 估算精度要求不大于 10%。

⑤ 过电压运行。电池管理系统应能在规定的电源电压下正常工作，且满足表 2-5 状态参数测量精度的要求。

⑥ 欠电压运行。电池管理系统应能在规定的电源电压下正常工作，且满足表 2-3 状态参数测量精度的要求。

四、动力电池管理系统的运行模式

1. 车载模式

车载模式下蓄电池管理系统结构框图如图 2-19 所示。蓄电池管理系统在车载运行模式下的作用是控制和显示。控制作用是蓄电池管理系统（中央控制模块）通过 CAN1 总线将实时的必要的蓄电池状态告知整车控制器及电动机控制器等设备，以便采用更加合理的控制策略，既能有效完成运营任务，又能延长蓄电池使用寿命。显示作用是蓄电池管理系统（中央控制模块）通过高速 CAN2 总线将蓄电池组的详细信息告知车载监控系统，完成蓄电池状态数据的显示和故障报警等功能，为蓄电池的维护和更换提供依据。

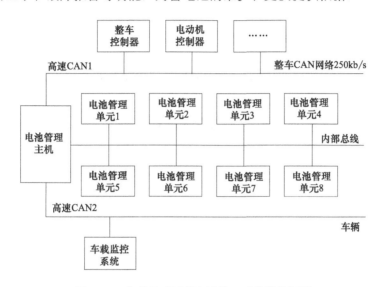

图 2-19　车载模式下蓄电池管理系统结构框图

2. 整车充电模式

整车充电模式下蓄电池管理系统结构框图如图 2-20 所示。电池管理系统在整车充电运行模式下的作用是实时了解整组蓄电池的充电状态，控制蓄电池充电，完成整组蓄电池的充电过程。

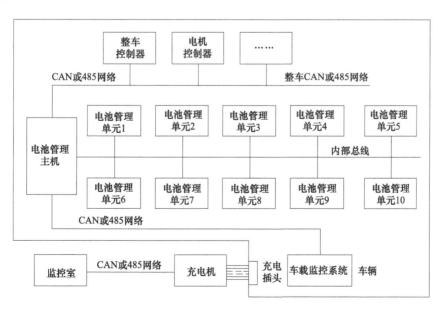

图 2-20　整车充电模式下蓄电池管理系统结构框图

在整车充电模式下，车辆上的蓄电池不卸载到地面。充电机的充电线直接插在电动汽车的充电插头上进行充电。此时的车载高速 CAN 总线加入充电机节点，其余不变。充电机通过高速 CAN 总线了解蓄电池的实时状态，调整充电策略，实现整组蓄电池的安全充电。

3. 单箱充电模式

单箱充电模式下蓄电池管理系统结构如图 2-21 所示。蓄电池管理系统在单箱充电运行模式下的作用是适时了解单箱蓄电池的充电状态，控制蓄电池充电，完成单箱蓄电池的充电过程。

由于在日常补充充电模式下，从整车卸载下来的只有蓄电池箱以及蓄电池箱内的蓄电池测控模块，而中央控制器仍在车上，为此在充电的时候，利用蓄电池管理单元的 RS-485 总线或者 CAN 总线进行通信，蓄电池管理单元实时地将该单箱蓄电池各单体蓄电池的电压、温度和故障等信息告知充电机，实现安全优化充电。

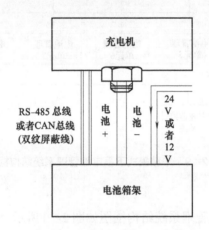

图 2-21　单箱充电模式下蓄电池管理系统结构

第三章 电动汽车充电技术及装置

电动汽车充电机

一、电动汽车充电机的类型

随着电动汽车产业的快速发展，为了延长电动汽车的行驶里程，在电池能量有限的条件下，研发和生产具有高效、可靠、使用方便、体积小、质量轻及价格适宜等优点的充电机，以便及时为各类电动汽车的电池组补充电能，不仅十分必要，而且也有助于电动汽车的推广应用。

电动汽车充电机可以看作是一个 AC/DC 电能变换器，即将从供电电网获取的交流电能经过整流等环节转换为合适的直流电输出，从而给电动汽车的动力电池组充电。目前，电动汽车充电机已有了很大的发展，根据不同的划分方式，可分为以下多种类型。

1.按照连接方式划分

按照充电机与电池组连接方式的不同，电动汽车的充电机可分为传导式充电机和非接触式充电机两种。传导式充电机的输出端直接连接到电池组上，两者之间存在实际的物理连接，非接触式充电机由地面设备和车载设备两部分组成，利用电磁感应耦合原理，以无线传输电能的方式为电池组充电，充电机与电动汽车及电池组之间没有实际的物理连接。

2.按照安装位置划分

根据安装位置的不同，电动汽车的充电机可分为非车载充电机和车载充电机两种。非车载充电机通常固定安装在地面上，输入侧的交流电经过电能变换后转变为直流输出，并给电动汽车的电池组充电，因此也称为直流充电机；车载充电机的整流等电能变换环节都在电动汽车内完成，车外仅需要一个交流输入供电电源，因此也称为交流充电机，但因车内空间有限，其功率、体积和重量等都小于非车载充电机。

3. 按照充电时间划分

按照充电时间的不同，电动汽车的充电机可分为快速充电机和慢速充电机：快速充电机的供电侧多采用三相交流电，经整流等环节转变为直流输出，且输出功率较大，一般仅需 15min 即可充电至电池组 80% 左右的电量，充电 30 min 就能充满电池组所需全部电量；而慢速充电机则采用单相 220V 交流供电，输出功率小，电池充电时间较长，一般为 8～10h，但慢速充电方式对电池的寿命有益，而且通常是在夜间用电低谷时段充电，不仅可以平衡电网用电负荷，还能享受优惠电价。

4. 按照充电机的功能划分

电动汽车充电机按照功能的不同可分为普通充电机和多功能充电机两种，普通充电机仅具有对蓄电池的充电功能，而多功能充电机除了提供对蓄电池的充电功能以外，还能够提供诸如对蓄电池进行容量测试、对电网进行谐波抑制、无功功率补偿和负载平衡等功能。目前，一部分充电机还进一步提供了良好的人机交互界面，可人为设定充电模式或实现远程监控及计价交费等。

二、电动汽车充电机性能及其技术要求

1. 充电机性能

（1）安全性。电动汽车充电时，如何保证人员的人身安全和蓄电池组的安全是至关重要的，涉及的环节有：

① 操作者将电动汽车蓄电池组通过充电机与供电网相连接时。

② 充电结束后，操作者进行断开操作时。

③ 充电过程中，人员接触电动汽车车体时。

④ 充电机发生故障时。

⑤ 外部环境恶劣，如雨雪天气时。

充电机必须保证各个环节正常，即使某个环节发生了故障，人员及蓄电池组也都是安全的。

（2）易于使用。当在供电电源、充电机和蓄电池组之间进行连接或断开时，涉及插头和插座的插拔操作。这种插头一般较大、较重，需要一定的插拔力度。插头和插座应该具有明确的极性，防止错误的连接。充电机应具有较高的智能性，不需要操作人员过多干预充电过程。

（3）成本经济。成本经济、价格低廉的充电机有助于降低整个电动汽车的成本，提高运行效益，促进电动汽车的商业化推广。

（4）高效率。高效率是对现代充电机最重要的要求之一，对整个电动汽车的能量效率有巨大的影响。

（5）对供电电源污染小。采用电力电子技术的充电机是一种非线性的设备，会产生对供电网及其他用电设备有害的谐波污染。由于充电机功率因数低，因此在充电机负载增加时，对供电网的影响也不容忽视。

2. 技术要求

充电机在安全和控制方面需要满足以下技术要求。

（1）充电机应能和蓄电池管理系统或蓄电池管理单元通信，接收蓄电池数据，充电过

程中应采用适当方法保证串联蓄电池中的单体蓄电池电压不超过上限，在蓄电池管理系统发出蓄电池严重故障信息后应能自动停止充电。

（2）充电机应具有面板操作和远程操作功能，应能和监控系统连接，在监控计算机上能完成除闭合和切断输入电源外的所有功能。

（3）充电机应能通过监控网络向监控计算机传送由蓄电池管理系统发送的数据。

（4）充电机应具有故障报警功能，能主动向监控系统发送故障信息。

（5）充电机应具有输入欠压、输入过压、输出短路、蓄电池反接、输出过压、过温、蓄电池故障等保护功能。

（6）在脱离蓄电池管理系统的情况下，充电机应停止充电。

（7）充电机应提供一条充电电缆连接确认信号：一方面，在充电期间，在充电插头连接到车辆后，车辆控制逻辑可通过此信号禁止在充电期间车辆驱动系统工作，保证充电安全；另一方面，此确认线与充电线形成闭锁，保证充电人员安全。

（8）提供良好的人机界面，完成充电机充电过程的闭环控制，并显示故障类型，提供一定的故障排除指示。提供开放式充电过程参数（包括充电模式、充电参数、阶段数）设定功能，并按照参数完成对充电过程的自动控制。在充电机的保护系统动作引起充电过程中断时，应能显示故障类型，对比较容易排除的故障提供简单的处理方法。

（9）整车充电时要为蓄电池管理系统提供所需的直流电源，目前一般取 24V/50A。

（10）充电机的监控系统应具备事件记录功能，为事故分析和运行测试提供历史数据。对于有多台充电机的充电站，充电机还需要为充电站监控系统提供事件记录数据。

（11）充电机的可靠性必须满足一定的指标，综合考虑成本和利用率，充电机须保证 70000～80000h 的安全可靠充电小时数。

（12）充电机的设计必须充分保证人身安全，其带电部分不可外露，同时保证车体和大地等电位。充电机与充电站接地连接，充电机与车体外壳连接、充电站接地网连接等要可靠方便。

3. 电动汽车充电机的输出要求

（1）电动汽车充电机的输出电压、电流范围

① 输出电压范围。根据蓄电池组电压等级的范围，电动汽车充电机的输出电压分为 150～350V、300～500V、450～700V 三级。

② 输出电流范围。电动汽车充电机的输出直流额定电流宜采用 10A、20A、50A、100A、160A、200A、315A、400A（500A）。

（2）稳压精度。当交流电源在标称值的 ±15% 范围内变化，输出直流电流在额定值的 0～100% 范围内变化时，输出直流电压在规定值相应调节范围内任一数值上应保持稳定，充电机输出电压稳压精度不应超过 ±0.5%。

（3）稳流精度。当交流电源在标称值的 ±15% 范围内变化，输出直流电压在规定值相应范围内变化时，输出直流电流在额定值的 20%～100% 范围内任一数值上应保持稳定，充电机输出电流稳流精度不应超过 ±1%。

（4）纹波系数。当交流电源在标称值的 ±15% 范围内变化，输出直流电流在额定值的 0～100% 范围内变化时，输出直流电压在规定值相应调节范围内任一数值上应保持稳定。输出纹波有效值系数不应超过 ±0.5%，纹波峰值不应超过 ±1%。

（5）输出电流误差。电动汽车充电机在恒流状态下运行，输出直流电流设定在额定值的 20%～100% 范围内，在设定的输出直流电流大于等于 30A 时，输出电流整定误差不应超过 ±1%；在设定的输出直流电流小于 30A 时，输出电流整定误差不应超过 ±0.3A。

（6）输出电压误差。电动汽车充电机在恒压状态下运行，输出直流电压在规定值相应范围内，输出电压整定误差不应超过 ±0.5%。

（7）输出限流、限压特性。

① 电动汽车充电机在恒压状态下运行时，当输出直流电压超过限压整定值时，应能立即进入恒压充电运行，自动限制其输出直流电压的增加。

② 电动汽车充电机在恒流状态下运行时，当输出直流电流超过限流整定值时，应能立即进入限流状态，自动限制其输出直流电流的增加。

（8）充电机的效率与功率因数。当输出功率为额定功率的 50%～100% 时，充电机的功率因数应不低于 0.90，效率不低于 90%。

（9）均流不平衡度。多台同型号的高频电源模块并机工作时，充电机的各模块应能按比例均分负载，当各模块平均输出直流电流为 50%～100% 的额定电流值时，均流不平衡度不应超过 ±5%。

（10）谐波电流。充电机产生的谐波电流应不超过 GB/T 19826—2005 中的规定限值。

（11）噪声。在额定负载和周围环境噪声不大于 40dB 的条件下，距充电机水平位置 1m 处测得的噪声最大值应不大于 65dB（A 级）。

（12）可靠性指标。平均故障间隔时间（*MTBF*）应不小于 8760h。

三、电动汽车充电机实例

1. 电动汽车车载充电机

图 3-1　电动汽车车载充电机

图 3-1 是某企业生产的电动汽车车载充电机。它采用高频开关电源技术，具有浮充、均匀自动切换、短路、过载等保护功能，可以实现涓流横流／快速横流／恒压自动切换功能，确保蓄电池电量充足，延长蓄电池的使用寿命。

（1）电动汽车车载充电机的充电过程

① 此充电机根据锂离子电池特性，对电压要求严格，电压过高会导致电池过充甚至电池爆炸。

② 充电初期，先要小电流对电池激活，使得电池内部化学反应充分建立起来，为大电流充电做准备。

③ 此后进入 18A 恒流充电阶段，当电压充到 400V 时，充电机减小充电恒流值后而又进入稳压阶段，此后继续检测充电电压，当电池电压再次达到 400V 时，充电机再次减小充电电流，反复以上充电过程直到充电电流很小，充电机认为电池已经充满并关机。

④ 充电机关机只是关闭充电处于空载状态而不是整机停机。

（2）充电机的主要特点

① 根据电池特性设计充电曲线，可以延长蓄电池的寿命。

② 使用方便，维护简单，智能充电，无需人工职守。

③ 保护功能齐全，具有过压、欠压、过流、过热、短路、输出反接等保护功能。

④ 直观性强，充电过程和故障采用指示灯，能一目了然。

⑤ 采用高频开关技术，使得充电机效率高，体积小，重量轻。

⑥ 充电机风扇由 45℃温控开关控制，当散热器温度低于 45℃时，风扇不转动，当散热器温度高于 45℃时，风扇开始转动，可以减少噪声和延长风扇寿命；整机温度保护为 65℃，当机内温度达到 65℃时，充电机停止工作，等待散热后，低于 65℃后，自动恢复工作。

（3）充电机的主要技术指标

① 输入电压：AC220V±10%，50 ～ 60Hz。

② 输出电压：DC200 ～ 400V。

③ 输出电流：0 ～ 18A。

④ 最大功率：35kW。

⑤ 输出纹波：≤ 1%。

⑥ 电压电流温度精度：≤ 1%。

⑦ 工作效率：≥ 90%。

⑧ 指示状态：电源指示、充电指示、故障指示。

⑨ 保护功能：过压、欠压、过流、过热、短路、反接保护。

⑩ 12V 输出：DC13.5V/150W。

⑪ CAN 接口：波特率 9600b/s。

⑫ 安全指标：绝缘电阻≥ 200MΩ，耐压 1500V/min。

⑬ 冷却方式：风冷。

⑭ 外形尺寸：330mm×300mm×140mm。

⑮ 质量：10kg。

2. 电动汽车非车载充电机

图 3-2 是某企业生产的电动汽车非车载充电机。它采用高频开关电源技术，具有欠压、过压反接、短路、过载等保护功能，采用合理的充电曲线和单片机控制充电过程，确保蓄电池电量充足，延长蓄电池的使用寿命。

（1）电动汽车非车载充电机的充电过程

① 预充充电：充电机启动后，首先以 5 ～ 10A 电流对蓄电池充电 4min，然后进行大电流充电；4min 小电流充电目的是激活电池，让电池内部化学反应充分建立起来，避免电池在冷状态下充电。

图 3-2　电动汽车非车载充电机

② 4min 小电流充电结束后，充电机进入预设电流（比如 88A）恒流充电阶段；当电压充到预设电压（比如 370V）时，充电机减小充电恒流值后而不进入稳压阶段；此后继续检测充电电压，当电池电压再次达到 370V 时，充电机再次减小充电电流（每次以 2A 递减），反复以上充电过程直到充电电流到 8A 时，充电机认为电池已经充满并关机。

③ 充电机关机只是关闭充电处于空载状态而不是整机停机。

（2）充电机的主要特点

① 根据电池特性设计充电曲线，既可以充满电池又可以延长蓄电池的寿命。

② 使用方便，维护简单，智能充电，无需人工职守。

③ 保护功能齐全，具有过压、欠压、过流、过热、短路、输出反接等保护功能。

④ 直观性强，充电过程和故障采用指示灯，能一目了然。

⑤ 采用高频开关技术，使得充电机效率高，体积小，重量轻。

⑥ 充电机风扇由 45℃温控开关控制，当散热器温度低于 45℃时，风扇不转动，当散热器温度高于 45℃时，风扇开始转动，可以减少噪声和延长风扇寿命。

（3）充电机的主要技术指标

① 输入电源：AC380V（三相五线制）

② 输入适应电源电压和频率范围宽，在 AC380V±10%，频率 50Hz±10% 输入下能稳定可靠工作。

③ 输出直流稳压值从 60～400V 电位器连续可调。

④ 输出直流稳流值从 5～88A 电位器连续可调。

⑤ 负载调整率：≤ 1%。

⑥ 纹波电压：≤ 1%。

⑦ 电压调整率：≤ 1%，电流调整率：≤ 1%。

⑧ 漏电流：≤ 10mA。

⑨ 暂载率：100%。

⑩ 整体效率：≥ 92%（满载时）。

⑪ 功率因数：≥ 0.8（满载时）。

⑫ 绝缘电阻：DC1000V 测试 250MΩ。

⑬ 充电模式：自动＋手动。

⑭ 具有充电电压、电流、充电状态、显示和参数设定功能。

⑮ 具有故障报警、显示功能。

⑯ 具有前期恒流充电、后期恒压浮充、充满自动停机功能。

⑰ 防护等级：IP32。

⑱ 冷却方式：风冷。

⑲ 具有致命错误停机保护，一般错误报警功能。

⑳ 具有过压、欠压、过流、过热、缺相、对地短路等相应的保护功能。

㉑ 外形尺寸：700mm×500mm×1200mm，以实物为准。

㉒ 质量：150kg。

四、电动汽车充电机的结构原理

电动汽车充电机的核心部件是功率变换器，即对电能进行控制和变换的装置，需要应用到电能变换技术。根据转换方式的不同，功率变换器包括将交流电能转换成直流电能的 AC/DC 变换器、将直流电能转换成另一种直流电能的 DC/DC 变换器、将直流电能转换成交流电能的 DC/AC 变换器和将一种交流电能转换成另一种交流电能的 AC/AC 变换器。

相对于线性变换器，开关变换器由于采用的是功率晶体管，通过调整集电极与射极之间的压降，使输出电流维持在稳定状态，尽管具有输出电流纹波小、波形质量高的优点，但在调整过程中功率管始终工作在放大区，即电流保持连续，导致功耗较大、需要的散热片体积也很大，不仅电能变换效率低，且变换器的体积及重量也很大，难以应用于大功率场合。因此，目前的电动汽车充电机普遍采用高频开关变换器，其原理是采用 IGBT 等高频开关器件，其工作在开关状态下，使开关损耗减少、电能变换效率提高，而开关频率的提高不仅能使输入、输出电量的波形得到有效改善，而且还能同时降低变压器、滤波电感及电容等磁性元件的体积和价格，可广泛用于各种功率等级的变换器中。特别是 20 世纪 90 年代兴起的软开关技术，利用谐振原理，可以极大地减小功率开关器件的开关损耗，消除了随着开关频率提高所导致的开关损耗增加和电磁增大的弊端，具有能够使变换器效率及功率密度进一步提高、体积及重量相应减小等优势。

对于不同的充电方式，充电机主要用到的电能变换方式包括整流、斩波和逆变等。其中，整流电路拓扑可以采用二极管桥式或 IGBT 组成的全控桥式两种，斩波和逆变部分则多采用隔离型全桥电路，以便满足充电机对于大功率和安全性等方面的需要。在满足动力电池充电所需的基础上，充电机技术正向着高频化、高效率、高功率密度和多功能等方向发展。

（一）传导式车载充电机

传导式车载充电机安装在电动汽车上，可采用单相或三相交流供电，通过插头和电缆与交流插座连接，因此也称为交流充电机。由于车上空间的限制，功率等级和输出的充电电流均较小，因此只能对电池组进行慢速充电，充电时间相对较长；同时，由于车载工况较为复杂，因此对此类充电机的性能要求也较高，必须达到体积小、重量轻、效率高、密封情况下的自然冷却效果好、抗震性好和安全等级高等方面的要求，但是其结构简单、成本低，且只要有普通的交流电源插座即可随时随地为电动汽车补充能量，充电方便，因此很适合于家用电动汽车和服务于园区等场所的电动汽车。

1. 车载充电机的技术要求

传导式车载充电机由于安置在电动汽车上，因此除了要实现为动力电池组充电所需的功率变换外，还应满足体积小、重量轻、可靠性高及便于在车辆上安装和使用等要求。充电机内的动力电池组在通过电缆与供电电源插座连接时，插头内应该具有与车载充电设备相配套的控制检测电路，主要作用为判断充电接口连接与否，调节充电模式和在充电过程中实施保护等，并将这些信息通过数据线传输给充电机。在充电过程中，充电机应能够自动检测整个电池组的充电电压和充电电流，能够自动控制充电过程，可根据设定的充电模式自动调节输出电压；具备软启动、软关断的功能，可承受突然停机、开路或带负载启动等工况条件。当电池组充满电后，可自动断开充电源；一旦出现充电过程突然断电等情况时，再次上电后充电机应能恢复至原来的充电状态，继续对电池组充电，直至充电结束。对于智能化的电池管理系统来说，必须保证电动汽车充电过程中操作者的人身安全和电动汽车电池组的安全，不需要过多的人为干预，且操作简单，能够高效、快速、安全地对电池组进行充电。

由于充电机采用电力电子技术进行电能变换，因此其对电网而言是一个非线性负载，将产生危害电网及其他用电设备的谐波污染，而且二极管整流电路还会导致网侧功率因数降低，使无功损耗增加，特别是多台充电机同时运行时产生的系统负载增加，其影响更加不能忽视。因此，在满足充电机基本功能的前提下，应选择适宜的电能变换电路拓扑和控制策略，从而有效减小对供配电网的谐波污染和无功损耗，使电动汽车技术更具有优越性，获得更快、更健康的发展。

2. 车载充电机的技术原理

目前，车载充电机主要由配电网输入的单相 220V 或三相 380V、频率为 50Hz 的交流电源供电，主电路一般包括二极管桥式整流、有源功率因数校正、LC 滤波、高频 DC/DC 斩波变换等组成部分，作用是把来自电网的单相或三相交流输入电能变换成稳定、可控的直流输出，并按一定的充电模式给动力电池组充电。由二极管组成的桥式不控整流电路具有结构简单、价格低廉及使用方便等优点，缺点是网侧谐波电流含量高、功率因数较低，但由于传导式车载充电机的功率一般较小，单独使用时对电网造成的谐波污染较小，因此一般不采用谐波抑制技术。为了提高网侧输入功率因数和输入电能的利用效率，通常在二极管整流桥后接一个由 Boost 型 DC/DC 斩波电路组成的有源功率因数校正环节，通过对其中 IGBT 等全控型功率开关器件的高频通断控制，使输入电流与输入电压的相位相同或相反，即使网侧功率因数达到 ±1。LC 滤波器中的大容量电解电容一般称为支撑电容，主要起到平波和稳压的作用，并给后端的高频 DC/DC 斩波电路提供稳定的直流电压。综合考虑功率等级、成本、控制难易程度和安全性等方面，车载充电机所用的高频 DC/DC 斩波电路宜选用 Back 或 Boost 等单管电路拓扑。

此外，为了掌握电池组的充电状态，需要由充电机的充电控制系统来实施或调整充电机的工作模式，同时对充电过程中电池组的电压、电流、温度等参数进行采样，一般通过 CAN 总线接口与电动汽车内的电池管理系统（BIS）进行实时通信，也可以通过 BMS 的人机交互界面进行充电模式的选择或控制指令的输入等操作来控制充电过程。通过采取上述措施，充电机在充电过程中可以随时监控电池的充电状态，避免电池组在充电过程中出现过充和过热的现象，并防止电池组的端电压及电池单体的电压、电流和温度等超过限值。此外，充电机还可实现充电完成或出现故障时的自动断电等功能。

（二）传导式非车载充电机

非车载充电机的体积和质量均较大，通常安装在充电站中使用，因而在便利性上不如车载充电机，无法随时随地为电动汽车补充能量。传导式非车载充电机通常可以安装在充电站、停车场、汽车维修站和住宅小区等场所。根据充电时间的不同，非车载充电机可以分为快速充电机和慢速充电机两种类型，分别采用 380V 三相和 220V 单相交流电供电，经过电力电子器件变换后转变为直流输出，为各类电动汽车的电池组进行快、慢速充电，因此也称为直流充电机。其中，快速充电机的功率等级较高，多在 50kW 左右，只需 30 min 即可为电池充入约 80% 的电量。非车载充电机的功能一般比较完善，如具有良好的人机界面，具有自动计费和远程监控等功能；慢速充电机可以安装在办公场所或住宅的停车位处，一般具有体积小、质量轻、安装方便、可靠性好及操作简便等优点，并具备基本的电量、电费显示和充电过程的自动化控制等功能，但功率等级较低，一般低于 10kW，充电时间通常约为 10h。由于私家车一般是在夜间充电，故不仅可对电网具有"削峰填谷"的作用，平衡电网供电，还能享受到用电低峰时段的优惠电价，节省用户的电费支出。

1. 非车载充电机的技术要求

为保证传导式非车载充电机安全、可靠、高效工作，要求其能够满足稳流精度和稳压精度都低于 1%，满载时的效率和功率因数分别大于 91% 和 0.9；使用环境温度在 $-20 \sim 50℃$ 之间；输出电压不能超过电池组的充电限制电压和低于电池组的放电限制电压；充电电流应满足电池组的额定参数等要求。此外，电池组在充电时，非车载充电机还应能够在雨雪天气等恶劣外部环境条件、充电机发生故障、人员接触电动汽车车体或在进行插拔充电接头等操作时，保证人员、设备和电池组的安全；充电插头和插座在进行连接或断开的插拔操作时，其上应有明确的极性标示以防止连接错误。

目前，较为先进的快速充电机具有的功能主要包括以下几项。

① 能与车载电池管理系统通信，接收电池的充电参数，自动对充电过程进行调整以保证充电期间电池组的单体电池电压不超过其充电电压的上限。

② 当电池管理系统检测到电池故障后能立刻自动停止充电。

③ 具有人机交互操作面板和远程操作功能，并能和充电机监控系统连接，以便在监控计算机上完成除闭合和切断输入电源外的所有功能。

④ 具有在输入欠压、输入过压、输出短路、输出过压、过温、电池反接及电池故障等情况下的保护功能，能通过远程网络向监控计算机传送电池管理系统的数据，具有故障报警功能，能主动向监控系统发送并记录故障信息，为事故分析和运行测试提供历史数据。

⑤ 对于拥有多台充电机的充电站，充电机还需要为充电站监控系统提供事件记录数据。

⑥ 充电机内需包含一条充电电缆连接确认信号线，以便当充电插头连接到车辆后，车辆控制逻辑系统可根据此信号来禁止车辆驱动系统在充电期间工作，以保证充电安全。此外，在充电期间，该信号线还应与充电线缆形成闭锁，以保证人员的安全，如果充电机与电池管理系统的连接脱离，充电机应停止充电。

⑦ 具有良好的人机界面，提供包括充电模式、充电参数和缴费等功能，能够完成充电机充电过程的闭环自动控制，当故障导致充电机中断充电过程进行保护时，能显示故障类型并提供一定的故障排除指示。

⑧ 当对整车进行充电时，一般还要为车载电池管理系统提供所需的直流工作电源。

⑨ 由于充电机功率较大，因而其带电部分不可外露，同时应保证充电机和车体可靠接地。

⑩ 接口、插座、插头等的形式应有统一标准，可以兼容各种不同类型的充电制式，以利于电动汽车的推广使用。

2. 非车载充电机的组成原理

为电池组提供快速充电的传导式非车载充电机往往功率较大，一般采用 380V 三相交流电源作为供电电源，然后将其变换成一定幅值的直流输出为电池组进行充电。目前，传导式非车载充电机主要使用两种电路拓扑来进行电能变换：一种是由二极管三相桥式整流经 LC 滤波环节获得直流母线电压，再接高频隔离型 PWM DC/DC 桥式斩波电路组成交 - 直 - 直系统；另一种是由 IGBT 四象限变流经 LC 滤波环节获得直流母线电压，再接高频 PWMDC/DC 桥式斩波电路组成交 - 直 - 直系统。前者具有电路简单、控制方便等优点，但功率因数低、谐波污染大；后者由全控型开关器件组成单相或三相桥式整流电路，采用

PWM 控制技术，电路复杂、控制较难，但具有功率因数高、网侧电流谐波含量少、体积小、动态响应快和电能变换效率高等优点，因此成为发展的主流。以下将对非车载充电机主电路的各组成部分进行介绍。

（1）整流部分　整流部分的主要作用是将由配电网中获得的三相交流电变换成直流电，包含快速熔断器、继电器与预充电电阻组成的软启动电路及三相整流桥等。当采用二极管三相桥式整流电路拓扑时，具有电路结构简单、造价低廉等优点，但一般要在直流侧增加有源功率因数校正电路和（或）在交流网侧增加无源或有源滤波器，以便消除这种整流电路产生的谐波电流畸变严重和功率因数下降的缺陷；当采用 IGBT 等全控型开关器件组成的四象限 PWM 整流器时，尽管增加了器件的成本、控制的难度和电路的复杂性，但由于开关器件运行于高频状态，不仅能够使输出直流的纹波较小，还可以减小滤波元件的容量、体积和成本，以及能够很大程度上降低网侧输入的交流电流中的谐波含量，使功率因数接近为 1，从而可以省去谐波抑制和功率因数校正装置，因此也越来越成为新建充电机整流电路拓扑的首选。

（2）滤波环节　整流后的电流一般要经过 LC 滤波环节以得到纹波较小的稳定的直流母线电压，然后提供给后级的 DC/DC 斩波电路。LC 滤波环节主要由滤波电感、直流母线支撑电容、滤波电容和电感能量释放二极管等元件组成。

（3）斩波部分　考虑到充电机的功率等级和系统安全因素，斩波电路拓扑一般为隔离型全桥 DC/DC 变换器，主要由如 IGBT 等全控型开关器件组成的主功率开关管、高频变压器、输出二极管整流桥、输出滤波电感与电容、输出逆止二极管、输出继电器、快速熔断器和开关器件缓冲电路等构成，采用脉宽调制（PWM）技术，能输出恒定电流或电压以满足电池组的充电要求。对斩波器的控制由控制电路和驱动电路完成，控制电路主要包括信号采集电路、PWM 脉冲信号生成集成电路、故障保护逻辑电路和闭环控制调节电路等，通过对电压测量值与基准值进行比较，根据差值控制高频开关功率管的开关占空比，生成相应的 PWM 脉冲控制信号；驱动电路将 PWM 信号进行功率放大和电气隔离后生成驱动信号，控制功率开关管的通断动作，从而调节输出电压的大小。此外，驱动电路还具有检测输出电流的相关参数并与设定值相比较的功能，以便及时发现过流等故障，并在故障发生时采取完善的保护功能，如采用封锁脉冲等措施。

（4）功率因数校正部分　采用电力电子技术的充电机是一种高度非线性的设备，会产生对供电网及其他用电设备有害的谐波污染，而且，也导致充电机的功率因数降低，在充电机负载增加时，其对供电网的影响也不容忽视。充电机主电路在采用不同的拓扑结构时所产生的谐波污染和功率因数下降的程度各不相同，因此采取的谐波抑制或无功补偿方式也不同。在综合考虑充电机的性能参数、设备造价和运营成本等基础上，选用适宜的充电机功率变换主电路拓扑，有助于充电机（站）的建设和电动汽车行业的发展。

功率因数校正技术的目的是使网侧交流输入电流跟随输入正弦交流电压的基波变化，保持两者的相位相同，从而实现网侧功率因数为 1。功率因数校正装置可分为无源型和有源型两种，无源型结构简单，但只在负载不变时有效；有源型采用全控型开关器件组成的变换电路，通过控制其中功率开关器件的导通和关断实现功率因数的校正，但电路结构较复杂，控制也较难。目前，单相有源功率因数校正技术应用广泛，其主电路一般可以看作是一个 BOOST 型 DC/DC 变换器。三相功率因数校正由于相关理论还不成熟，因此还无法有效投入到实际的应用中。

（5）充电控制管理系统　充电控制管理系统作为充电机的顶层控制系统，是整个充电机的核心控制器，管理着整个充电机的操作流程，其功能主要包括处理人工输入或其他设备发来的控制指令，通过驱动电路生成的信号来控制充电机的启停动作。该系统主要包括中央处理器及其外围电路、数字处理电路、模拟量处理电路、RS-485 通信接口、CAN 通信接口、按键输入电路及显示电路等部分。同时，系统还能够对充电模块的串、并联均流进行控制，并可将充电机的实时运行数据进行显示或传输给上层监控计算机。

（6）人机交互单元　人机交互单元一般由按键或触摸式液晶显示屏等组成，主要用于计算机远程监控和电池充电的控制。充电机通过采集人机交互单元的信息，按照人为设定的充电参数控制充电机的启停，同时通过自身的通信接口与上位机组成计算机监控网络，实时监控、记录和传输充电机的运行数据，并能接受远程运行参数设置、启动及停机控制等操作。此外，充电机在发生运行故障时也能够通过人机交互单元与充电站的监控网络通信，由监控系统自动、及时地采取保护措施，同时在液晶显示屏上显示故障相关信息和处置方法等。

（7）远程通信接口　充电机应配置有能够与供电网调度系统建立基于 Internet 的远程通信网络的接口，统一充电机通信协议与电网通信协议，从而实现对充电机（站）的有效管理，并依据其运行状况来合理调配供电量，既保证充电站用电量，又达到错峰运营的目的。同时，还能实现对每台充电机甚至整个充电站的远程监控和无人值守充电站的数据自动上传功能。

（8）电量计费部分　具有完成统计充电用户所消耗电能并支付相应电费的功能，交流慢速充电机一般在电动汽车与充电机输出电源的接口处安装交流电表，而交流快速充电机则选用直流电表测量电动汽车与充电机输出端之间传输的直流电能，并且所用的交流或直流电量均在人机交互的液晶显示屏上显示，具有电力系统远程自动抄表、计费和支付自动化的潜力。

（三）非接触式充电机

以传导式充电方式对整车或更换下来的电池进行充电时，所需时间一般较长，而且由于传导式充电需要通过电缆连接实现，因此还存在操作上的不便及在雨雪等天气条件下作业时的安全性问题等不足。相对而言，非接触式充电装置无需使用电缆将车辆与供电系统连接即可直接进行快速充电，并且能够布置在停车场、住宅和路边等多种场所为各种类型的电动汽车提供充电服务，从而使电动汽车随时随地充电变为可能。对于电动公交车而言，可以将充电设施布置在终点站、枢纽站和换乘站等地，利用短暂的停车时间便可以完成快速充电。

1. 非接触式充电的原理

非接触式充电机不需要使用电缆将车辆与供电系统连接，而是利用电感耦合的原理进行电能的传输从而实现对电池组的充电。非接触式充电主要有电磁感应、磁共振和微波 3 种方式，这 3 种方式使用的频率范围、输出功率、传输距离和充电效率等各不相同。其中，电磁感应方式的原理是当充电线圈通入交流电并产生磁场时，磁力线穿过相隔一定距离的受电线圈，交流电产生的交变磁场使受电线圈生成感应电动势，并可对外输出电流；磁共振方式的基本原理与电磁感应方式相同，只是充电与受电部分共用同一共振周波，从而可将阻抗限制在最低值，并能够增大能量的传输距离；而微波方式则是在充电和受电部分分别采用微波传送与接受技术实现电能的传输。

非接触式充电方式自问世以来便得到了世界各国的普遍关注与重视，与充电站、充电桩的建设投资相比，非接触式充电设施的成本较低，并且能够节省接线所需的操作和等待时间，具有布置灵活、使用便利、操作安全及可靠性高等优势。

（1）电磁感应式　电磁感应式充电通常采用非接触式电磁耦合变压器进行无线电能传输，是最接近实用化的一种无线充电方式。这种变压器将传统变压器的紧密型耦合磁路分开，变压器的原边绕组流过高频交流电，当送电线圈中有交变电流通过时，发送（初级）和接收（次级）线圈之间产生交替变化的磁束，从而在次级线圈产生随磁束变化的感应电动势，并通过该线圈的端子对外输出交变电流，将电能传输到副边绕组及用电设备，从而实现在电源和用电负载之间的能量传输而无需物理连接。这种初、次级分离的感应耦合电能传输技术不仅消除了摩擦、触电的危险，而且大大提高了系统电能传输的灵活性，显著减小了负载系统的重量。但是，利用电磁感应原理的无线电能传输方式的缺点为两个线圈必须严格对齐，线圈间的距离也必须足够近（约 100 mm），否则会导致输电效率大幅下降。此外，该系统传输功率的大小与线圈的尺寸直接相关，当需要以大功率传输电力时，须在基础设施建设和电力设备方面加大投入。

（2）电磁谐振（磁共振）式　电磁谐振式电能传输技术（又称 WiTricity 技术）是由麻省理工学院（MIT）以 Marin Soljacic 为首的研究团队在 2007 年提出的，该团队的研究人员最大限度地利用了近场研发出了这种无线电能传输系统。该系统自公之于世以来，一直备受世界各国的关注。

该系统主要由电源、电力输出、电力接收和整流器等部分组成，其原理与电磁感应方式基本相同。当电源传送部分有电流通过时，所产生的交变磁束使接收部分产生感应电动势，从而输出电流为电池充电。该方法与电磁感应方式的不同之处在于加装了一个高频驱动电源，采用兼备线圈和电容器的 LC 共振电路，而并非由简单的线圈构成送电和接收两个单元。该技术通过将发射端和接收端的线圈调校成一个谐振系统，当发送端的振荡磁场频率和接收端的固有频率相同时，接收端产生谐振，从而实现最大效率的能量传输。当发射线圈的原边和副边的内阻为 0 时，效率可达 100%，所以传输效率在理论上与传输距离、线圈大小及电磁耦合大小无关。

由于在实际应用中内阻不能为 0，因此耦合系数和谐振频率等都会影响到传输效率。其中，共振频率的数值会随送电单元与接收单元之间距离的变化而改变，当传送距离发生改变时，传输效率也会像电磁感应一样迅速降低。因此，可通过控制电路调整共振频率，使两个单元的电路保持在磁共振状态（该状态也被称为"磁共鸣"）。在控制回路的作用下，通过改变传送与接收的频率，可将电力传送距离增大至数米左右，同时将两单元电路的电阻降至最小，以提高传送效率。此外，传输效率还与发送与接收电单元的直径相关，传送面积越大，传输效率也越高。目前的传输距离达到了 400 mm 左右，传输效率可达 95%。

目前，谐振式无线电能传输技术上的难点是实现小型化和高功率化。现有的技术仅能实现直径 0.5 m 的线圈在 1m 左右的距离提供 60W 的电力，而要提供一辆电动汽车所需的电能，在技术上还有很长一段距离。

（3）微波式　微波式（也称电磁辐射式）无线电能传输技术是以微波（频率在

300 MHz ～ 300 GHz 之间的电磁波）为载体在自由空间无线传输电磁能量的技术。该系统利用微波转换装置把直流电转变为微波，由天线发射（发送装置与微波炉使用的"磁控管"基本相同，通常使用 2.45GHz 的电波发生装置传送电力），传送的微波属于交流电波，大功率的电磁射束通过自由空间后可被天线在不同方向接收，最后经微波整流器等重新转换为直流电，为汽车电池充电。充电部分装有金属屏蔽装置，在使用中，通过送电与接收之间的有效屏蔽可以防止微波外泄。

该技术的实质是用微波束来代替传输导线，通过自由空间传输电能，可以实现极高功率的无线电能传输。但在能量传输的过程中，发射器必须对准接收器，能量传输的方向受到限制，并且不能绕过或穿过障碍物。此外，由于磁控管产生微波时的效率低，造成许多电力变为热能而浪费掉；微波在空气中的损耗也较大，对人体和其他生物也有伤害。因此，目前该技术一般应用于特殊场合，如低轨道军用卫星、天基定向能武器、微波飞机和卫星太阳能电站等许多新的、意义重大的科技领域。

在电动汽车无线充电技术的各种方案中，最被看好的是电磁感应方式和磁共振方式两种。如果从传输距离的角度来看，后者在技术上的优势较为突出，但在市场开拓方面，根据相关数据显示，电磁感应方式处于领先地位，而在技术开发方面，比较活跃的则是磁共振方式。

2. 非接触式充电机的技术实现方式

一般非接触式充电机可视为实现 AC/DC/AC/DC 转换的功率变换器，以电磁感应式为例，其具体的工作过程如下：将来自于配电网的 380V 三相或 220V 单相交流电经二极管不控或 IGBT 全控桥式整流电路转变成直流电，接功率因数校正电路和电容滤波电路，输出给 IGBT 高频全桥逆变电路，变换成 PWM 高频脉冲交变电流，再经隔离变压器原边输入，利用磁场耦合原理在隔离变压器的副边感应产生高频交变电流，从而实现非接触式电能传输，最后经中心抽头式二极管整流器及电感与电容组成的滤波电路转换为所要求的稳定直流输出，从而给电池组充电。其中，隔离变压器是实现能量传输的关键器件，它可以使能量相隔一定距离进行非接触式传输，而且根据需要，此变压器可以是静止的也可以是运动的，以适用于不同的应用场合。由于隔离变压器存在气隙，导致耦合系数较小，因而系统的传输效率降低。系统中的逆变器工作在高频开关状态，可有效减小变压器的体积及重量，同时还能减小变换器的体积，以及减少变压器绕组的线径和损耗。但是，随着频率的升高，变换器中的变压器磁芯中的损耗也会升高，因此无法采用普通工频变压器中的磁芯种类，必须选用铁氧体、非微晶等磁导率高、磁感应强度大、磁损耗小及饱和磁密度高的高频磁芯材料。

非接触式充电机可以避免传导式充电机工作时需要配备接插端口所带来的不便及可能造成的电火花、人身触电、金属连接点因氧化或灰尘覆盖而导致的接触不良等问题，有较强的通用性和安全性，适用于对充电有不同需求的场合。但由于非接触式充电机属于分离式结构，导致能量传输的效率较低，造成的能量损耗较大，而且结构复杂、成本高，加之目前还有一些相关技术有待进一步研究，因此还没有得到广泛应用。

五、电动汽车充电机的试验与测试

为保证充电机安全、可靠地工作，必须对其进行全面的性能测试，试验项目包括机械性能试验、电气性能试验、通信功能试验和保护功能试验等。下面根据某型充电机的技术规范，介绍电动汽车充电机主要性能参数的试验及测试指标和要求，具体执行标准及条款要求可参照相关内容。

（一）测试仪器

对充电机的测试主要涉及电阻、电压、电流、功率、功率因数、相位和频率等参数，因此可选择相应的电气仪器和仪表，也可以开发专用的充电机试验与测试综合平台。

（二）充电机的功能测试

1. 外观检查

外形及安装尺寸应符合设计要求，表面平整、油漆均匀且无流痕，有防飞石的保护措施；柜门开闭灵活，防水和防尘措施齐全、可靠；柜内配线符合相关标准，器件安装牢靠且有高压标志和接地螺栓。

2. 电气测试

（1）绝缘电阻。测试前，为防止电子线路发生电压击穿现象，应对充电机的所有电子电路采取相应的保护措施。对于 110V DC 和 600V DC 的线路，分别采用 500V 和 1000V 的兆欧表测量。

（2）容量。在额定工况下进行测试，输出容量不小于 7.5kW。

（3）效率和功率因数。在额定输入和输出状态下，分别测量充电机的输入和输出功率，然后计算得出充电机的变换效率，应不小于 90%。交流侧功率因数应符合相关标准中电网对负载的要求。

（4）控制电压波动范围。充电机在额定输入和输出状态下，控制电源电压在 77 ～ 137.5V DC 范围内变化时，应能正常工作。

（5）输入电压突加试验。当输入电压突加时，充电机应能正常启动和工作。

（6）模拟过分相试验。充电机每工作 10min，切断 600V 电源 10s，如此连续试验 10 次，每次试验后都应能正常工作。

（7）充电机启动性能。充电机的软启动时间应小于 5s，600V DC 线路由电压开始等于（490±5）V 到正常输出 600V 的时间不得超过 5s。

（8）负载突加、突减试验。充电机在额定输入状态下，突加或突减 50% 的额定负载后，仍能正常工作。

（9）输入电压特性。充电机在额定输入状态下启动和工作时，测量直流输入电压，计算其相对峰 - 峰纹波因数应小于 10%。

（10）输出电压特性。在额定工况（非限流充电状态）下，输出电压应为（120±1）V，纹波因数小于 10%；在有温度补偿时，输出电压应为 118 ～ 123V。

（11）输出电压稳态调整率。分别调整输入电压变化和负载变化，当充电机输出为满载、输入电压在 500 ～ 660V DC 范围内变化时，输出电压调整率应符合 ±1% 的要求；当充电机输入电压为额定值、输出负载在 5% ～ 100% 之间变化时，输出电压调整率应符合 ±1% 的要求。

（12）限流充电试验。将电池组放电至（92±0.5）V，记录电池组的初始电压，然后接通输入电源，从充电机开始工作时起，每隔 10 min 记录充电机的电压和电流值，应符合电池组限流充电值 30A 的要求。

3. 保护功能测试

（1）电池组欠压保护。欠压分别在 90 ～ 92V 和 96 ～ 98V 时，欠压继电器动作，充电机应无输出；此测试可与限流充电试验同时进行。

（2）输入过压保护。输入电压不小于 700V 时，充电机应停止工作，发送故障代码，并在 5 min 后发出故障信号。输入电压恢复正常时，充电机应恢复正常输出。

（3）输入欠压保护。输入电压不大于 500V 时，充电机应进行欠压保护，同时发送故障代码；输入电压恢复正常时，充电机应恢复正常输出。

（4）输出过压保护。充电机输出电压超过保护值（125V DC）时，应进行输出过压保护，停止输出，并发出故障信号和故障代码。

（5）输出欠压保护。充电机输出电压低于欠压保护值（非限流输出欠压值为 115V DC）时，进行输出欠压保护，恢复 3 次后，停止输出并发出故障信号和故障代码。

（6）输出过流保护。充电机输出过流时，恢复 3 次后，停止输出并发出故障信号和故障代码。

（7）输出过载保护。按充电机在可驱动额定负载的 120% 下正常运行 1min 的 I^2T 曲线进行保护，恢复 3 次后，停止输出并发出故障信号和故障代码。

（8）短路保护测试。模拟输出短路，充电机应立即停机并发出故障信号和故障代码。

（9）电池组反接保护测试。当电池组反接电源时，充电机应无法工作并发出故障信号。

4. 通信功能测试

充电机依据规定中的通信协议并按要求的数据格式向测试装置发送数据，后者应能接收并正常显示数据。另外，人机交互界面应具备所要求的功能；在电池管理系统与充电机之间的通信连线断开时，应使充电机立刻停机。

（三）气候环境测试

在设计允许的环境温度、湿度和气压环境中，测试充电机在标称输入电压、最大功率输出和最大电流状态下的工作性能，检验充电机在每次测试后是否仍能够达到原有的性能要求。气候环境测试包括温升测试、低温测试、高温测试和湿热测试。

（1）温升测试。充电机在 40℃ ±1℃ 的环境中连续工作，当散热器的表面温度在最后 1h 内变化不超过 1℃ 时，视为达到稳定状态，要求散热器表面温升不得高于 40K，表面温度不超过 85℃ +5℃，可恢复 5 次。若仍超过此温度，则充电机停止工作，并发出故障信号和故障代码。

（2）低温测试。充电机在 −25℃ 的环境温度下保持 2h 后，通电后应能正常工作；在 −40℃ 的环境下保持 4h，然后移出并除去水渍，在常温下恢复 1 ～ 2h，通电后应能正常工作。

（3）高温测试。充电机在 40℃ 的环境温度下连续工作 6h，性能参数应符合标准要求；在 70℃ 的环境温度下存放 6h，恢复常温通电后应能正常工作。

（4）湿热测试。充电机在规定的湿度和温度下维持一定的时间，通电后应能正常工作。

（四）机械环境测试

充电机主体在承受规定的最大机械冲击或振动后，应保证外壳的变形范围未接触到充电机内部的带电部分，不影响安全防护等级，通电后能正常工作。

（五）允许温度及电介质绝缘测试

在规定的环境温度下，充电机壳体、把手等人体可接触到的金属或非金属部分应分别低于允许的最高温度。

在绝缘测试中，要求测试电压为频率 50Hz 的正弦交流电压，且升至全值的时间小于 10s，然后对输入电压为 DC 600V 的线路进行工频 2500V 的耐压测试，历时 1min；或对输入电压为 DC 110V 的线路进行工频 1000V 的耐压测试，历时 1min，测试中及测试后应无闪络、击穿等现象。

（六）电磁环境测试

（1）抗电磁干扰。在规定的电磁干扰强度下，充电机应能正常工作。

（2）静电放电抗扰度。充电机接电阻性负载且输出额定功率时，应能承受规定幅值的静电放电。

（3）低频传导干扰抗扰度。充电机接电阻性负载且输出额定功率时，应能承受电网中因接入其他非线性负载所产生的频率在 50 ～ 200Hz 范围内的谐波干扰；应能承受电网故障导致的供电电压跳变或中断及能承受三相交流电网的不平衡。

（4）高频传导干扰抗扰度。充电机接电阻性负载且输出额定功率时，应能承受标准规定的因电感性负载切换、继电器抖动或高压开关装置切换而引起的共模干扰，能承受标准规定的因电网换向、故障或闪电（间接电击）引起的浪涌电压冲击。

（5）辐射电磁场抗扰度。充电机接电阻性负载且输出额定功率时，应能承受规定的射频电磁干扰强度。

（6）电磁干扰。充电机接电阻性负载且输出额定功率时，输入端对外发射的传导干扰幅值应小于标准规定的大小，射频干扰强度在 10m 处不能超过规定的值。

第二节
电动汽车充电桩

近年来，随着国家政策的引导，中国新能源汽车得到快速发展。据中国汽车工业协会发布的数据，2017 年，中国新能源汽车产销均接近 80 万辆，同比增长超过 53%。作为与电动汽车行业"相辅相成"的充电桩行业，近几年来，随着新能源汽车保有量的增长，充电桩建设也相应得到发展。早在 2015 年 10 月，国家发改委、工信部等相关部委就联合下发《电动汽车充电基础设施发展指南（2015—2020 年）》，提出要在 5 年内建成集中式充换电站超过 1.2 万座、分散式充电桩超过 480 万个。截至 2017 年年底，我国充电桩建设数量已达到 45 万个，其中，公共充电桩达 21 万个。在政策和市场双重作用下，充电桩的经济效益初步形成，更多的社会资本争相介入，给充电桩产业注入活力，带动了充电基础设施的发展。

一、电动汽车充电桩的基本形式

充电桩（Charging Pile）又叫充电栓、充电柜等，其功能类似于加油站里面的加油机，可以固定在地面或墙壁，安装于公共建筑（公共楼宇、商场、公共停车场等）和居民小区停车场或充电站内，可以根据不同的电压等级为各种型号的电动汽车充电。充电桩的输入端与交流电网直接连接，输出端都装有充电插头为电动汽车充电。汽车充电桩一般提供常规充电（交流慢充）和快速充电（直流快充）两种充电方式，人们可以使用特定的充电卡在充电桩提供的人机交互操作界面上刷卡使用，进行充电方式、充电时间、费用数据打印等操作，充电桩显示屏能显示充电量、费用、充电时间等数据。

充电桩是能实现计时计电量、计金额充电的装置，可以作为市民购电终端。同时，为提高公共充电桩的效率和实用性，今后将陆续增加一桩多充和为电动自行车充电的功能。

1. 按安装方式分

按安装方式，可分为落地式充电桩、挂壁式充电桩。落地式充电桩适合安装在不靠近墙体的停车位，挂壁式充电桩适合安装在靠近墙体的停车位，如图3-3所示。

图3-3 充电桩的两种形式

2. 按安装地点分

按照安装地点，可分为公共充电桩、专用充电桩和自用充电桩。公共充电桩是建设在公共停车场（库），结合停车泊位，为社会车辆提供公共充电服务的充电桩。专用充电桩是建设单位（企业）自有停车场（库），为单位（企业）内部人员使用的充电桩。自用充电桩是建设在个人自有车位（库），为私人用户提供充电的充电桩。充电桩一般结合停车场（库）的停车位建设。安装在户外的充电桩防护等级不应低于IP54。安装在户内的充电桩防护等级不应低于IP32。如图3-4所示为公共充电桩。

3. 按充电接口数分

按充电接口数，可分为一桩一充和一桩多充（图3-5）。

图3-4 公共充电桩　　　　　　　　　图3-5 多用充电桩

4. 按充电方式分

接充电方式，可分为直流充电桩、交流充电桩和交直流一体充电桩。

（1）直流充电桩　直流充电桩又称为直流供电装置，即日常所说的快充。直流充电桩是固定安装在电动汽车外，与交流电网连接，可以为非车载电动汽车动力电池提供直流电源的供电装置。直流充电桩的输入电压采用三相四线 AC 380V +15%，频率 50Hz，输出为可调直流电，直接为电动汽车的动力电池充电。由于直流充电桩采用三相四线制供电，可以提供足够的功率，输出的电压和电流调整范围大，可以实现快充的要求。

直流充电桩的工作原理就是通过整流将交流变直流再通过 DC/DC 转换器转换环节来调整电压、电流输出，实现对电动汽车电池的充电。控制模块实现其显示功能及保护电路的控制。

直流充电桩的特点如下。

① 采用分体式结构，主要由整流柜、充电桩、整流柜和充电桩之间的连接电缆、充电桩和电动汽车之间的连接电缆及充电连接器等部分组成。整流柜由整流模块和充电主控制系统组成，由充电桩完成与用户之间的人机交互功能，并实现对电动汽车充电的管理、计费和相应的电池状态检测等功能。

② 具备通过 CAN 网络与 BMS 通信的功能，来判断电池类型，获得动力电池系统参数、充电前和充电过程中动力电池的状态参数。与充电站后台监控系统通信，上传充电器和动力电池的工作状态、工作参数、故障报警等信息，并接受监控系统的控制命令，执行遥控动作。

③ 能够判断充电连接器、充电电缆是否正确连接。当充电连接器与电动汽车蓄电池系统正确连接后，充电器才允许启动充电过程；当充电器检测到与电动汽车蓄电池系统的连接不正常时，能立即停止充电，并发出报警信息。

④ 能够为电动汽车提供低压辅助电源，用于在充电过程中为电动汽车 BIVIS 供电。

⑤ 具有高效、高可靠、便于维护、灵活扩容、节能环保等优点。

⑥ 采用数字化均流技术，均流性能稳定，脱离管理模块也能稳定工作并自主均流。

⑦ 采用模块化架构，可适应 10 ～ 200kV 的不同功率需求。

⑧ 动态优化的功率模块管理，适应在各种功率输出状态下的最大效率输出。

⑨ 具有输出电压、电流调节范围宽的特点，能满足不同类型蓄电池组端电压的充电要求。

⑩ 具有电源过温、输入侧过压、欠压、输出侧过流、过压保护等安全防护功能。

⑪ 整流模块采用 ARM 作为控制核心，具有很高的灵活性和一致性。

⑫ 采用高频变压器，体积小、功率密度高。

⑬ 采用 IGBT 配套最新的驱动技术，稳定性高。

⑭ 具备宽电压输入范围，以及宽工作温度范围。

⑮ 友好的人机界面，动态显示电压、电流以及故障信息。

⑯ 具有输入侧过 / 欠压保护、输出侧过压保护、欠压警告、过流及短路保护、过温保护等功能。

（2）交流充电桩　交流充电桩又称为交流供电装置，即日常所说的慢充。固定安装在电动汽车外，与交流电网连接，为电动汽车车载充电器（即固定安装在电动汽车上的充电器）提供交流电源。交流充电桩只提供电力输出，没有充电功能，需连接车载充电器为电动汽车充电。

交流充电桩设计要求的特点如下。

① 可以提供 AC 220V/7kW 供电能力。交流充电桩的电源要求：输入电压为单相 AC220V+10%，输出频率 50Hz±2%，输出为 AC 220V/7kW。

②具备漏电、短路、过压、欠压、过流等保护功能，确保充电桩安全可靠运行。

③具备显示、操作等必需的人机接口。

④交流充电计量。

⑤ 设置刷卡接口，支持 RFID 卡、IC 卡等常见的刷卡方式，并可配置打印机，提供票据打印功能。

⑥具备充电接口的连接状态判断、控制导引等完善的安全保护控制逻辑。

交流充电桩给电动汽车的充电器提供电力输入，由于一般的车载充电器的功率不是很大，所以不能很好地实现快速充电，但可以采用直流充电桩来实现快充。

二、电动汽车充电桩的构成和功能

1. 交流充电桩的构成和功能

交流充电桩一般由桩体、电气模块、计量模块等组成。桩体包括外壳和人机交互界面；电气模块和计量模块安装在桩体内部；电气模块包括充电插座、电缆转接端子排和安全防护装置等。交流充电桩的一般结构如图 3-6 所示。

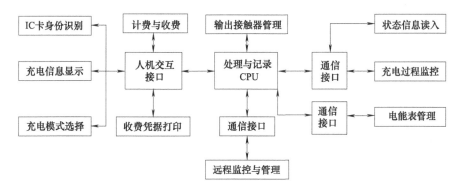

图 3-6　交流充电桩的一般结构

交流充电桩一般应具有人机交互功能、计量功能、外部通信功能和软件升级功能等。

人机交互界面提供人机交互功能，主要包括显示功能和输入功能。显示功能要求充电桩应能显示在各种状态下的相关信息，输入功能要求充电桩应具备手动设置充电参数的功能。计量模块提供对输出电能量的计量功能。充电桩的控制单元具备与外部通信的相关接口，并具备系统控制软件的升级功能。

2. 直流充电桩的构成和功能

直流充电桩的系统结构如图 3-7 所示，主要由充电桩控制器、人机交互界面、IC 卡读写器、功率变换子系统及电量计量等部分组成。

各部分子模块的组成和主要功能如下。

① 充电桩主控制器完成对各个子系统的协调控制功能，接收多种输入指令，切换充电桩的工作状态及控制充电功率模块的输出等。

② 人机交互子系统包括 IC 卡读写器和人机交互界面等，用以实现用户与充电桩的人机交互，完成用户身份鉴证、充电需求信息输入、充电过程中的数据显示及用户自主控制指令输入等功能。

③ 功率变换子系统包括交流供电输入单元、充电功率模块和有源滤波模块，充电功率模块可以实现并联时的自主均流，从而可以由一种标准功率模块并联组成多种规格的充电桩。

④ 电量计量单元采用成熟的交流计量技术。

⑤ 智能管理模块包括运营管理系统的通信接口、数据处理和数据存储等组成部分，用来实现各种运营管理策略。

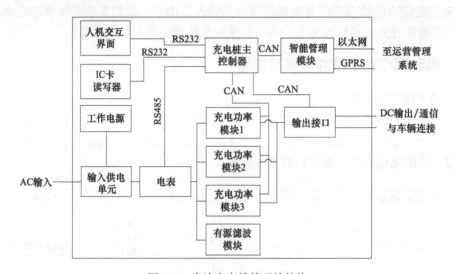

图 3-7　直流充电桩的系统结构

三、电动汽车充电接口技术方案及规范标准

（一）交流充电接口

由于不同国家和地区的电网系统不同，因此不同国家在各自的交流充电标准中对充电连接器电压和电流的要求也不尽相同。国内外交流充电接口的技术方案如表 3-1 所示。IEC 62196-2《电动车辆传导充电用插头、插座、车辆连接器和车辆插孔　第 2 部分：交流充电接口和附属连接线路的尺寸互换性要求》包含有 3 种交流充电接口方案，其中 Type 1 的主要支持国家为美国和日本，Type 2 的主要支持国家为德国，Type 3 的主要支持国家为意大利和法国。

我国标准规定的交流充电接口的总体布局与 Type 2 最为接近，都采用 7 芯结构，以单相充电为主，预留 3 相充电。但是，由于在德国三相电的使用比较普遍，因此 Type 2 定义了 480V 的交流充电电压和 63A 的充电电流，实际充电功率可以达到 40kW 以上。相比之下，由于我国的私人住宅及小区住户很少能够直接使用三相电，所以目前我国标准规定的交流充电电流最大只有 32A，而实际多采用 220V/16A 进行充电。我国标准和 Type 2 在车

表3-1 国内外交流电接口的技术方案

接口参数	Type1（美国）	Type2（德国）		Type3（意大利）			中国标准	
				单控制导引	双控制导引			
相数	单相	单相	三相	单相	单相	三相	单相	三相预留
电流/A	32（美国80）	70	63	16	16	16	16/32	
电压/V	≤250	≤500		≤250	≤250	≤500	250/440	
针脚和锁止	5芯、机械锁（电子锁未定）	7芯、机械或电子锁		4芯	4芯	5芯	7芯、机械锁（电子锁可选）	
接口形式								

辆插头的插芯上分别采用了母头和公头的规定，所以两者无法实现互换。在接口锁止方式上，我国标准与 Type 1 一致，首选简单可靠的机械锁，同时可以配合使用电子锁以提高安全性。虽然我国标准与国外标准在充电接口的物理结构上存在差异，但在控制导引电路和通信协议上已基本可以兼容，能够实现连接状态的判断、充电安全控制和充电功率的实时调节。

Type 1、Type 2、Type 3 及我国标准对交流充电接口各端子的功能定义如表 3-2 所示。其中，PE 为保护地端子，CP 为控制导引端子，PP/CS 为连接确认端子。

表 3-2 交流充电接口各端子的功能定义

功能定义 端子序号	Type1 单相	Type2/Type3 单相	Type2/Type3 三相	我国标准 单相
1	L1	L1	L1	L1
2	L2		L2	NC1
3	PE		L3	NC2
4	CP	N/L2	N	N
5	CS	PE	PE	PE
6		CP	CP	CC
7		PP/CS	PP/CS	CP

我国的电动汽车交流充电接口标准除了国家标准之外，还包括汽车行业标准 QC/T841—2010《电动汽车传导式充电接口》和国家电网企业标准 Q/GDW 399—2009《电动汽车交流供电装置电气接口规范》，我国的交流充电接口技术方案，如表 3-3 所示。从表 3-3 中可以看出，国内各标准对于交流充电接口的规定相差不大，其中国家标准与汽车行业标准对交流充电接口在物理结构上的规定基本一致，基本功能要求也相同，均包括交流电源、中线、保护地线和确认控制线，仅在针脚排列上略有不同。国家标准的兼容性更强，不仅支持单相充电模式，还预留了今后要发展的三相充电模式。国家电网企业标准对交流充电接口的物理结构没有做出具体规定，并且将在国家标准与行业标准中预留的端口用作 CAN 通信，这是由于我国的电力企业考虑到电动汽车的无序充电会加重电网负荷的随机性，因此需要将电动汽车的交流充电纳入统一的用电监控管理中来，以保证电网的运行安全，并且为实现智能电网的发展提供必要的条件。

表 3-3 我国的交流充电接口技术方案

标准名称 技术要求	GB/T 20234.2—2011	QC/T 841—2010	Q/GDW 399—2009
相数	单相（三相为预留）	单相	单相
电流 /A	16/32	16/32	16
电压 /V	220（440）	250	220
针脚和锁止	7芯机械锁（电子锁可选）	7芯锁止装置	7芯锁紧装置
接口形式			无明确规定

虽然国内外充电接口的物理结构还未统一，但是经过不断的磋商和研究，各国在充电控制导引电路和PWI有序充电等方面已经达成共识。因此，到目前为止，国际上的充电接口方案已经基本趋于统一。

（二）交流充电的控制导引

对电动汽车的充电接口而言，物理结构的标准化只是保证了接口物理连接的互换性，除此之外，还需要用控制导引电路来完成连接状态的判断和对充电过程的安全控制。

充电控制导引电路的主要功能包括判断充电连接状态、识别充电电缆承载的电流和实现带载安全切断保护等。在目前国内外的充电接口标准中，控制导引电路部分已基本可以兼容。我国的交流充电接口标准中规定的控制导引电路如图3-8所示（以GB/T 20234.2—2011中充电模式3连接方式B为例）。

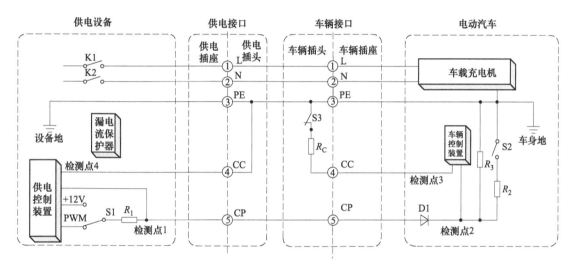

图3-8 交流充电接口的控制导引电路
（以 GB/T 20234.2—2011 中充电模式 3 连接方式 B 为例）

1. 连接状态判断

在交流充电接口的7个针脚中，CC针和CP针最短，CC针或CP针与对应的插孔导体连接后，则表明所有的针脚都已经连接，这时可以通过检测点1、检测点2和检测点3的电压变化进行判断。供电控制装置可以根据这些电压值判断连接状态是否正确，从而控制主回路开关K1、K2的闭合或打开。

2. 充电电缆承载电流识别

目前，我国的交流充电连接装置可分为16A和32A两种电流等级。电阻R_C是充电连接装置的内置电阻，其电阻值是与电缆承载电流的大小相匹配的。车载充电机可以通过判断检测点3的电压值来判断电缆的承载能力，从而确定充电电流的上限。

3. 带载切断安全保护

在充电过程中，由于误操作或者意外原因，有可能使充电插头在带载时断开，控制导引电路需要降低或避免这种操作带来的危害。开关S3被设计成和机械锁按钮联动，当机械锁按下时，车载充电机可以通过检测点3的电压变化判断充电插头有拔出的趋势，从而在主回路断开前提前降低或切断电流输出，避免拉弧或其他危害。另外，由于CC针和CP针为短针，两个控制导引针会先于主回路的针和 N 针断开，利用这个时间差，充电装置可以通过检测点 1 或检测点 4，车载充电机可以通过检测点 2 和检测点 3 的电压变化判断出充电插头将要断开，从而在主回路断开前提前降低或切断电流输出，避免拉弧或其他危害。

4. 控制导引信号

供电控制装置生成 PWM（脉冲宽度调制）信号，利用其占空比来表示充电电流的允许限值，PWM 占空比与充电电流允许限值的映射关系如表 3-4 及图 3-9 所示。

表 3-4　PWM 占空比与充电电流允许限值的映射关系

PWM 占空比 /D	最大充电电流 I_{max}/A
$D < 10\%$	不允许
$10\% \leq D \leq 85\%$	$I_{max}=D \times 100 \times 0.6$
$85\% < D \leq 89\%$	$I_{max}=(D \times 100-64) \times 2.5$
$D > 89\%$	不允许

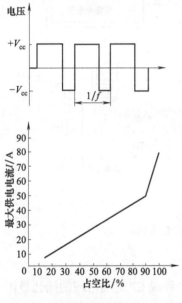

图 3-9　PWM 占空比与充电电流允许限值的映射关系

（三）直流充电接口

国际电工委员会（IEC）关于直流充电接口的标准 IEC 62196-3：2014《电动车辆传导充电用插头、插座、车辆连接器和车辆接口　第 3 部分：直流充电接口和附属连接线路的尺寸互换性要求》已于 2014 年发布，该标准包括 4 种直流充电接口方案，分别为来自日本的 CHAdeMO 标准、美国推荐的交流和直流引脚并存的 Combo Connector 方式、欧洲的 3 相交流方式和我国的直流充电标准。IEC 62196-3 对各类直流充电接口的电压、电流及接口形式的规定如表 3-5 所示。

4 种直流充电接口各端子的功能定义如表 3-6 所示。其中，DC+ 为直流电源正极端子，DC- 为直流电源负极端子，PE 为保护地端子，CP 为控制导引端子 1，CP2 为控制导引端子 2，CP3 为控制导引端子 3，COM1 为通信端子正极，COM2 为通信端子负极，IM 为绝缘检测端子，PP/CS 为连接确认端子，AUX1 为辅助电源端子正极，AUX2 为辅助电源端子负极。

日本的 CHAdeMO 标准为最早实施的直流充电标准，受益于日系车企对电动汽车的推广较早，该标准目前在欧洲和北美市场中影响最大。我国的直流充电接口采用 9 芯结构，日本的 CHAdeMO 标准采用 1 0 芯接口，并且都包含了在连接确认、充电导引及直流针脚之外的额外两根 CAN 通信端子。但是，CHAdeMO 标准规定的最大电流为 200A，最大功率为 60kW，主要用于满足电动乘用车的快速充电需求；而我国标准考虑到电动商用车的应用，增加了直流充电接口的输出功率，将最大电流设置为 400A，充电功率可以达到 150kW 以上，相比 CHAdeMO 标准 60kW 的功率等级要高出一倍，需要在连接器设计中考虑到电气间隙及爬电距离的影响，在结构尺寸上与 CHAdeMO 制式有很大的不同。因此，我国的直流充电接口也能够用于城市纯电动公交车的电能补充。

表 3-5　IEC 62196-3 对各类直流充电接口的电压、电流及接口形式的规定

接口类型	A	B	C Type		C Combo	
			1	2	1	2
电压 /V	600	750	300	480	600	850
电流 /A	200	250	80	80	200	200
接口形式						

表 3-6　4 种直流充电接口各端子的功能定义

端子	功能定义	接口引脚			
		A	B	CType	C Combo
1	DC+	DC+	DC+	DC+	DC+
2	DC−	DC−	DC−	DC−	DC−
3	CP	DCP	CC1	CP	CP
4	CP2	DCS1			
5	CP3	DCS2			
6	COM1	CA4H	S+		
7	COM2	CA4L	S−		
8	IM				
9	PE	PE	PE	PE	PE
10	PP/CS	DCC	CC2	CS	PP
11	AUX1		A		
12	AUX2		A−		

　　在国家标准发布之前，国内的直流充电接口标准主要有汽车行业标准 QC/T 841—2010 《电动汽车传导式充电接口》、深圳市地方标准 SZDB/Z 29.7—2010《电动汽车充电系统技术 规范　第 7 部分：非车载充电机充电接口》（包括 600V/300A 和 750V/600A）、国家电网企 业标准 Q/GDW 398—2009《电动汽车非车载充放电装置电气接口规范》和南方电网企业标 准 Q/CSG 11516.5—2010《电动汽车非车载充电机充电接口规范》，国内各直流充电接口标 准的对比如表 3-7 所示。从表 3-7 中可以看出，国内各直流充电接口标准之间的差别较大， 接口的针脚个数、定义方式、物理尺寸及功能要求等都不统一。汽车行业标准采用 9 芯插 头，而深圳市地方标准和南方电网企业标准均采用 8 芯接口，针脚功能定义基本一致，但 都没有考虑充电控制导引电路，仅依靠针脚的长度实现连接确认。国家电网企业标准规定 的直流充电接口不仅具有充电控制导引功能，而且还支持不同的服务对象，因此其针脚数 也最多。针对此前国内各直流充电接口相关标准差别较大的情况，我国以汽车行业标准为 基础，在 2011 年发布了 GB/T 20234.3—2011《电动汽车传导充电用连接装置　第 3 部分：

直流充电接口》，从而实现了国内电动汽车直流充电接口的统一。

表 3-7　国内各直流充电接口标准的对比

标准名称 / 技术要求	QC/T 841—2010	SZDB/Z 29.7—2010	Q/GDW 398—2009	Q/CSG 11516.5—2010
最大电流 /A	250	300	600	400	500
最高电压 /V	750	600	750	600	600
针脚和锁止	9 芯，有锁止装置	8 芯，有锁紧装置	8 芯，有锁紧装置	11 芯，有锁紧装置	8 芯，有锁紧装置
接口形式				无明确规定	

四、非车载充电机与电池管理系统之间的通信协议

由于早期国内电动汽车的示范运行主要集中在公交领域，为了满足运行需求，电动公交车一般采用直流充电模式，非车载充电机通过直流充电接口给电池充电。在充电过程中，非车载充电机必须与电池管理系统进行通信，以完成充电控制和信息交互，因此国内的电动汽车充电通信协议标准的规定对象目前主要集中在非车载充电机与电池管理系统上。目前，国内的电动汽车充电通信协议标准主要包括国家标准 GB/T 27930—2011《电动汽车非车载传导式充电机与电池管理系统之间的通信协议》、汽车行业标准 QC/T 842—2010《电动汽车电池管理系统与非车载充电机之间的通信协议》、国家能源局行业标准 NB/T 33003—2010《电动汽车非车载充电机监控单元与电池管理系统通信协议》、深圳市地方标准 SZDB/Z 29.8—2010《电动汽车充电系统技术规范　第 8 部分：非车载充电机监控单元与电池管理系统通信协议》、国家电网企业标准 Q/GDW 235—2009《电动汽车非车载充电机通信协议》和南方电网企业标准 Q/CSG 11516.6—2010《电动汽车非车载充电机监控单元与电池管理系统通信协议》，各标准中对于具体性能指标的规定如表 3-8 所示。

表 3-8　各标准对于具体性能指标的通信协议的规定

标准名称 / 数据格式	GB/T 27930—2011	QC/T 842—2010	NB/T 33003—2010
通信协议	CAN 通信协议		
物理层	采用本标准的物理层应符合 ISO 11898-1：2003、SAEJ 1939-11：2006 中的规定。BMS 与充电机的通信宜使用独立于动力总成控制系统之外的 CAN 接口	采用本标准的物理层应符合国际标准 ISO 11898、SAEJ 1939-11 的规定。BMS 与充电机的通信宜使用独立于动力总成控制系统之外的 CAN 接口	采用本标准的物理层应符合国际标准 ISO 11898、SAEJ 1939-11 的规定。BMS 与充电机的通信宜使用独立于动力总成控制系统之外的 CAN 接口

续表

数据格式 \ 标准名称	GB/T 27930—2011	QC/T 842—2010	NB/T 33003—2010
数据链路层 — 帧格式	采用 CAN 扩展帧的 29 位标识符。具体每个位分配的相应定义应符合 SAEJ 1939-21 的规定	CAN 扩展数据帧被分成不同的位域，其中仲裁域有 29 位标识符。本标准的 CAN 数据帧格式参考 SAEJ 1939-21 的规定	使用 CAN 扩展帧的 29 位标识符。具体每个位分配的相应定义应符合 SAEJ 1939-21 的规定
协议数据单元（PDU）	收→ P(3) R(1) DP(1) PF(8) PS(8) SA(8) 数据域(0～64)。由 7 部分组成，分别为优先级（P）、保留位（R）、数据页（DP）、PDU 格式（PF）、特定 PDU 格式（PS）、源地址（SA）和数据域		
协议数据单元（PDU）格式	选用 SAEJ 1939-21：2006 中 5.3 定义的 PDU1 格式		采用 SAEJ 1939：21 规定的 PDU1 格式
参数组编号（PGN）	第二个字节为 PDU 格式（PF）值，高字节和低字节均为 00H		第二个字节为 PDU 格式（PF）值，高字节和低字节均为 00H
传输协议功能	BMS 与充电机之间传输 9 字节或以上的数据使用传输协议功能，具体连接初始化、数据传输和连接关闭应遵循 SAEJ 1939-21：2006 的 5.10 和 5.4.7 中消息传输的规定		BMS 与充电机之间传输 9 字节或以上的数据使用传输协议功能，具体连接初始化、数据传输和连接关闭应遵循 SAEJ 1939-21 中消息传输的规定
地址分配	装置：BMS 地址：86（56H）；装置：充电机 地址：244（F4H）	装置：BMS 地址：224；装置：充电机 地址：229	装置：充电机 地址：229（E5H）；装置：BMS 地址：244（F4H）
信息类型	具有命令、请求、广播/响应、确认和组功能，具体定义应遵循 SAEJ 1939-21：2006 中 5.4 关于消息类型的规定		具有命令、请求、广播/响应、确认和组功能，具体定义应遵循 SAEJ 1939：21 的规定
应用层	详见 GB/T 27930—2011 中第 7 节的规定		主要遵循 SAEJ 1939-71 的规定
充电流程	充电握手阶段、充电配置阶段、充电阶段和充电结束阶段	握手阶段、配置阶段、充电阶段和充电结束阶段	充电握手阶段、充电参数配置阶段、充电阶段和充电结束阶段

从表 3-8 可以看出，国内非车载充电机与电池管理系统的通信采用 CAN 通信协议，在充电过程中监测电压、电流和温度等参数，BIS 根据充电控制算法管理整个充电过程。通信协议的物理层和数据链路层一般采用 ISO 11898-1 和 SAEJ 1939-11（21）两种标准，数据帧格式符合 CAN 总线 2.0B 的规定，通信速率为 250 kbit/s。应用层主要参考 SAEJ 1939-71 的规定。

（一）数据帧格式

在国内各非车载充电机与电池管理系统之间的通信标准中，除汽车行业标准对通信的数据报文进行了详细的规定之外，其他标准的数据帧格式基本参照 CAN 通信标准，但是由于各标准的编写背景不同，在各个阶段的参数配置及参数编码方面，深圳市地方标准与南方电网企业标准一致，而国家标准主要由能源局主持编写，因此国家标准与能源局行业标准基本一致。各标准对数据帧格式的规定如表 3-9 所示。

表 3-9 数据帧格式

阶段	GB/T 27930—2011			QC/T 842—2010			NB/T 33003—2010		
	报文代号	报文描述	PGN	报文代号	报文描述		报文代号	报文描述	PGN
充电握手阶段	CRM	充电机辨识报文	256	CRM	充电机辨识报文		CRM	充电机辨识	256
	BRM	BMS 和车辆辨识报文	512	BRM	BMS 辨识报文		BRM	电池组身份编码信息	512
				BIM	电池信息报文		VIN	车辆识别信息	768
参数配置阶段	BCP	动力蓄电池充电参数	1536	CMTCM	充电机最大输出能力报文		BCP	蓄电池充电参数	1536
	CTS	充电机发送时间同步信息	1792	BCRM	BMS 充电准备报文		CTS	充电机发送时间同步信息	1792
	CML	充电机最大输出能力	2048	CCRM	充电机充电准备报文		CML	充电机最大输出级别	2048
	BRO	电池充电准备就绪状态	2304				BRO	电池充电准备就绪状态	2304
	CRO	充电机输出准备就绪状态	2560				CRO	充电机输出准备就绪状态	2560
充电阶段	BCL	电池充电需求	4096	BCLRM	电池充电级别需求报文		BCL	电池充电级别	4096
	BCS	电池充电总状态	4352	BCSM	电池充电状态报文		BCS	电池充电总状态	4352
	CCS	充电机充电状态	4608	CCSM	充电机充电状态报文		CCS	充电机充电状态	4608
	BSM	动力蓄电池状态信息	4864	BACM	BMS 终止充电报文		BS1	蓄电池状态信息 1	4864
	BMV	单体动力蓄电池电压	5376	CACM	充电机终止充电报文		BS2	蓄电池状态信息 2	5120
	BMT	动力蓄电池温度	5632				BMV	蓄电池各模块电压	5376
	BSP	动力蓄电池预留报文	5888				BMT	蓄电池组温度	5632
	BST	BMS 终止充电	6400				BSOC	蓄电池组荷电容量 SOC	5888
	CST	充电机终止充电	6656				BAV	蓄电池组平均模块电压	6144
							BST	BMS 终止充电	6400
							CST	充电机终止充电	6656

续表

阶段	GB/T 27930—2011			QC/T 842—2010			NB/T 33003—2010		
	报文代号	报文描述	PGN	报文代号	报文描述		报文代号	报文描述	PGN
充电结束阶段	BSD	BMS 统计数据	7168	BCSM	BMS 充电统计报文		BSD	BMS 统计数据	7168
	CSD	充电机统计数据	7424	CCSM	充电机充电统计报文		CSD	充电机统计数据	7424
错误报文	BEM	BMS 错误报文	7680	BEM	BMS 错误报文		BEM	BMS 错误数据	7680
	CEM	充电机错误报文	7936	CEM	充电机错误报文		CEM	充电机错误数据	7936

（二）充电过程

如图 3-10 所示，国内已经发布的非车载充电机与 BMS 之间的通信协议的各相关标准对于整个充电过程的划分基本一致，主要包括充电握手、充电参数配置、充电和充电结束 4 个阶段。在各个阶段，充电机与 BMS 如果在规定的时间内没有收到对方报文或没有收到正确报文，即判定为超时。国家标准、汽车行业标准和能源局标准中规定的超时时间为 5s，深圳市地方标准和南方电网企业标准中规定的超时时间为 10s。当出现超时后，BMS 或充电机发送错误报文，并进入错误处理状态。下面将以 GB/T 27930—2011《电动汽车非车载传导式充电机与电池管理系统之间的通信协议》为例对充电机与 BMS 在整个充电过程中各阶段的通信流程进行分析。

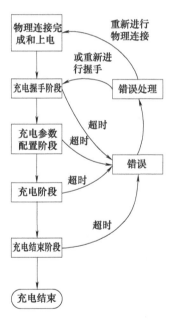

图 3-10　充电的整体流程

1. 充电握手阶段

当充电机和 BMS 物理连接完成并上电后，BMS 首先检测低压辅助电源是否匹配，如果低压辅助电源匹配，双方进入充电握手阶段，确定充电机编号、BMS 通信协议版本号、电池类型、整车动力蓄电池系统的额定容量和额定总电压等信息。充电握手阶段的具体流程如图 3-11 所示。

电动汽车充电系统原理与检修

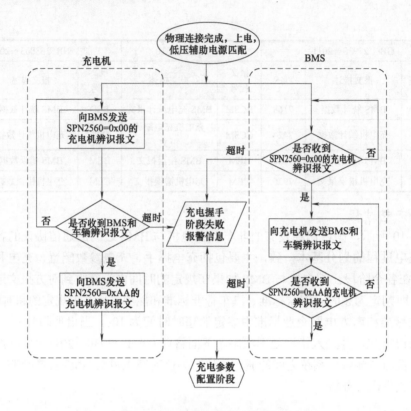

图 3-11　充电握手阶段的具体流程

2. 充电参数配置阶段

充电握手阶段完成后，充电机和 BMS 进入充电参数配置阶段。BMS 向充电机发送电池充电参数报文，确定单体动力蓄电池的最高允许充电电压和电流、动力蓄电池的标称总能量、最高允许充电总电压、最高允许温度、整车动力蓄电池的荷电状态和总电压。充电机向 BIS 发送最大输出能力报文，包括最高输出电压、最低输出电压和最大输出电流，BMS 则根据充电机的最大输出能力判断是否能够进行充电。充电参数配置阶段的具体流程如图 3-12 所示。

3. 充电阶段

充电配置阶段完成后，充电机和 BMS 进入充电阶段。在整个充电阶段，BMS 实时向充电机发送电池充电需求（电压需求、电流需求和充电模式），充电机根据电池充电需求调整充电电压和充电电流，以保证充电过程的正常进行。在充电过程中，充电机和 BMS 始终向对方发送各自的充电状态信息。电池充电信息包括充电电压、充电电流、最高单体电压、当前荷电状态、估算剩余时间、各单体电池的电压和温度；充电机充电信息包括输出电压、输出电流和累计充电时间。充电阶段的具体流程如图 3-13 所示。

4. 充电结束阶段

当充电机和 BMS 停止充电后，双方进入充电结束阶段。BMS 向充电机发送整个充电过程的充电统计数据，包括初始 SOC、终止 SOC、电池最低电压和最高电压；充电机收到BIS 的充电统计数据后，向 BMS 发送整个充电过程中的输出电量、累计充电时间等信息，最后停止低压辅助电源的输出。充电结束阶段的具体流程如图 3-14 所示。

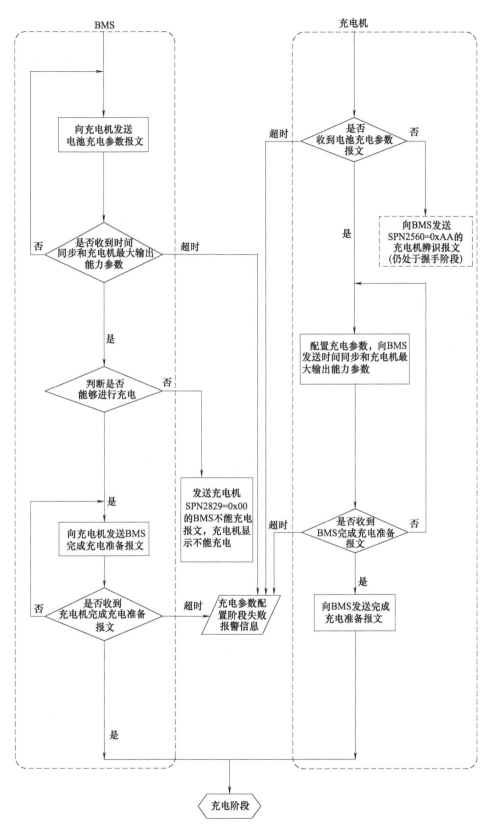

图 3-12　充电参数配置阶段的具体流程

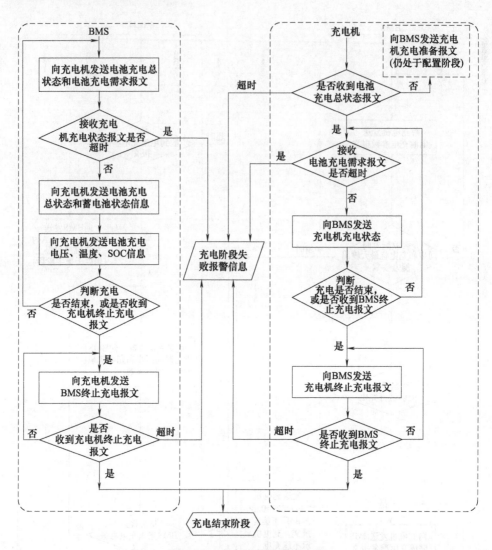

图 3-13　充电阶段的具体流程

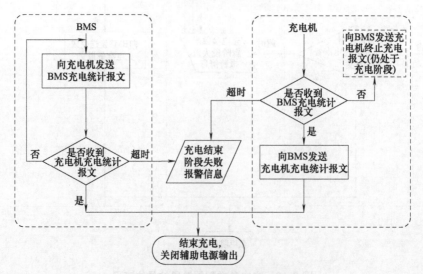

图 3-14　充电结束阶段的具体流程

五、充电桩功率变换器主电路拓扑

电动汽车充电桩的功率变换器工作在高频，会对电网造成谐波污染，必须采取有效措施，如功率因数校正或无功补偿等技术，限制电动汽车充电桩功率变换器进入电网的总谐波量。就目前而言，充电功率变换器必须满足 IEEE 519—1992 标准或类似的标准。要满足这些标准，根据不同充电等级要求，充电桩功率变换器可以选择两级结构（前级为 PFC+后级为充电电路）或 PFC 功能与充电电路一体化的单级结构。为了进一步提高变换效率，允许高频工作，可以采用软开关电路，以减少开关管的损耗。

（一）三相 PWM 整流电路

1. 整流电路结构和工作原理

三相 PWM 整流电路结构如图 3-15 所示。其开关器件采用 IGBT。单相 PWM 整流电路的原理图如图 3-16 所示。在 PWM 整流电路的交流输入端 A、B 之间产生一个正弦波调制 PWM 波 U_{AB}，U_{AB} 中除了含有与电源同频率的基波分量外，还含有与开关频率有关的高次谐波。由于电感 L_s 的滤波作用，这些高次谐波电压只会使交流电流 I_s 产生很小的脉动。如果忽略这种脉动，I_s 为频率与电源频率相同的正弦波。在交流电源电压 U_s 一定时，I_s 的幅值和相位由 U_{AB} 中基波分量的幅值及其与 U_{AB} 的相位差决定。改变 U_{AB} 中基波分量的幅值和相位，就可以使 I_s 与 U_s 同相位。

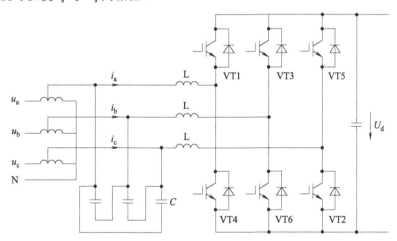

图 3-15　三相 PWM 整流电路结构

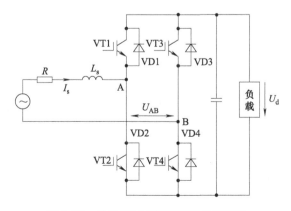

图 3-16　单相 PWM 整流电路的原理图

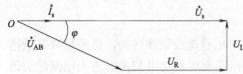

图 3-17 单相 PWM 整流电路的向量图

单相 PWM 整流电路的向量图如图 3-17 所示。其中，U_s 表示电网电压，U_{AB} 表示 PWM 整流电路输入的交流电压，U_L 为连接电感 L_s 的电压，U_R 为电网内阻 R_s 的电压。图 3-17 中，U_{AB} 滞后 U_s 的相角为 ϕ，I_s 与 U_s 的相位完全相同，电路工作在整流状态，且功率因数为 1。这就是 PWM 整流电路的基本工作原理。

三相 PWM 整流电路的工作原理与单相 PWM 整流电路类似，通过对图 3-15 电路进行 SPWM 控制，便可在交流输入端得到正弦 PWM 电压 U_{AB}（U_{BC}、U_{CA} 为其他另两相，图 3-16 为单相电路），通过控制 U_{AB}（U_{BC}、U_{CA}）基波分量的幅值和相位，使各相电流为正弦波，与电网电压同相位，输入功率因数接近于 1。

要使三相 PWM 整流电路正常工作，其直流侧电压必须大于交流输入线电压的峰值。整流电路输出电压即为蓄电池的充电电压，一般浮充电压为 390V 左右。当蓄电池放电后重新充电时，充电电压在 280～410V 范围内变化。对于线电压为 380V 的三相输入整流电路，其线电压峰值远远大于 380V，不满足三相 PWM 整流电路正常工作的条件。可采用门耦变压器 Tc 将三相输入电压降低以后再输入 PWM 整流电路，Tc 的变比为 380/210，这样，当输入电压在允许的范围变化时，在整个充电电压范围内均能满足 PWM 整流电路的电压变换条件。

2. PWM 整流电路控制方法

PWM 整流电路的控制方法有直接电流控制和间接电流控制两种，直接电流控制引入交流输入电流反馈进行闭环控制，其电流指令运算电路比不引入交流反馈的间接电流控制简单。直接电流控制系统结构如图 3-18 所示，采用双环控制，外环为直流电压控制环，内环为交流电流控制环。直流输出电压给定信号 U_d 和实际的直流电压 U_f 比较后的误差信号送入 PI 调节器，PI 调节器的输出即为整流器交流输入电流的给定信号。其在与实际的交流输入电流进行比较，比较后的电流误差信号经比例调节器放大后送入比较器，再与三角载波信号经比较形成 PWM 信号。该 PWM 信号经驱动电路后去驱动主电路开关器件，便可使实际的交流输入电流跟踪指令值，同时达到控制输出电压的目的。

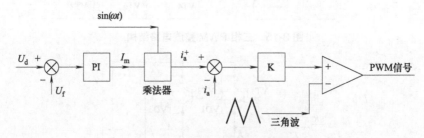

图 3-18 直接电流控制系统结构

3. 主要技术特性

三相 PWM 整流电路由于采用了先进的 PWM 控制技术，使其具有比采用相控整流电路更优的输入特性。这主要表现如下。

① 具有完美的正弦波输入电流，极大地减少了整流器对电网的谐波污染。整流电路输入电流波形如图 3-19 所示。

② 输入功率因数近似为 1，使得整流电路与电网之间几乎没有无功传递，可以降低电源系统变压器的容量，大幅减少无功损耗，从而可以节约能源，降低系统成本。

③ 输入电压范围宽，更适合于电网电压剧烈波动的地区，有利于减少蓄电池的充放电次数。

④ 整流输出直流电压纹波小，可延长蓄电池使用寿命。

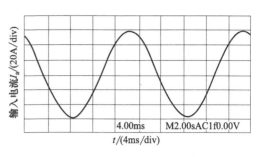

图 3-19　整流电路输入电流波形

（二）单级 PFC 功率变换器

典型三端式单级 PFC 电路框图如图 3-20（a）所示，图 3-20（b）为相应的基本电路。从图 3-20（b）可以看到，典型的单级 PFC 功率变换器是由 BOOST 功率变换器与基本的功率变换器合成的。两部分共用一个开关管，其中 VD1 电路是充电电路，VD2 是放电电路（同时防止开关管关断时电流倒流）。由于控制电路只对输出电压进行控制，因此要求变换器电路本身具有自然的 PFC 功能。BOOST 功率变换器恰恰具有这种内在的功率因数校正能力。

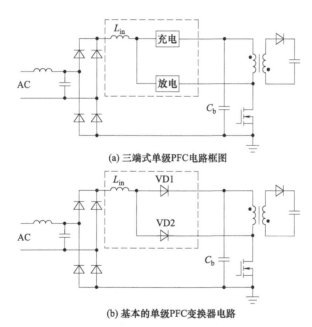

图 3-20　单级 PFC 电路

从图 3-20（a）可以看到，典型的 PFC 功率变换器是直接与交流电路相连的，因此瞬时输入功率是随时变化的，要得到稳定的功率输出，储能电容 C_b 是必需的功率平衡手段。由于整流后的输入电压与负载大小无关，因此负载越轻，积累在 C_b 上的不平衡能量就越多，导致 C_b 上的电压应力很大，对器件耐压要求提高。

基于典型单级 PFC 电路的上述特点，在开发新结构的单级 PFC 电路时，应尽可能满足以下几个方面的要求。

① 功率变换器电路要有较好的谐波处理能力，可以满足各种标准的要求。

② 功率变换器要有较好的稳定输出电压能力。

③ 功率变换器的电路拓扑应具有降低电压应力、减少电路损耗的能力。

④ 开关管的控制方式应达到较好的校正、输出效果。

许多新型的单级 PFC 功率变换器拓扑结构，基本都是在典型单级 PFC 电路的基础上，围绕着减少器件的电压应力、降低电路的损耗而进行的改进。

1. 基本电路的改进

在对基本电路的实际改进中，通常是在如图 3-20（b）所示电路中的 VD1、VD2 两条二极管电路中加入电感线圈等元件，以减少电路的电压应力。图 3-21（a）是一个改进的电路实例，在如图 3-20（b）所示电路中的 VD1、VD2 两条电路中加入负反馈线圈 W1、W2。在电路开通或关断时，两个线圈提供负反馈电压，减轻了储能电容 C_b 的电压应力，延缓了输入电流的变化。这种方法还有利于输入电感工作在 CCM（Continuous Current Mode）模式，可保持较低的谐波含量。

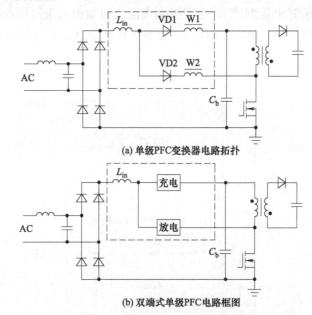

(a) 单级PFC变换器电路拓扑

(b) 双端式单级PFC电路框图

图 3-21　改进的单级 PFC 变换电路

在实际设计中，通常采用如图 3-21（b）所示的双端式单级 PFC 电路。它与三端式单级 PFC 电路类似，但充、放电电路的连接方法与三端式有差别。实际上，双端式单级 PFC 电路往往与三端式 PFC 有相对应的关系，两类电路的工作原理、所要实现的目标是基本一致的。

2. 与其他功率变换器电路的结合

PFC 技术发展至今已经逐渐融入许多优秀的功率变换器电路中，这些新的拓扑结构可以很好地抑制电源输入谐波，整定输入电流波形，同时又具有极好的输出特性，充分发挥了 PFC 电路和功率变换电路的特点。

根据图 3-20 所示单级金桥 PFC 功率变换器的原理，可以将 BOOST 电路与其他功率变换器结合在一起。将 BOOST 电路与全桥功率变换器结合的单级 PFC 电路如图 3-22 所示。在实际应用中，对 VDx1、VDx2 的充放电电路进行改进，可以得到更好的效果。该电路可以实现对输入电流波形的整定，同时又可以工作在较大功率场合，发挥了全桥电路的特点。同样，PFC 电路与其他电路结合，也能收到很好的效果。

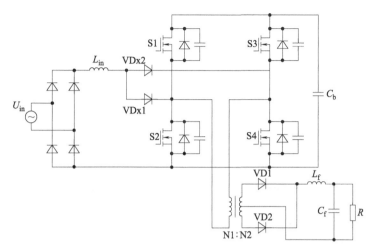

图 3-22　单级全桥 PFC 功率变换器

（三）单级隔离式 PFC 功率变换器

1. 串联式单级隔离式 PFC 功率变换器

（1）基本 BOOST 单级隔离式 PFC 功率变换器　图 3-23 是由基本 BOOST PFC 功率变换器电路与单开关反激功率变换器组合而成的最基本的单级隔离式 PFC 功率变换器拓扑，与普通的 DC/DC 功率变换器相比，具有电压应力较高、损失较多等缺点，因此采用各种软开关技术，以减少开关损耗及开关应力。此新型单级 PFC 功率变换器具有效率高、电路拓扑又十分简单等特点。

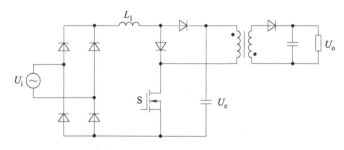

图 3-23　基本 BOOST 单级隔离式 PFC 变换器

（2）带有源钳位和软开关的 BOOST 电路单级隔离式 PFC 功率变换器　与普通 DC/DC 功率变换器相比，单级隔离式 PFC 功率变换器具有电压应力大、损耗大等缺点。因此，在设计中，将有源钳位和软开关等技术应用到单级式 PFC 功率变换器中，使主、辅开关在软开关条件下开关，以减少损耗，降低电路的电压应力，从而使单级式 PFC 功率变换器电路能够得到实际应用。

带有源钳位和软开关的 BOOST 电路单级隔离式 PFC 功率变换器如图 3-24 所示。有源钳位电路由 S2、C_c 构成。S1 为主开关，S2 为有源钳位辅助开关，电路可视为 BOOST 单元与反激单元的串联组合。两个单元共用一个主开关 S1。C_r 代表开关 S1 和 S2 的总寄生电容，L_r 代表变压器的漏感，C_r、L 形成串联谐振电路，实现 S1 的软开关，C_c 和 S2 构成有源钳位电路，限制开关上的谐振电压。

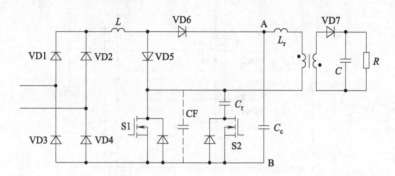

图 3-24　带有源钳位和软开关的 BOOST 电路单级隔离式 PFC 功率变换器

主开关 S1 关断后，C_r 充电，当 C_r 上的电压被充电到 C_c 的电压 U_c 时，辅助开关 S2 导通，S1 的电压被钳位在 U_c，降低了 S1 的电压应力。

软开关过程由谐振电感 L_r、寄生电容 C_r 的谐振来实现。为了实现零电压开关，必须适当选择 L_r 的值，且要求 L_r 的值远小于励磁电感 L_m 的值。L_r 的值越大，越容易满足主开关的 ZVS（Zero Voltage Switching）条件，但 L_r 的值增大会增加开关管 S1、S2 的电压应力，带来更多的占空比丢失；而 L_r 的值越小，输出二极管 VD7 的电流下降率就会越大，带来严重的反向恢复问题。

这种电路可再生变压器漏感中的能量，减小电压应力，与前面提到的再生钳位电路类似，但它又增加了一个辅助开关，实现了零电压开关，而主开关和辅助开关用同一个控制/驱动电路。控制电路与没有有源钳位电路的控制电路相同，能够采用常用的 PWM 控制芯片来设计。目前，带有源钳位和软开关的单级隔离式 PFC 功率变换器广泛应用于各种小功率场合。

采用有源钳位和软开关技术限制了开关的电压应力，再生了储存在变压器漏感中的能量，为主开关和辅助开关提供了软开关条件，减少了开关损耗，提高了功率变换器的效率，进一步提高了电路的实用性。

（3）带有再生钳位的 BOOST 反激型单级隔离式 PFC 功率变换器　带有再生钳位的 BOOST 反激型单级隔离式 PFC 功率变换器如图 3-25 所示，是在基本单级隔离式 PFC 功率变换器的基础上，增加了再生钳位电容 C_c 和二极管 VDd 两个元器件构成的钳位电路。C_c 用来钳位开关上的电压，VDd 用来阻止 L_k、L_p、C_e、L 和 C_c 在开关 S 关断时的谐振。钳位电路虽然简单，但可有效地减小开关应力，通过 C_c 与漏感 L_k 的谐振再生储存在变压器漏感中的能量，免去了损耗能量的缓冲电路。功率变换器的功率因数可高于 0.99，普通单级 PFC 功率变换器在相同条件下仅为 0.98 左右。THD LL 加缓冲电路时降低 9% 左右。这种功率变换器的开关在闭合时应力较大，不是零电压下关断。

（4）单级充电激励式 PFC 功率变换器　单级充电激励式 PFC 功率变换器没有用 BOOST 或其他功率变换器作为 PFC 单元，仅用两个电容来实现 PFC。充电激励式 PFC 单元由谐振电感 L_r、充电电容 C_b 及 C_s、输出整流管 VDx 和钳位二极管 VDs 组成，如图 3-26 所示。单级充电激励式 PFC 功率变换器简单工作原理如下。

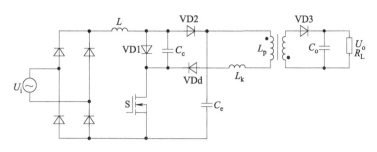

图 3-25　带有再生钳位的 BOOST 反激型单级隔离式 PFC 功率变换器

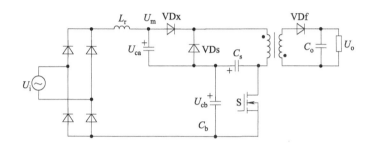

图 3-26　单级充电激励式 PFC 功率变换器

闭合开关 S，电容 C_b 上的能量传递给变压器的初级绕组，VDx 由于加反压而截止，L_r、C_b 和 C_s 形成串联谐振从电源吸收能量。这期间，开关不仅承受 PFC 级的电流，而且还承受 DC/DC 级的电流。当 U_m 达到母线电压 U_B 时，VDx 开始导通，L_r 上储存的能量传送给 C_b，由于 U_m 被钳位到母线电压，所以谐振电容电压不变，也就没有电流流过谐振电容，这时开关仅承受来自 DC/DC 级的电流。

断开开关 S，C_b、C_s 放电，C_b 全部放电时，VDs 导通，C_b 和 C_s 储存的能量送给磁化电感，VDf 开始导通，磁场能量传送给负载，磁化电流降为零后，VDf 截止，反向电压 U_{cs} 加到 VDX 上，VDf 截止，然后又开始下一个开关周期。

开关 S 在 U_m 被钳位到母线电压时，来自 PFC 单元的电流为零，开关电流仅来自 DC/DC 单元，因此电流应力很小，与 DC/DC 功率变换器的基本相同。换句话说，也就是 PFC 单元不增加动作和开关损耗，功率变换器有较高的功率变换效率。这是这种功率变换器的主要优点。同时，这种功率变换器可在满载的 0.5% 到满载情况下，储能电容电压应力仍低于一般单级隔离式 PFC 功率变换器中储能电容上的电压，而且在负载的 0.5% 情况下还能调节输出电压，这一特性可在某些特殊场合应用。

（5）全桥式单级 PFC 功率变换器　ZVS（零电压开关）全桥式单级 PFC 功率变换器如图 3-27 所示，在一般的全桥式 PFC 功率变换器中加入了一个辅助开关电路来实现 ZVS，且 ZVS 可在大的负载范围内实现，同时有小的电压、电流应力，开关损耗几乎为零，EMI 噪声很低。次级部分的整流二极管在 ZCS（零电流开关）和 ZVS 下动作，初级有源器件在 ZVS 下动作。这一特点是因为在高电压、高频率开关电源的开关损失中，主要的损失是由二极管反向恢复损失产生的，而不是有源器件。这种功率变换器可应用在较高功率场合。然而，它也存在着电路拓扑复杂、需要器件较多、增加费用的缺点，而且辅助开关的峰值电流应力比主开关的要高，但是有效电流应力低。

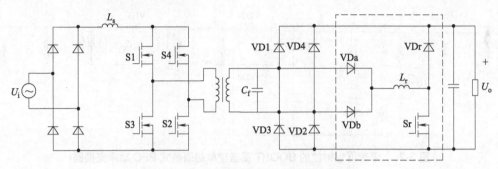

图 3-27　ZVS 全桥式单级 PFC 功率变换器

2. 单级并联 PFC 电路

针对传统两级式 PFC 电路的缺点，单级 PFC 功率变换器把 PFC 级与 DC/DC 功率转换级整合在一起，达到了减少器件数量、简化控制电路、提高功率密度的目的，并力图使整个功率变换器电路具有较高的效率、较好的输出稳定性。但在单级电路中，由于单个开关管须同时实现 PFC 功能和调整输出电压功能，因此效率、输出等性能都逊色于两级式 PFC 功率变换器。针对这一问题，又产生了新的并联式 PFC 电路。与两级式电路及普通单级电路相比，这种电路的效率较高，输出特性也比较好。

基本并联式 PFC 功率变换器如图 3-28（a）所示。在一个周期中，PFC 级无需处理所有的传输功率，是并联式 PFC 的基本特征。

对于如图 3-28（a）所示的并联式 PFC 变换器，其输入输出的功率关系如图 3-28（b）所示。在 $t_0 \sim t_1$ 时刻，$P_i > P_o$，功率 P_1 经主电路传输到输出侧，无需经过 PFC 级，多输入的功率 $P_i - P_o$ 积累在储能电容中。在 $t_1 \sim t_2$ 时刻，$P_i < P_1$，输出功率的一部分由电源主电路和 PFC 级提供，差额部分 $P_o - P_i$ 由储能电容经 PFC 级提供。P_1 占平均输入功率的 68% 左右，为直接经由主电路传输到输出侧的功率；P_2 占 32% 左右，为储能电容提供给输出侧的功率。并联式 PFC 功率变换器输入输出功率关系如图 3-29 所示。单级并联式 PFC 变换器输入输出功率概念图如图 3-29（b）所示。

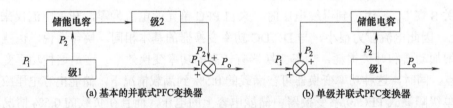

(a) 基本的并联式PFC变换器　　　　　　　　(b) 单级并联式PFC变换器

图 3-28　基本并联式 PFC 功率变换器

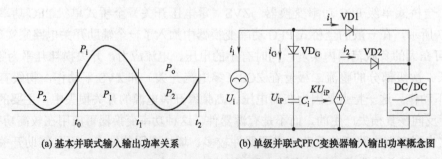

(a) 基本并联式输入输出功率关系　　　　　(b) 单级并联式PFC变换器输入输出功率概念图

图 3-29　并联式 PFC 功率变换器输入输出功率关系

　　实际的单级反激式并联 PFC 功率变换器如图 3-30 所示。图中，输入电感 L_i、变压器励磁电感 L_m、附加线圈 N_2 完成如图 3-29（b）所示之受控电压源的功能。实验证明，该电路输入电流平均值与负载电流反馈有关，随负载电流变化，这种自身具有的负载电流反馈性质，可以使电路在轻载时不需要减少占空比就可以降低输入功率。另外，这种电路不会增加开关管的电流应力，并可以减少储能电容的电压应力以及其他有源器件的电压应力。

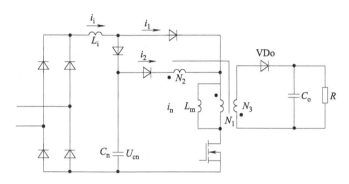

图 3-30　实际的单级反激式并联 PFC 功率变换器

　　并联式单级 BOOST PFC 功率变换器如图 3-31 所示，与串联式单级 PFC 功率变换器相比，具有较高的变换效率，但是电路复杂。因此，近年来研究、应用较多的大多是电路简单的串联式单级 PFC 功率变换器。

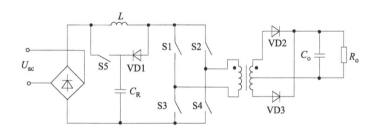

图 3-31　并联式单级 BOOST PFC 功率变换器

　　由于单级式 PFC 功率变换器电路有着先天的缺点，减少其电压应力、降低损耗就有着格外重要的意义，因此，对电路拓扑的改进都是针对这一目标来进行的。当然，对一个功率变换器而言，控制也有着格外重要的作用，最近许多与数字控制技术相结合的单级 PFC 功率变换器已成为研究的热点。一个优秀的 PFC 功率变换器必然是好的拓扑和好的控制技术的结合。新的单级 PFC 拓扑及控制策略将不断地被提出，所有这些研究必将推动单级式 PFC 功率变换器的应用。

（四）三电平 PFC 电路

　　电动汽车常规充电模式的充电过程一般在家庭和公共场所进行，常规充电模式的充电功率等级通常为 6.6kW，典型的充电时间为 5 ～ 8h。常规充电模式和应急充电模式的充电功率变换器相类似，常规充电模式可采用单级 AC/DC 功率变换器，但带 PFC 功能单级功率变换器中开关管的峰值电流很高，在两级功率变换器中，PFC 级可采用传统的 BOOST 升压型电路，开关管采用软开关或硬开关均可。但为了提高效率，应选择软开关 BOOST

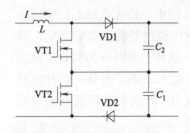

图3-32　具有实用价值的单相
三电平 BOOST 电路

功率变换器。

1. 单相三电平 PFC 电路

具有实用价值的单相三电平 BOOST 电路如图 3-32 所示。

BOOST 电路因其输入电流连续、拓扑结构简单、效率高等特点，常被作为单相 PFC 电路拓扑的首选，但因 BOOST 电路具有升压特性，在 220V 交流输入的情况下，输出电压通常控制在 400V 左右。在升压比例不变的情况下，若输入电压进一步升高，相应的输出电压也会随之上升；或者在输入电压不变的情况下，希望有高的输出电压。这都意味着 BOOST 电路中的功率器件需要承受 400V 以上的电压应力。这样一方面增加了器件的开关损耗和通态损耗，另一方面，当电压升高到一定程度时，给器件的选择带来了困难，这在希望高压、高频运行的单相 PFC 电路中成了一个很难解决的矛盾。因此，单相三电平 BOOST 电路为解决这一矛盾提供了一个很好的途径。三电平控制具有以下特点。

① 采用三电平拓扑能有效地解决电力电子器件耐压不高的问题，由于每一个开关器件承受的关断电压仅为直流侧电压的一半，因此适用于高电压大功率。

② 在三电平拓扑中，单个桥能输出三种电平（$+U_d/2$、$-U_d/2$、O），线（相）电压有更多的阶梯来模拟正弦波，使得输出波形失真度减少，因此谐波大为减少。

③ 多级电压阶梯波减少了 du/dt，使对负载的绝缘冲击减小。

④ 三电平 PWM 方法把第一组谐波分布带移至 2 倍开关频率的频带区，利用负载的电感能较好地抑制高次谐波的影响。

⑤ 三电平拓扑能产生 $3×3×3 =27$ 种空间电压矢量，较二电平大大增加，矢量的增多带来谐波消除算法的自由度，可得到很好的输出波形。

将单相三电平 BOOST 电路用作 PFC 的主电路，控制的基本思想是将工作范围分为两个区域，根据输入电压 U_i 的幅值和二分之一输出电压 $U_o/2$ 幅值的比较，采用不同的工作模式，实现 PFC 功能。

三电平 PFC 电路的控制实际上和两电平 PFC 电路的控制没有本质区别，它的主要目的仍是输入电流跟踪输入电压，但由于特殊的电路结构，需在原有的控制逻辑中附加以下额外的判断条件：

$$L_1=1（U_i > U_o/2）\quad 或 \quad L_1=0（U_i < U_o/2）\tag{3-1}$$

$$L_2=1（U_i > U_2）\quad 或 \quad L_2=0（U_i < U_2）\tag{3-2}$$

式中，逻辑 L_1 用来判断工作区域；逻辑 L_2 用来控制中点电压平衡。逻辑 L_1、L_2 和来自通常的 PFC 闭环控制的逻辑 L_0 共同作用，决定 PFC 电路工作模式的选择，即不同的开关状态组合。

值得注意的是，在控制方法中，L_0 逻辑来自输入电流滞环比较器的输出，是一个变频脉冲信号。采用如图 3-33 所示的控制方法，L_0 逻辑是来自 UC3854 的定频脉冲信号。正是这个区别，使得最终得到的开关管门极信号几乎为定频（因为逻辑 L_1、L_2 的比较器为回差较大的滞环比较器，变化频率远低于 L_0），从而不仅方便输入电感的取值，而且为无源无损软开关的实现提供了便利条件。

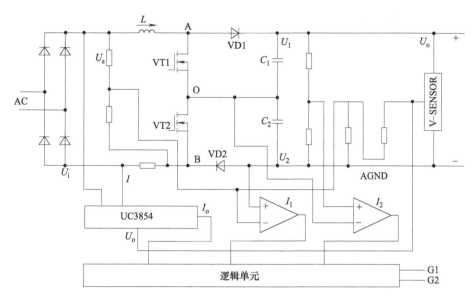

图 3-33　单相三电平 PFC 电路控制框图

2. 单相三电平无源无损软开关 PFC 电路

尽管采用三电平 PFC 拓扑结构，在相同输出电压条件下，开关管的电压应力减低一半，从而相应的通态损耗和开关损耗有所减小，但当开关频率较高时，这些损耗依然可观。因此，使用软开关技术来进一步提高效率，仍然是必要和有意义的，软开关技术从广义上可分为有源软开关技术和无源软开关技术两大类。

有源缓冲电路、RCD 缓冲电路、谐振功率变换器、无源无损缓冲电路是常用的软开关技术，其中，有源缓冲电路通过增添辅助开关以减少开关损耗，但这也增加了主电路和控制电路的复杂程度，从而增大了性价比，也降低了可靠性；RCD 缓冲电路虽然结构最简单，价格最便宜，但由于电阻消耗了能量，效率较低，在各种软开关技术中性能最差；而谐振功率变换器虽然实现了 ZVS 或 ZCS，减少了开关损耗，但谐振能量必须足够大，才能创造ZVS 或 ZCS 条件，而且谐振电路中循环电流较大，还必须在特定的软开关控制器的控制信号下工作，增加了通态损耗、增加了成本、降低了可靠性。

与上述三种方法不同，无源无损缓冲电路既不使用有源器件，也不使用耗能元件，因而兼具以上三种方法的优点。其结构与 RCD 缓冲电路一样简单，效率与有源缓冲电路、谐振功率变换器一样高，电磁干扰小、造价低、性能好、可靠性高，因而获得了广泛的应用。

目前，无源无损缓冲技术虽已比较成熟，但在国内外仍不时有新的拓扑和研究成果发表。无源无损缓冲电路虽然无法像有源软开关方案那样，在超前或滞后主开关的控制时序下吸收能量或供给能量，以创造出真正的 ZVS 或 ZCS 条件，但它通过将开关期间的电压与电流波形错开，使两者的重叠面积最小，可以显著降低开关损耗。虽然对开关器件内寄生结电容的放电损耗，无法被无源无损缓冲电路所消除，但此种损耗较其他开关损耗低得多，对于提高整体效率作用较小。考虑到无源无损缓冲电路没有引入辅助有源器件，和其他软开关方案相比，它没有增加额外的辅助有源器件损耗。因此，在同样的开关损耗功率降低情况下，无源无损缓冲电路可以获得更高的效率。所以，无源无损缓冲电路被广泛地应用于 PWM 功率变换器中。

三电平无源无损软开关 PFC 拓扑如图 3-34 所示。附加的无源无损软开关单元是现有单端电路无源无损软开关，由 1 个谐振电容 C_{r1}、1 个储能电容 C_{s1} 和 3 个二极管 VD11、VD12、VD13 组成。电感 L_{r2} 和电容 C_{r2}、C_{s2} 之间的谐振实现了开关管的零电流开通和续流二极管的零电压关断，以及开关管的零电压关断和续流二极管的零电压开通。同时，每个周期 $C_{s1(2)}$ 收集这些谐振能量，并最终将其转移到负载，实现吸收电路的无损运行。

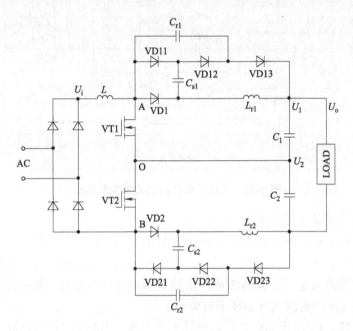

图 3-34　三电平无源无损软开关 PFC 拓扑

3. 工作过程分析

在分析工作过程之前做以下假设。

① 除续流二极管外，所有器件均为理想器件。

② 输入电感 L 远大于谐振电感 $L_{r1(2)}$。

③ 输出电容足够大，输出电压恒定。

由于电路结构的对称性，因此仅分析 VT1 与 VD1 之间的换流过程，每周期工作过程分为 8 个阶段，分析如下。

① 阶段 1（$t_0 < t < t_1$）。假定在 t_0 时刻之前，VT1 关断，VT2、VD1 导通，电路处于 VT2 导通、VD1 续流的稳定工作状态。t_0 时刻，VT1 开通，由于谐振电感 L_{r1} 的存在，VD1 的电流值从输入电流 I_i 开始以一定斜率线性减小，同时 VT1 的电流从零开始以相同的斜率线性上升，实现开关管 VT1 的零电流开通。

② 阶段 2（$t_1 < t < t_2$）。t_1 时刻，VD1 反向恢复结束，VD1 关断，由于 U_{Cs1} 和 U_{Cr1} 等于 0，VD12 自然导通，谐振电感 L_{r1}、储能电容 C_{s1}、谐振电容 C_{r1} 开始谐振，VD1 端电压从零谐振上升，实现 VD1 的零电压关断。

③ 阶段 3（$t_2 < t < t_3$）。t_2 时刻，C_{r1} 充电至 U_1，VD12 导通，U_{Cr1} 保持恒定。L_{r1}、C_{s1}、VD12、VD13 开始第 2 个谐振过程，t_3 时刻，I_{Lr1} 等于零，第 2 个谐振过程结束，L_{r1} 中能量完全传递到 C_{s1} 中。

④ 阶段 4（$t_3 < t < t_4$）。t_3 时刻，I_{Lr1} 减小到零，VD12、VD13 关断后，C_{r1}、C_{s1} 的电压保持不变，电路进入 VT1、VT2 导通的稳定运行状态。

⑤ 阶段 5（$t_4 < t < t_5$）。t_4 时刻，VT1 关断，输入电流经 VD13 对 C_{r1} 放电，开关管电压从零开始上升，实现 VT1 的零电压关断。

⑥ 阶段 6（$t_5 < t < t_6$）。t_5 时刻，C_{r1} 放电到零，VD11、VD12 导通，因此 L_{r1} 的端电压等于 U_{es1}，C_{s1} 通过 L_{r1} 向输出端谐振放电，这个阶段的电路方程与阶段 2 类似。

⑦ 阶段 7（$t_6 < t < t_7$）。t_6 时刻，电感电流 i_{Lr1} 上升到 I_i，VD12 和 VD13 关断，电流 I_i 继续通过 VD11 使 C_{s1} 放电，U_{Cs1} 的缓慢变化为 VD1 的零电压开通提供了条件。

⑧ 阶段 8（$t_7 < t < t_8$）。t_7 时刻，C_{s1} 放电到零，VD11 关断，同时 VD1 自然开通，C_{s1} 中的存储能量完全传递到负载，负载电流通过 VD1 输出，电路又回到与 t_0 开始时刻相同的稳态运行阶段，等待下一个开关周期的到来。

4. 软开关电路参数设计

从上述的工作过程可以得出以下几个设计要点。

① 若要减小开关管 VT1 开通时的 di/dt，减小续流二极管 VD1 反向恢复电流所造成的损耗，应该选择尽可能大的 L_{r1}。

② 在阶段 6，VD12 和 VD13 必须在 C_{s1} 放电到零之前自然关断，否则 VD11、VD12、VD13 将在整个开关周期中一直保持导通，从而使 VT1 失去软开关的条件，为此必须满足下面的不等式

$$\frac{1}{2}L_{r1}I_{rr}^2 + \frac{1}{2}C_{r1}U_1^2 > \frac{1}{2}L_{r1}I_i^2 \tag{3-3}$$

上式表明，应选较大的 C_{r1}，并希望 I_{rr} 较大。但 C_{r1} 越大，开关管 VT1 的电流应力和续流二极管 VD1 的电压应力也将越大。所以，L_{r1}、C_{r1} 的取值应综合考虑，折中选取。

无源无损缓冲电路不仅实现了三电平 PFC 的基本功能，大大降低了开关管的电压应力，而且实现了开关管和续流二极管的软开关运行，提高了系统效率，从而说明无源无损缓冲电路已成为实现软开关的重要技术之一，也是具有实用价值的电路拓扑。

（五）大功率整流电路

1. 有源整流电路

电动汽车快速充电模式具有高功率特性，通常功率都大于 100kW，主要用于一些固定的电动汽车充电站。对于 100kW 的功率等级的充电桩，充电时间约为 15min。为提高功率因数，减少谐波对电网的污染，功率变换器输入端需要采用的有源输入整流电路如图 3-35 所示。有源整流电路的控制方式可以采用矢量控制、六阶梯波控制、数字控制技术等。

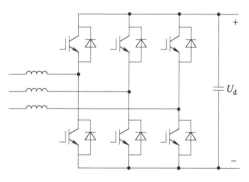

图 3-35　有源输入整流电路

在有源整流端采用直流侧电感来提高整流器的功率因数，可以选用串联或并联方式的有源滤波方案。有源滤波器可以采用传统硬开关 PWM 逆变电路，或采用软开关逆变电路，可使其工作在更高开关频率，可提高控制带宽，

以对更高阶的谐波进行补偿。配备专门的PFC或谐波补偿器的充电机主电路如图3-36所示。

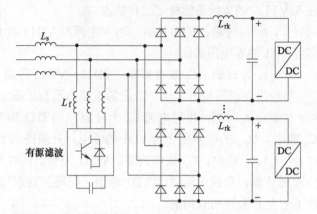

图 3-36　配备专门的 PFC 或谐波补偿器的充电机主电路

2. ZVT 三相 BOOST 整流输入电路

为了提高功率变换器的变换效率，可以采用如图 3-37 所示的 ZVT 三相 BOOST 整流输入电路，使功率变换器的工作频率得以提高，主开关仍为 PWM 控制方式，采用辅助电路实现了主开关器件的 ZVT。

快速充电模式与正常充电模式类似，充电功率变换器可以直接采用全桥或带谐振的全桥功率变换器。由于快速充电模式功率大，与谐振式全桥功率变换器相比，一般的全桥功率变换器必然会对应很高的峰值电流，所以应采用 ZVS 或 ZCS 谐振全桥拓扑来降低损耗。

采用串并联全桥谐振型功率变换器拓扑可完全利用感应耦合器的等效电路元件，根据功率变换器中采用功率器件性能特性，可选择 ZVS 或 ZCS 控制方案。

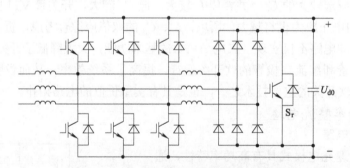

图 3-37　ZVT 三相 BOOST 整流输入电路

3. 三电平 PFC 整流电路

典型的三电平 PFC 整流电路如图 3-38 所示。该电路利用三个低功率双向开关 Ka、Kb、Kc 运行在工频下，当输入交流电压过零时开关动作，从而在耦合区间将电流引入零电位，达到部分解耦目的。

在 $0 \sim \pi/6$ 时间区间，开关 Ka 导通，电路运行模式如图 3-39 所示。设 U_i 为输入相电压有效值。以 A 相分析为例，有

$$i_{a(t)} = \frac{\sqrt{2}U_a}{2\pi f L_a}(1 - \cos \omega t) \qquad (3\text{-}4)$$

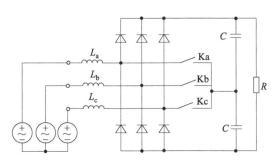

图 3-38　典型的三电平 PFC 整流电路

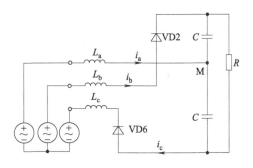

图 3-39　0～π/6 时间区间电路运行模式

在 π/6～2π/6 时间区间，开关都不导通，该电路运行模式与三相不控整流电路相同，对 i_a 有

$$\frac{\mathrm{d}}{\mathrm{d}t}i_{a(t-t_0)} = \frac{U_{a(t-t_0)}}{L_a} - \frac{U_0}{3L_a}$$

同理，可推出其他时间区间表达式，输入电感需满足

$$L_a = 3.8489 \times 10^2 \times \frac{(\sqrt{3}U_a)^2}{fP_0}$$

该电路的显著特点是工作于低频下，无需快速器件，成本低；不需要中线，无三次谐波；满载时功率因数高；开关应力小，关断压降低；轻载时特性差，特别适合对设备体积要求不高、负载变化不大的场合。

三相三开关三电平 PFC 电路如图 3-40 所示。其中，开关 S1、S2、S3 是双向开关。由于电路的对称性，电容中点电位 U_M 与电网中点的电位近似相同，因而通过双向开关 S1、S2、S3 可分别控制对应相上的电流。开关合上时对应相上的电流幅值增大，开关断开时对应桥臂上的二极管导通（电流为正时，上臂二极管导通；电流为负时，下臂二极管导通），在输出电压的

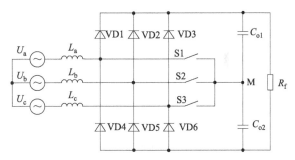

图 3-40　三相三开关三电平 PFC 电路

作用下 BOOST 电感上的电流减小，从而实现对电流的控制。

第三节

电动汽车无线充电技术

一、电动汽车无线充电技术发展

电动汽车，是世界公认的缓解能源短缺和减少环境污染的有效策略，而对于我国更显得至关重要。我国的汽车保有量近几年跃居世界首位，燃油消耗量巨大。因此，开发、推

广汽车代用燃料和电动汽车，降低燃料消耗，对缓解我国环境污染、保障能源安全和供给以及国家可持续发展具有重要的战略意义。

图 3-41　新能源汽车无线充电

动力电池的电气充电方法包括接触式充电和无线充电。接触式充电采用插头与插座的金属接触来导电；无线充电或称无线供电（Wireless Power Transmission，WPT）是以耦合的电磁场为媒介实现电能传递（图 3-41）。对于电动汽车用 WPT，即将变压器原、副边绕组分置于车外和车内，通过高频磁场的耦合传输电能。与接触式充电相比，WPT 使用方便、安全，无火花及触电危险，无积尘和接触损耗，无机械磨损和相应的维护问题，可适应多种恶劣环境和天气。由于动力电池组输出电压较高，带来的安全隐患较多，高安全性、方便性是人们早期关注汽车 WPT 的主要原因。随着研发的深入，人们认识到：WPT 便于实现无人自动充电和移动式充电，在保证所需行驶里程的前提下，可通过频繁充电来大幅减少电动汽车配备的动力电池容量，减轻车体重量，提高能量的有效利用率；并有助于降低电动汽车初始购置成本，解决其受制于大容量电池的高成本问题，推进电动汽车的市场化。

WPT 技术分为三种，即电磁感应耦合方式、磁共振方式、微波方式，下面分别予以介绍。

1. 电磁感应耦合方式

电磁感应耦合对电气工程师来说再熟悉不过了，变压器就是利用这个原理来传递能量的。如果把变压器的两个绕组分开，就是某种意义上的无线供电。但是用电磁耦合的方式传输电能有很大的缺点，没有高磁导率的磁芯作为介质，磁力线会严重发散到空气中，导致传输效率下降，特别在两个线圈远离的时候，下降得非常厉害，所以不适合大功率、远距离的电能传输。

电磁感应耦合充电方式没有直接电接触，而采用由分离的高频变压器通过感应耦合无接触式地传输能量，如图 3-42 所示。采用感应耦合充电方式可以解决接触式充电方式的诸多缺陷。

通过送电线圈和接收线圈之间的电磁感应传输电力是最接近实用化的一种无线充电方式。当送电线圈中有交变电流通过时，发送（初级）、接收（次级）两线圈之间产生交替变化的磁束，由此在次级线圈产生随磁束变化的感应电动势，通过接收线圈端子对外输出交变电流，从而将能量从传输端转移到接收端。目前，最为常见的无线充电解决方案就采用了电磁感应技术。

感应式无线电能传输技术是目前比较成熟的技术，很多手机无线充电，甚至常见的电磁炉就是利用这种原理。数码设备空间小，接收线圈也小，加上充电设备功率小，通常充电的距离近（甚至需要与充电座接触），相对电磁辐射也小。

电动汽车感应耦合充电系统简化功率流程如图 3-43 所示。电网输入的交流电经过整流后，通过高频逆变环节，经电缆传输通过感应耦合器后，传送到电动汽车输入端，再经过整流滤波环节，给电动汽车车载蓄电池充电。

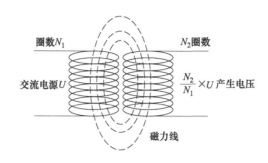

(a) 电力传输基本原理

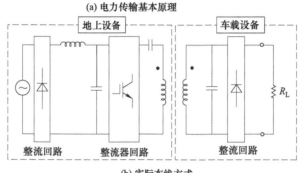

(b) 实际布线方式

图 3-42 电磁感应耦合充电方式

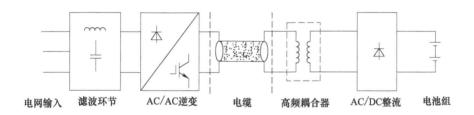

电网输入　　滤波环节　　AC/AC逆变　　　电缆　　高频耦合器　　AC/DC整流　　电池组

图 3-43 电动汽车感应耦合充电系统简化功率流程

　　电动汽车感应耦合充电系统使用时要求两个设备的距离必须很近，供电距离控制在 $0 \sim 10cm$ 之间，而且充电只能在一对线圈（供电线圈和受电线圈）对准后再进行。电磁感应式无线充电的能量转换率高，传输功率范围较大，能从几瓦到几千瓦。

　　感应耦合充电方式还可进一步设计成无需人员介入的全自动充电方式，即感应耦合器的磁耦合装置原副边之间分开更大距离，充电电源安装在某一固定地点，一旦汽车停靠在这一固定区域位置上，就可以无接触式地接收充电源的能量，实现感应充电，从而无需电动汽车用户或充电站工作人员的介入，实现了全自动充电。

　　在感应充电中，一块充电板埋设于位置适当的路面之下，如家庭车库的车道。充电板由产生磁场的线圈组成。车辆停在充电板上方的路面上，不用与车辆发生物理接触，电能可通过磁场由充电板传输至车辆的感应传感器上，形成交流电。车载电压变频器的整流电路将交流电转化为直流电并存储于汽车动力蓄电池组中。

　　2011 年，沃尔沃汽车集团宣布正式投入一项感应充电（Inductive Charging）研究项目，该项目名为"持续性电力行驶 CED（Continuous Electric Drive）"。沃尔沃主要负责开发无插口（Socket）和线缆的充电方法与系统产品，采用感应充电技术，能量可通过埋设于路表面以下的充电板以无线的方式传送至车辆蓄电池，具有多方面的便利。沃尔沃感应充电结构示意图如图 3-44 所示。电动汽车车载电气设备有交流 / 直流整流器（AC/DC Rectifier）、能量管理系统和蓄电池组，车辆底部装有感应传感器，当感应传感器正对路面下连接到电网的充电导体（Charging Conductor）板时，用户可启动充电功能，充电板附近形成电磁场（Electromagnetic Field），向感应传感器传输能量。

目前，已实用化的无线充电系统主要采用电磁感应方式。但是，电磁感应式无线充电系统存在以下问题。

① 送电距离比较短（100mm 左右），如果送电与接收两个线圈的横向偏差较大，传输效率就会明显下降，只能实现传输距离为 10cm 左右，因此，这是需要进一步研发的问题，同时还需要考虑散热问题，如线圈的发热。

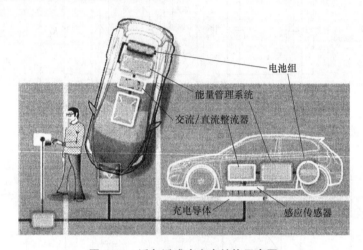

图 3-44　沃尔沃感应充电结构示意图

② 功率大小与线圈尺寸直接相关，需要大功率传送电力时，须在基础设施建设和电力设备方面加大投入。

③ 耦合的辐射，电磁波的耦合可能会存在大的磁场泄漏。电磁感应在线圈之间传输电力，如同磁铁一样，会有一定的泄漏，人如何避免受泄漏磁场的影响也是需要进一步研发的问题。

④ 线圈之间可能有杂物进入，还有某些动物（猫、狗）进入，一旦产生电涡流，就如同电磁炉一样，安全性问题非常明显，即在有异物进入时，会出现局部发热。

因电磁感应式无线充电系统存在以上问题，所以磁共振式无线充电系统的开发更为活跃。例如，日本竹中工务店正在开发的磁共振式无线充电系统，可以解决电磁感应式系统中的局部发热及电磁波和高频防护等问题。

2. 磁共振方式

电磁共振这个名词有点陌生，其原理类似声波共振的原理，两种介质具有相同的共振频率，就可以用来传递能量，并称之为非辐射性电磁共振。这并不是说该项技术没有辐射，但和普通概念中电磁辐射有很大不同。

磁共振方式是利用电磁感应现象，加上共振的原理，能够提升无线充电的效率，磁共振方式的传输距离比普通磁感应式更远一些。磁共振方式由能量发送装置和能量接收装置组成，当两个装置调整到相同频率，或者说在一个特定的频率上共振，它们就可以交换彼此的能量。由麻省理工学院（MIT）物理教授 Marin Soljacic 带领的研究团队利用磁共振技术点亮两米外的一盏 60W 灯泡，并将其取名为 WiTricity。实验中使用的线圈直径达到 50cm，还无法实现商用化，如果要缩小线圈尺寸，则接收功率自然也会下降。

磁共振方式的优点是传输功率较大，能够达到几千瓦，可以同时对多个设备进行充电，不要求两个设备之间线圈对应；缺点就是损耗高，距离越远，传输功率越大，损耗也就越大，必须对使用的频段进行保护。

磁共振方式的基本原理与电磁感应相同，也是当线圈有电流流过时，产生磁束，感应线圈就会有电流流过，特殊的地方在于采用线圈和电容器构成 LC 共振电路，并且利用控制电路形成相同的共振频率，如图 3-45 所示。在共振时，能够将两个线圈之间的电阻降至最小，使损耗减小，实现在数米的距离内传输电力。从目前来看，磁共振方式在 60cm 的传输距离内能够确保 90% 的效率，这个距离符合电动汽车底盘的高度。

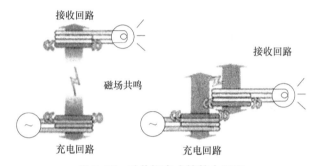

图 3-45　磁共振方式的基本原理

磁共振充电方式与感应耦合充电方式的不同之处在于：磁共振充电方式加装了一个高频驱动电源，采用兼备线圈和电容器的 LC 共振电路，而并非由简单线圈构成发送和接收两个单元。

磁共振充电方式的共振频率数值会随送电与接收单元之间距离的变化而改变，当传送距离发生改变时，传输效率也会像电磁感应一样迅速降低。为此，可通过控制电路调整共振频率，使两个单元的电路发生共振。

改变传送与接收的频率，可将电力传送距离增大至数米，同时将两单元电路的电阻降至最小以提高传送效率。当然，传输效率还与发送与接收电单元的直径相关，传送面积越大，传输效率越高。

开发中，磁共振充电方式利用电场耦合共振技术如图 3-46 所示。该技术虽然需使送电端与受电端紧贴，但在水平方向错位的状态下也可供电，优点是不会发生像现在已应用的电磁感应式无线充电技术那样，当异物侵入时会产生过热及电磁波、高频波的泄漏等问题。

正在开发利用电场耦合原理的供电系统，使用串联谐振的供电系统成功地以 90% 的效率向白炽灯泡供应了 100W 电力。与电磁感应方式不同，共振方式不使用铁氧体及励磁线圈，因此可降低设备的重量及成本。另外，只需扩大接触面积即可为大功率电器供电，这也是其优点。

磁共振技术与传统的磁感应充电技术相比，磁共振充电技术传输电能距离远，且充电时无需准确定位待充电装置的位置，还可以同时对多个充电设备进行充电，因此要优于磁感应充电技术。另外，磁共振充电技术可以使移动充电设备无需接触电源，只需在电源附近的一定范围内便可进行无线充电。而传统的磁感应充电技术，一个充电线圈只能为一个充电设备充电，而且充电时移动充电设备必须放置在电源顶部，以便接收电荷。

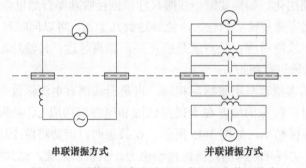

串联谐振方式　　　　　　　　并联谐振方式

图 3-46　磁共振充电方式利用电场耦合共振技术

3. 微波方式

微波传输是无接触电力传输的另一种方式，只不过受到发送功率等方面的限制，并未大规模实用化。微波传输的最大好处就是传输距离远，甚至可以实现航天器与地面之间的能量传输，同时还可以实现定向传输（发射天线有方向性），未来前景值得期待。

基于微波方式的无线供电系统工作原理：首先由设置在地面上的波导缝隙天线（Waveguide Slot Antenna）发射微波能量，然后通过安装在汽车底部的整流天线受电和整流，最后将电力存储在充电蓄电池中。整流天线由贴片天线（Patch Antenna）和整流电路构成。

目前，微波方式处于研发阶段，主要是三菱在做研发。采用 2.45 GHz 的电波发生装置"Magnetron"，发送装置与微波炉使用的"磁控管"基本相同。传送的微波也是交流电波，可用天线在不同方向接收，用整流电路转换成直流电为汽车蓄电池充电，并且可以实现一点对多点的远距离传送。

微波方式存在辐射问题，由于这个功率源比微波炉大，因此需要充分考虑屏蔽设计，以防止充电时微波从发射和接收两部分之间外漏。在设计时必须将微波泄漏限定在法定值以下，使车辆配备的电子设备及附近行人等得以免受影响。目前，微波方式存在的主要问题是，磁控管产生微波时的效率过低，造成许多电能变为热能被白白消耗。

二、无线充电在电动汽车方面的应用

随着现代社会的发展，人们的生活也越来越智能化，在新能源汽车充电方面人们也越来越倾向于快捷方便的方式。

（1）充电地点的选择。无线充电技术对充电器、被充电设备的距离和状态有关，也就是说，两者之间的距离不能太大，且两者之间没有相对运动，否则就无法稳定和有效地传输电力。因此充电的位置只能是汽车停留的地点，即车库、停车场、路口等位置，公交车的充电装置还可以设置在公交站点。当然，条件允许的地方或高速公路旁还可以专门设置充电站，以方便车辆的充电。

英国 Halol PT 公司在伦敦利用其最新研发的感应式电能传输技术成功实现为电动汽车无线充电。在展示过程中，该公司将电能接收垫安装于雪铁龙电动汽车车身下侧（图3-47），这样电池就可以通过无线充电系统进行无线充电。

（2）充电方式的选择。从三种充电方式中可以看出，电磁感应充电所需要的距离太小，无线电波充电的效率太低，而电磁共振充电的距离、效率都能满足蓄电池汽车的需要。

（3）对充电电池的选择。电动汽车在城市中随时都会进行充电，因此必须要选择无污染且没有记忆效应的蓄电池进行充电。

经过比选，对无线充电在电动汽车的应用有了比较清晰的思路：一方面在道路及建筑工程建设中，由电力供应单位根据规划图事先在路口、公共停车场的车位、单位或小区的停车位和车库下面预埋无线充电的充电器，并做好充电器与电网或太阳能电池板的连接。另一方面，汽车生产厂家要在汽车底部安装无线充电的接收装置，并与蓄电池等设备连接；另外，国家相关部门要统一发射、接收信号的频率，使其能够通用。未来感应式充电构想，如图 3-48 所示。

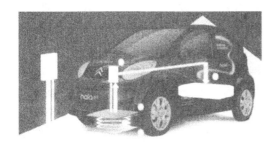

图 3-47　感应式充电示意图

图 3-48　未来感应式充电构想

国外对电动汽车用 WPT 技术的研究已经取得了较好的成果。图 3-49 为电网供电无线充电器的结构框图，包括 PFC 变换器、逆变器、非接触变压器、非接触反馈和接收电路等部分。

相比于接触式充电器，两者的 PFC 技术、动力电池充电控制及单体电池电压均衡技术基本相同；不同点在于非接触变压器的设计、变换器拓扑及其控制和非接触反馈技术。非接触反馈已有较成熟的方案，美国电动汽车协会颁布的 SAEJ-1773 中给出了红外反馈实现的具体细节；此外，非接触反馈还可以采用磁隔离方式来实现。可见，变换器拓扑、控制及非接触变压器的设计成为无线充电器的研究重点。现就非接触变压器的设计进行简要介绍。

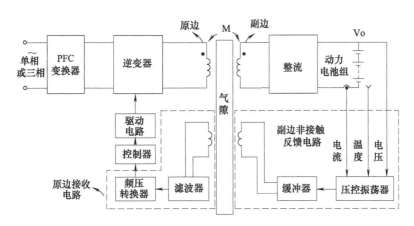

图 3-49　无线充电器的结构框图

非接触变压器是非接触充电器中的核心元件，图 3-50 和图 3-51 所示为目前电动汽车的两种非接触充电方式和对应的非接触变压器结构示意图。

（1）适于人工操作的手持插入式充电，SAEJ-1773 给出其变压器方案，如图 3-50（b）所示，并用于 GM EV1 车型。将变压器原边绕组和部分磁芯（嵌在中部）作为可活动的手持部分，当手持部分插入磁芯间隙，则构成变压器；且原边被副边绕组夹绕，实现了"非接触"和变压器的紧耦合。由于该变压器的耦合系数 k 高，易于实现高效率：输出功率 lkW 时，DC/DC 变换效率可达到 90%。该方案利用手持部分，使充电站与电动汽车无电气连接，但实际充电时变压器的原、副边仍为紧耦合，且无法实现自动或移动充电，不能起到应用 WPT 减少电动汽车电池容量和汽车自重的作用。该铁芯外径超过 140mm，重约 6kg，体积、质量均较大。

（2）全分离型充电方式，如图 3-51 所示，这种方式可实现自动和移动充电，是理想的非接触充电方式。静止充电用变压器的气隙通常在 10～50mm，移动充电用变压器的气隙可达到 150mm 甚至更大。根据对图 3-51（b）所示结构的变压器的分析结果，磁芯横向尺寸与气隙比值 L/g 越大，k 越高。由于 g 相对较大，这种非接触变压器的 k 较低，变压器及变换器效率较低，一般系统效率低于 70% 甚至小于 50%。目前最好的实验结果为：输出功率 2kW，开关频率 20kHz，L/g 为 5.33（L=800mm，g=150mm），系统效率为 82%。

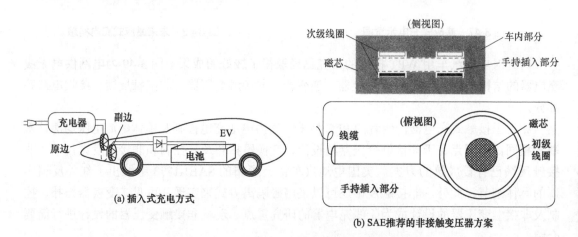

图 3-50　插入式充电方式及非接触变压器示意图

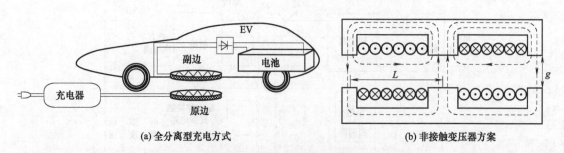

图 3-51　全分离型充电方式及非接触变压器示意图

补偿电路和控制策略虽然能有效降低电路的无功损耗和开关损耗，却对提高变压器的效率无能为力。副边要输出一定功率，低耦合系数的变压器原边就需要流过较大电流、建立较强的磁场，则变压器损耗迅速增加，影响系统效率。

因此，提高变压器耦合系数 k，成为提高电磁感应式非接触变换器效率的关键所在。为了提高 k，若以增大磁芯体积和质量为代价提高大气隙条件的 k，则过大的体积与质量削弱了其实用价值。如何提高变压器的 k 并减小其体积与质量，成为 WPT 技术的研究难点。

目前，电动汽车无线充电器中电路拓扑、控制技术研究已有较好的成果和积累，非接触变压器成为制约电动汽车用 WPT 系统高效能量传递的主要瓶颈。要想获得突破，一是基于传统的感应式 WPT 技术，研究有限尺寸下提高变压器耦合系数的有效策略，并解决移动充电系统中的"磁通分布不均"问题，从而提高系统电能转换效率；二是探索电磁共振式 WPT 技术，研究其数学模型、控制特性及优化方法，研究电动汽车用大功率、低频化共振式 WPT 的设计技术。

三、电动汽车无线充电技术动态

1. 中兴通讯

中兴在无线充电领域已经耕耘多年，通过产学研合作，于 2013 年启动产品开发，并于 2014 年 9 月推出了成熟的产品和方案。中兴通讯的无线供电系统是采用非接触的电磁感应方式进行电力传输，电动汽车在充电停车位停泊后，就能自动通过无线接入充电站的通信网络，建立起地面系统和车载系统的通信链路，并完成车辆鉴权和其他相关信息交换。

充电停车位也可以通过有线或者无线的方式和云服务中心进行互联，一旦出现充电和受电的任何隐患，地面充电组件将立即停止充电并报警，确保充电过程安全可靠。最重要的是，无线充电系统在车辆运行时完全不工作，即使车辆在上面驶过或者在雷雨等恶劣天气情况下也能确保安全。

中兴的无线充电方案实现了从"金属介质接触导电"向"电磁感应无线输电"转变，充电过程简单，可靠性高，维护成本低；充电设施埋于地下，对建设场地要求低，而且不惧水淹、积雪、泥泞、砂石和粉尘等。

目前，中兴通讯无线充电技术已在部分城市实现商用，如图 3-52 所示。2014 年 12 月，中兴通讯与宇通客车签署了无线充电技术的战略合作协议，2015 年 1 月，成都 1058 路微循环无线充电公交正式投运；2015 年 9 月，中兴通讯与东风汽车在襄阳启动全球首条无线充电公交商用示范线；2015 年 10 月，中兴携手蜀都客车发布全球首个无线充电城市微循环公交解决方案。

图 3-52　商用的中兴通讯无线充电技术

2. 奥迪

奥迪的无线充电技术仅需要在用户车辆的停车位上安装一块配置有线圈和逆变器的充电板，并连接至电网，当车辆停在充电板上时，充电过程会自动开启。其充电的原理是充电板内的交变磁场将 3.3kW 的交变电流感应至车载的次级线圈中，实现将电网的电能传输到电动汽车的充电系统中。当蓄电池组充满电时，充电将自动中止。感应式无线充电所需的充电时间与电缆充电所需的充电时间大致相同，而且用户可以随时中断充电并使用车辆。

奥迪的无线充电技术效率超过 90%，不受雨雪或结冰等天气因素的影响。同时，交变磁场只有当车辆在充电板上方时才会产生，并且不对人体或动物构成伤害。

针对无线充电中存在的传输效率问题，奥迪提出了一个不同的解决方案，即开发出了一种可升降的无线充电系统，如图 3-53 所示，其最大的特点就是可以让供电线圈更靠近车辆底部的受电线圈，实现了超过 90% 的电力传输效率，这种方式能够让一些高底盘的 SUV 在充电时保证更好的充电效率。未来利用感应线圈的充电原理，奥迪电动汽车不仅可以在驶入车位后自动开始充电，甚至可以在设有感应线圈的公路上，一边行驶一边充电。

图 3-53 可升降的无线充电系统

3. 特斯拉

在 19 世纪 90 年代，尼古拉·特斯拉发明了"特斯拉线圈"，能够通过空气传播电力，开启了无线式电力传播的时代。在"2011 年国际消费电子展"上，美国安利公司旗下子公司富尔顿创新公司展示了无线充电技术，并推出了世界上第一辆无线充电的特斯拉汽车。目前，特斯拉希望能在各个大城市中建立起一张相互连接的充电网，以解决电动汽车很容易出现的电力不足问题。

美国 Evatran 开发的 Plugless 无线充电系统，采用电磁感应技术为车辆进行无线充电。它们的方案是当装在车辆底盘的车用转接器与装置在地面的充电平台对准时，整个系统就会被唤醒，并自动通过电磁感应方式传送能量。

Evatran 的 Plugless 系统可提供停车指导，可让驾驶员在停车时更迅速对准充电装置，该系统的软件与车辆现有的软件兼容。该套系统已经通过实际测试，并已装设在 Nissan Leaf 或 Chevy Volt 等电动汽车上。

同样，来自美国的业者 HEVO Power 则是规划在道路上装设无线充电站，让电动货车、电动运输工具可以在特定的一些停车点进行无线充电。

HEVO 开发的道路无线充电站装置有点像是马路上的窨井盖，而电动汽车上则是装载一个接收器，能以 10kW 的功率充电，甚至高于一些有线充电方案。HEVO 系统还包括一套手机应用程序，能显示车辆的停放位置及充电状态。

4. 日产

日产汽车曾向新闻媒体公开展示了"HYPERmini"和"LEAF（聆风）"的无线供电系统实验，展示的无线供电系统最大输出功率为 3.3kW。以 240V 的电压给车载蓄电池充满电需要 8h。地面线圈设置在车主自家的停车场而非公共场所，试制的 EV"LEAF"车型如图 3-54 所示。

日产的无线充电系统采用电磁感应方式，车辆通过与感应线圈产生感应而进行充电。

该充电系统可以内置于地板中，也可以采用充电桩的方式安装在室外。需要充电时，车主只需将车开到感应线圈的范围内，系统将自动检测到车辆，车主通过应用程序启动和关闭充电过程。充电系统的安装位置和外界的天气情况均不会对充电时间造成影响。

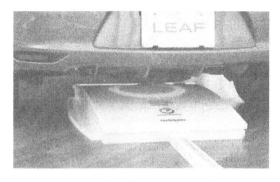

图 3-54　试制的 EV "LEAF" 车型

5. 丰田

丰田公司 2014 年也加入无线充电的行列。与日产不同的是，丰田公司研发的无线充电系统采用的是电磁共振方式。由于无线充电技术对位置要求高，丰田专门开发了一套泊车辅助系统，可在电动汽车的中控显示屏上显示发射线圈的位置，供司机停车时对准，如图 3-55 所示。丰田为实现电动汽车无线供电的实用化，已于 2014 年 2 月开始在爱知县丰田市开展验证实验。该公司以插电式混合动力汽车（PHEV）"普锐斯 PHV"为原型，开发出了配备磁共振式无线供电系统的汽车。无线供电系统的输出功率为 2kW。使用频带是已经基本作为国际标准取得共识的 85kHz 频带。电力传输效率约为 80%。在验证实验中，供电线圈（地面上设置的）与受电线圈（车辆底部设置的）的距离（线圈间距）为 15cm 左右。水平错位的最大允许范围是一条轮胎的宽度（20cm 左右）。前后方向利用车载导航仪的辅助，基本不出现错位。

6. 本田

近日，本田也公布了其在无线充电方面的最新进展。本田无线充电系统由两个线圈组成，车上的接收线圈负责接收并将磁力转化为电能储存在车内蓄电池里。本田与 Witricity 公司合作开发出一款新系统，用特定频率功率波实现磁共振。即便两个线圈并非完全对齐，也可实现接近 100% 的能量传递，如图 3-56 所示。

图 3-55　丰田无线充电及泊车辅助系统

图 3-56　本田无线充电系统

据本田描述，线圈在横向误差 ±10cm、纵向误差 ±5cm、平行误差 ±2 的条件下，仍可实现 80% ～ 90% 的传输率。无线充电系统的输出功率约为 2.2kW，相比普通的插入式充电器仅低 1kW（一般无线充电系统功率比插入式充电器低得多）。

7. 高通

高通 Halo 无线充电装置采用的是磁共振感应技术，在地面充电基板和电动汽车车载充电板之间无线传输电能，经转化为车载蓄电池充电。地面充电基板可以安装在车库、车道上，甚至还能够掩埋至路面表层。因此，除了充电效率高之外，车主可充分利用停车间隙完成充电。目前，高通的 Halo 无线充电装置共有三款，额定功率分别为 3.3kW、6.6kW 和 20kW，前两种产品需要整夜充电，而后者可以在半小时内将电动汽车的车载蓄电池充满电。

在 2015 年 4 月 22 日的 FormulaE 电动方程式锦标赛上，高通展示了自己研发的 Halo 无线汽车充电系统，如图 3-57 所示。只要将车开到充电基板的正上方，在车载充电线圈与地面充电基板对齐后，便会开始对车载蓄电池充电。Halo 无线汽车充电系统目前已经具备了半动态充电的能力，如果车载充电线圈与地面充电基板之间存在外来物体，系统还可自动暂停充电。

图 3-57　Halo 无线汽车充电系统

8. 宝马、奔驰

2014 年 7 月，奔驰和宝马联合宣布要合作研发电动汽车无线充电技术，双方表示，将在未来 2 ～ 3 年内实现商业化生产。宝马无线充电效果图如图 3-58 所示。奔驰无线充电效果图如图 3-59 所示。

图 3-58　宝马无线充电效果图　　　　　图 3-59　奔驰无线充电效果图

奔驰和宝马合作研发的无线充电技术包含两个部分：一个是汽车底盘安装的线圈；另外一个是内置线圈的充电基板，当汽车底盘安装的线圈与充电基板上线圈对准时，就能实现无线充电。奔驰已经在 S 级上测试这项技术，而宝马则把这项技术应用到混合动力汽车 i8 上。目前的充电时间不到两个小时，双方的下一步合作目标是进一步降低充电时间。

合作双方表示，目前正在对线圈等进行进一步改造，使其输出功率最终达到 7kW，未来还将用于更多宝马、奔驰旗下的电动汽车产品。例如，奔驰宣布会在即将到来的 S500 插电混动汽车上提供无线充电，而宝马则计划将该技术应用在更多 i 系列（包括 i8、i3 和正在研发当中的 i5）电动汽车上。

对于汽车制造商来说，无线充电的意义重大。如果能够全面普及无线充电技术，就能够极大地提高电动汽车充电的便利性，不管是在充电过程上，还是在续航上，都将大大增加人们对于电动汽车的接受度。可以说，成熟的无线充电技术将会是电动汽车占领市场的开疆之臣。

（1）安全问题。无线充电技术不管是采用电磁感应式还是磁场共振式，都有发射能量和接受能量的过程，因此，充电过程的安全性饱受质疑，人们都在担忧是否会造成辐射。尽管 MIT 和沃尔沃的研究团队都表明电磁共振使用的磁场与地球磁场类似，对于人类的健康并无影响，但是取得用户的信任依然是个漫长的过程。

（2）未形成统一的标准。与有线充电技术一样，标准化也是阻碍无线充电技术发展的障碍之一。电磁感应和磁场共振两种方式孰优孰劣还未有定论，单就其中一种方式而言，不同的企业和研究组织也使用了不同的标准。其中，无线充电技术中所使用的线圈形状就是个问题。目前，业内使用的主要有圆形和方形两种，形状不同，磁路不同，线圈之间就无法高效地传递能量。圆形和方形线圈也各有优劣，厂商的选择也不尽相同。互不兼容的方式和设备，让没有统一标准的无线充电技术，难言发展和普及。

（3）成本与电网负荷。成本与普及之间永远存在着典型的"鸡与蛋"的问题，目前的无线充电设备为了保证传输效率，所采用的线圈尺寸均较大，成本均较高，维修费用也大。另外，从沃尔沃充电设备的实验数据中不难看出，目前磁场共振方式中能量转换率还是很低的，用电成本也会随之增加。同时，能量的损耗会随着传输功率和传输距离的增加而增加，当多辆电动汽车同时充电时，对于供电系统的负荷也将大大增加。如果要对城市的电网进行相应改造，也是一笔很大的经济投入，或许就是得不偿失。无线充电技术无法支持 V2G，仅仅是单纯地增加了电网负荷。

目前，无线充电采用电磁感应式的居多，以宝马、奔驰为代表，在部分车型上进行验证，电磁感应式的结构相对简单，传输功率较大。但接收线圈和发射线圈需要对齐，为了保证对齐准确，一般与自动泊车相结合来保证正常充电。相比欧洲厂家，日系车辆更倾向于磁共振式无线充电，磁共振方式传递的效率更高，传递距离远且感应线圈可以不需要对齐，但技术复杂，且容易造成辐射，可能带来电磁伤害。

无线充电技术的普及，将会带来极大的便利性。无线充电设备安装便利，可以在停车场、高速公路服务站等地方安装。但是无线充电技术要普及应用，仍有以下问题有待解决。

（1）传输效率是所有无线充电都面临的问题，对于电动汽车这样充电功率更大的"电器"来说更是如此，将电能首先转换为无线电波，再由无线电波转换成电能，这两次转换都会损失不少的能量。

（2）电磁兼容也是无线充电需要解决的技术瓶颈之一。电磁波很容易产生泄漏，当大功率的车用无线充电设备运行时，也会对周围的生物和电子设备产生影响，甚至会危害人体健康。利用封闭的自动智慧化车库安装无线充电设备是解决电磁兼容比较好的途径，不过成本也确实不菲。

（3）电气标准等方面的问题。

第四章 典型电动汽车充电系统及检修

第一节

北汽新能源汽车充电系统及检修

EV160/200 充电系统主要包含外部的充电桩、充电线和充电枪，还有纯电动汽车内部的车载充电机、高压控制盒、动力电池和 DC/DC 变换器等，其框架结构如图 4-1 所示。

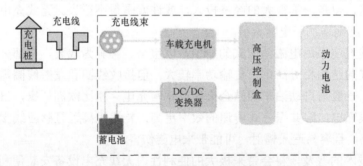

图 4-1　北汽 EV160/200 充电系统框架结构

一、充电系统概述

（一）充电方式

充电系统是新能源汽车主要的能源补给系统，充电方式通常有慢充、快充以及再生制动时的能量回收等几种方式，图 4-2 是对电动汽车进行充电、车辆慢充接口插座和车辆快充接口插座的示意图。

北汽新能源汽车依靠外接电网（电源）进行充电的时候，充电系统有常规充电和快速充电，也称为慢充和快充。

图 4-2　电动汽车进行充电、车辆慢充接口插座和车辆快充接口插座示意图

1. 慢充系统构成简图（图 4-3）

2. 快充系统构成简图（图 4-4）

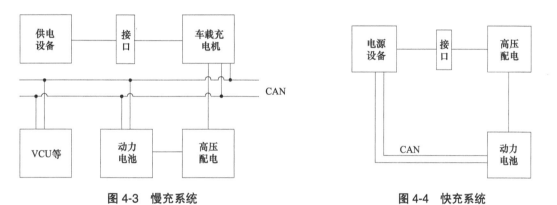

图 4-3　慢充系统

图 4-4　快充系统

3. CAN 网络框架（图 4-5）

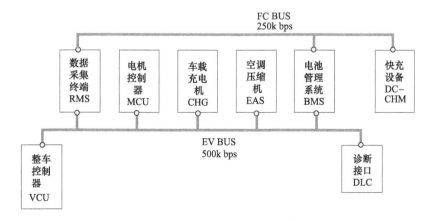

图 4-5　CAN 网络框架

慢充系统作为纯电动汽车充电系统的核心之一，动力电池的充电过程由 BMS 进行控制及保护。车载充电机工作状态及指令均由 BMS 发出的指令进行控制，包括工作模式指令、

动力电池允许最大电压、充电允许最大电流、加热状态电流值。慢充系统低压与控制方式如图 4-6 所示。

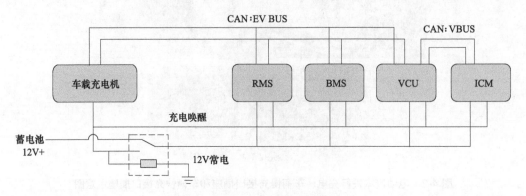

图 4-6　慢充系统低压与控制方式

低压充电系统控制方式如图 4-7 所示。

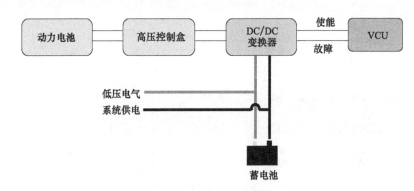

图 4-7　低压充电系统控制方式

4. 再生制动能量回收系统

（1）制动能量回收　制动能量回收是现代电动汽车与混合动力汽车的重要技术之一，也是它们的重要特点。在一般内燃机汽车上，当车辆减速、制动时，车辆的动能通过制动系统而转变为热能，并向大气中释放。而在电动汽车与混合动力汽车上，这种被浪费的动能已可通过制动能量回收技术转变为电能并储存于蓄电池中，并进一步转化为驱动能量。

制动能量回收就是把整车机械动能通过电机转化为电能并回馈蓄电池，同时产生制动力矩，这个总过程也称为再生制动。

（2）再生制动能量回收系统的类型　再生制动能量回收系统的类型因储能方法不同而不同，主要有电能式、动能式和液压式。电能式主要由发电机、电动机和蓄电池或超级电容组成，一般在电动汽车上使用；动能式主要由飞轮、无级变速器构成，一般在公交汽车上使用；液压式主要由液压泵/电动机、储能器组成，一般在工程机械或大型车辆上使用。

（3）一般再生制动系统的结构与原理　再生制动系统的结构与原理如图 4-8 所示，由驱动轮、主减速器、变速器、电动机、AC/DC 转换器、DC/DC 转换器、能量储存系统及控制器组成。

汽车在制动或滑行过程中，根据驾驶员的制动意图，由制动控制器计算得到汽车需要的总制动力,再根据一定的制动力分配控制策略得到电动机应该提供的电动机再生制动力,电动机控制器计算需要的电动机电枢中的制动电流,通过一定的控制方法使电动机跟踪需要的制动电流,从而较准确地提供再生制动力矩,在电动机的电枢中产生的电流经 AC/DC 整流再经 DC/DC 控制器反充到储能装置中保存起来。

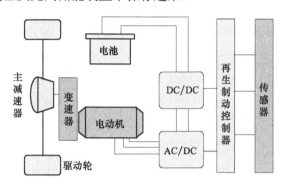

图 4-8　再生制动系统的结构与原理

(二)各段高压线束及接口

1. 快充线束

快充线束是指连接快充口到高压盒之间的线束接高压盒,如图 4-9 所示。

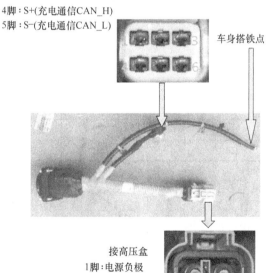

接整车低压线束脚:
1脚:A-(低压辅助电源负极)
2脚:A+(低压辅助电源正极)
3脚:CC2(充电连接器确认)
4脚:S+(充电通信CAN_H)
5脚:S-(充电通信CAN_L)

车身搭铁点

接高压盒
1脚:电源负极
2脚:电源正极
中间为互锁端子

图 4-9　快充线束及其端口

2. 交流充电接口

电动汽车传导充电用的交流充电接口,其额定电压不超过 440V(AC),频率 50Hz,额定电流不超过 63A(AC)(如果交流充电接口的供电接口使用了符合 GB 2099.1 和 GB

1002 的标准化的插头插座,则本部分不适于这些插头插座)。

交流充电接口是为具有车载充电机的乘用车辆提供能源补给的连接接口。交流充电接口包含 7 个触头,其功能定义见表 4-1。交流充电接口插头和插座的各个触头布置方式如图 4-10 所示。

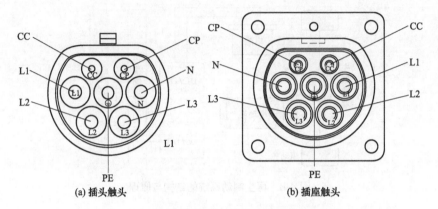

(a) 插头触头 (b) 插座触头

图 4-10 交流充电接口插头和插座的各个触头布置方式

表 4-1 交流充电接口触头功能定义

触头编号	触头标识	额定电压和额定电流	功能定义
1	L1	250V 10A/16A/32A	交流电源(单相)
		440V 16A/32A/63A	交流电源(三相)
2	L2	440V 16A/32A/63A	交流电源(三相)
3	L3	440V 16A/32A/63A	交流电源(三相)
4	N	250V 10A/16A/32A	中线(单相)
		440V 16A/32A/63A	中线(三相)
5	PE	—	保护接地(PE),连接供电设备地线和车辆电平台
6	CC	0～30V 2A	充电连接确认
7	CP	0～30V 2A	控制导引

在充电连接过程中,首先接通保护接地触头,最后接通控制导引触头与充电连接确认触头。在脱开的过程中,首先断开控制导引触头与充电连接确认触头,最后断开保护接地触头。车辆接口的电气连接界面如图 4-11 所示。充电模式 3 的供电接口的电气连接界面如图 4-12 所示。

3. 直流充电接口

可利用非车载充电机将交流电转换成直流电,通过直流充电接口完成充电过程。直流充电接口一般情况下承载的电流远高于交流充电,同时在充电过程中需通过直流充电接口中的通信端子(CAN)连接车载电池管理系统(BMS)与非车载充电机的控制器,完成对充电过程的控制及其他相关信息的交互。此外,由于商用车辆在充电过程中需要外部提供低压直流电源,以供其内部电气控制及环境控制设备使用,因此采用直流充电的车辆需要充电设施提供辅助电源。

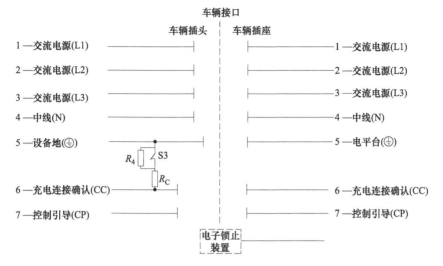

图 4-11　交流充电车辆接口的电气连接界面示意图

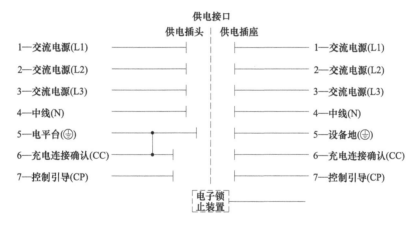

图 4-12　充电模式 3 的供电接口的电气连接界面示意图

直流充电接口包含 9 个触头，其功能定义见表 4-2，直流充电接口插头和插座的各个触头布置方式如图 4-13 所示。

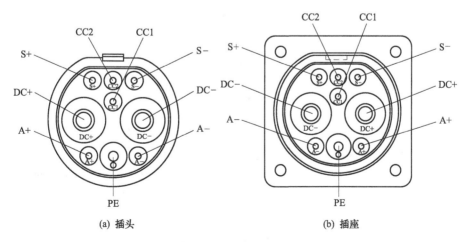

图 4-13　直流充电接口插头和插座的各个触头布置方式

表 4-2　直流充电接口触头功能定义

触头编号	触头标识	额定电压和额定电流	功能定义
1	DC+	750V/1000V 80A/125A/200A/250A	直流电源正，连接直流电源正与电池正极
2	DC−	750V/1000V 80A/125A/200A/250A	直流电源负，连接直流电源负与电池负极
3	PE	—	保护接地（PE），连接供电设备地线与车辆电平台
4	S+	0～30V 2A	充电通信 CAN-H，连接非车载充电机与电动汽车的通信线
5	S−	0～30V 2A	充电通信 CAN-L，连接非车载充电机与电动汽车的通信线
6	CC1	0～30V 2A	充电连接确认
7	CC2	0～30V 2A	充电连接确认
8	A+	0～30V 20A	低压辅助电源正，连接非车载充电机为电动汽车提供低压辅助电源正
9	A−	0～30V 20A	低压辅助电源负，连接非车载充电机为电动汽车提供低压辅助电源负

　　车辆插头和车辆插座在连接过程中触头耦合的顺序为：保护接地，充电连接确认（CC2），直流电源正与直流电源负，低压辅助电源正与低压辅助电源负，充电通信，充电连接确认（CC1）；在脱开的过程中顺序相反。直流充电接口的连接界面如图 4-14 所示。

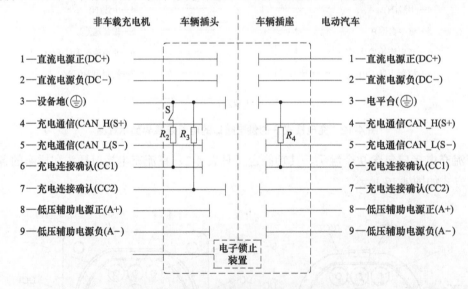

图 4-14　直流充电接口的连接界面示意图

　　电子锁电源由供电设备提供并控制，应具备锁止位置反馈信号功能，以便供电设备能够正确识别出电子锁已将机械锁正确锁止或处于解锁状态。在电子锁未可靠锁止时，应能够发出故障信号，能使供电设备停止充电或不能启动充电。电子锁功能示例如图 4-15 所示。直流充电时，车辆插头应安装机械锁，供电设备应能判断机械锁是否可靠锁止；车辆插头应安装电子锁，电子锁处于锁止位置时，机械锁应无法操作，机械锁与电子锁联动供电设备应能判断电子锁是否可靠锁止（如电子锁反馈锁止信号）。

（三）交流充电控制导引电路与控制原理

1. 交流充电控制导引电路

（1）充电模式3 当电动汽车使用充电模式3进行充电时，应使用如图4-16（连接方式A）、图4-17（连接方式B）、图4-18（连接方式C）所示的控制导引电路进行充电连接装置的连接确认及额定电流参数的判断。该电路由供电控制装置、接触器K1和K2，电阻R_1、R_2、R_3、R_4、R_C，二极管VD1，开关S1、S2、S3，车载充电机和车辆控制装置组成，其中车辆控制装置可以集成在车载充电机或其他车载控制单元中。电阻R_4、R_C安装在车辆插头上。开关S1为供电设备内部开关。开关S2为车辆内部开关，在车辆接口与供电接口完全连接，并且配置了电子锁的接口被完全锁止后，当车载

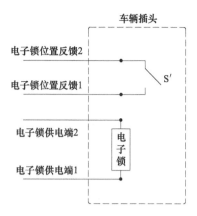

图4-15　电子锁功能示例图

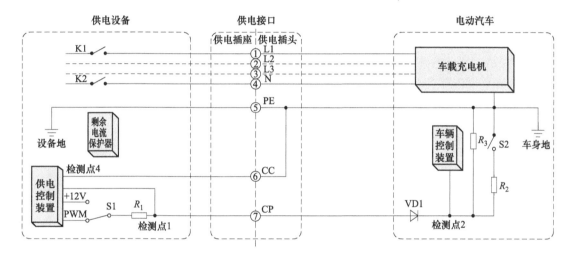

图4-16　充电模式3连接方式A的控制导引电路原理图

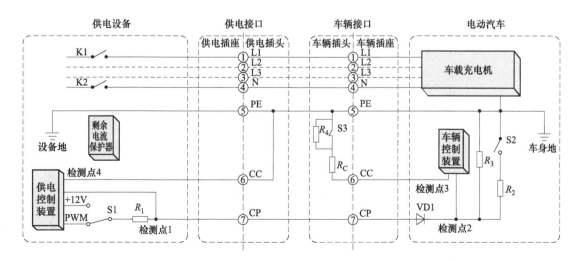

图4-17　充电模式3连接方式B的控制导引电路原理图

充电机自检测完成后无故障，并且电池组处于可充电状态时，S2闭合（如果车辆设置有"充电请求"或"充电控制"功能，则同时应满足车辆处于"充电请求"或"可充电"状态）。开关 S3 为车辆插头的内部常闭开关，与插头上的下压按钮（用以触发机械锁止装置）联动，按下按钮解除机械锁止功能的同时，S3 处于断开状态。控制导引电路中也可以不配置开关 S2，无 S2 开关的车辆应采用单相充电，且最大充电电流不超过 8A。对于未配置开关 S2 的控制导引电路，等同于开关 S2 为常闭状态（出于用户安全考虑，不推荐使用无 S2 的控制导引电路）。

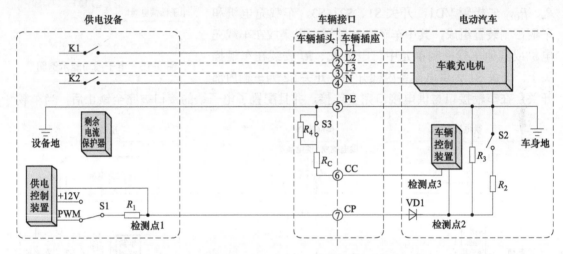

图 4-18　充电模式 3 连接方式 C 的控制导引电路原理图

（2）充电模式 2　当电动汽车使用充电模式 2 连接方式 B 进行充电时，推荐使用如图4-19 所示的控制导引电路进行充电连接装置的连接确认及额定电流参数的判断。

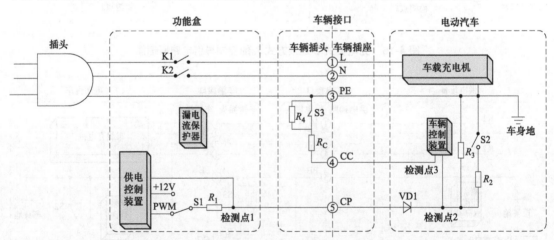

图 4-19　充电模式 2 连接方式 B 的控制导引电路原理图

2. 控制导引电路的基本功能

（1）连接确认与电子锁　车辆控制装置通过测量检测点 3 与 PE 之间的电阻值来判断车辆插头与车辆插座是否完全连接（对于连接方式 B 和连接方式 C）。完全连接后，如车辆插座内配备有电子锁，电子锁应在开始供电（K1 与 K2 闭合）前锁定车辆插头并在整个充电流程中保持。 如不能锁定，由电动车辆决定下一步操作，例如继续充电流程，通知操作人员并等待进一步指令或终止充电流程。供电控制装置通过测量检测点 1 或检测点 4 的电压来判断供电插头和供电插座是否完全连接（对于连接方式 A 和连接方式 B）。完全连接后，如供电插座内配备有电子锁，供电插座内电子锁应在开始供电（K1 与 K2 闭合）前锁定供电插头并在整个充电流程中保持。如不能锁定，终止充电流程并提示操作人员。

（2）充电连接装置载流能力和供电设备供电功率的识别 车辆控制装置通过测量检测点 3 与 PE 之间的电阻值来确认当前充电连接装置（电缆）的额定容量；通过测量检测点 2 的 PWM 信号占空比确认当前供电设备的最大供电电流。

（3）充电过程的监测 充电过程中，车辆控制装置应对检测点 3 与 PE 之间的电阻值（对于连接方式 B 和连接方式 C）及检测点 2 的 PWM 信号占空比进行监测，供电控制装置应对检测点 4 及检测点 1（对于充电模式 3 的连接方式 A 和连接方式 B）的电压值进行监测。

（4）充电系统的停止 在充电过程中，当充电完成或因为其他原因不能满足继续充电的条件时，车辆控制装置和供电控制装置分别停止充电的相关控制功能。

3. 充电过程的工作控制程序

（1）车辆插头与车辆插座插合，使车辆处于不可行驶状态 当车辆插头与车辆插座插合后（方式 A 下为供电插头与供电插座），车辆的总体设计方案可以自动启动某种触发条件（如打开充电门、车辆插头与车辆插座连接或者对车辆的充电按钮、开关等进行功能触发设置），通过互锁或者其他控制措施使车辆处于不可行驶状态。

（2）确认供电接口已完全连接（对于充电模式 3 的连接方式 A 和连接方式 B） 供电控制装置通过测量检测点 1 或检测点 4 的电压值来判断供电插头与供电插座是否完全连接。

（3）确认车辆接口已完全连接（对于连接方式 B 和连接方式 C） 车辆控制装置通过测量检测点 3 与 PE 之间的电阻来判断车辆插头与车辆插座是否完全连接。未连接时，S3 处于闭合状态，CC 未连接，监测点 3 与 PE 之间的电阻值为无限大；半连接时，S3 处于断开状态，CC 已连接，监测点 3 与 PE 之间的电阻值为 R_C+R_4；完全连接时，S3 处于闭合状态，CC 已连接，检测点 3 与 PE 之间的电阻值为 R_C。

（4）确认充电连接装置是否已完全连接 如供电设备无故障，并且供电接口已完全连接（对于充电模式 3 的连接方式 A 和连接方式 B），则开关 S1 从 +12V 连接状态切换至 PWM 连接状态，供电控制装置发出 PWM 信号。供电控制装置通过测量检测点 1 的电压值或检测点 4 来判断充电连接装置是否已完全连接。车辆控制装置通过测量检测点 2 的 PWM 信号，判断充电连接装置是否已完全连接。

（5）车辆准备就绪 在车载充电机自检完成，且没有故障的情况下，并且电池组处于可充电状态时，车辆控制装置闭合开关 S2（如果车辆设置有"充电请求"或"充电控制"功能，则同时应满足车辆处于"充电请求"或"可充电"状态）。

（6）供电设备准备就绪 供电控制装置通过测量检测点 1 的电压值判断车辆是否准备就绪。当检测点 1 的峰值电压为规定的对应电压值时（见表 4-3 中状态 3），则供电控制装置通过闭合接触器 K1 和 K2 使交流供电回路导通。

（7）充电系统的启动 当电动汽车和供电设备建立电气连接后，车辆控制装置通过判断检测点 2 的 PWM 信号占空比确认供电设备的最大可供电能力，并且通过判断检测点 3 与 PE 之间的电阻值来确认电缆的额定容量。车辆接口连接状态及 R_C 的电阻值见表 4-4。车辆控制装置对供电设备当前提供的最大供电电流值、车载充电机的额定输入电流值及电缆的额定容量进行比较,将其最小值设定为车载充电机当前最大允许输入电流。当车辆控制装置判断充电连接装置已完全连接,并完成车载充电机最大允许输入电流设置后,车载充电机开始对电动汽车进行充电。

表 4-3　检测点 1 的电压状态

充电过程状态	充电连接装置是否连接	S2	车辆是否可以充电	检测点 1 峰值电压(稳定后测量)/V	说明
状态 1	否	断开	否	12	车辆接口未完全连接,检测点 2 的电压为 0
状态 2	是	断开	否	9	S1 切换至与 PWM 连接状态,R_3 被检测到
状态 3	是	闭合	是	6	车载充电机及供电设备处于正常工作状态

表 4-4　车辆接口连接状态及 R_C 的电阻值

状态	R_C	R_4	S3	车辆接口连接状态及额定电流
状态 A	—	—		车辆接口未完全连接
状态 B	—	—	断开	机械锁止装置处于解锁状态
状态 C	1.5kΩ/0.5W	—	闭合	车辆接口已完全连接,充电电缆容量为 10A
状态 C′	1.5kΩ/0.5W	1.8kΩ/0.5W	断开	车辆接口处于半连接状态
状态 D	680Ω/0.5W	—	闭合	车辆接口已完全连接,充电电缆容量为 16A
状态 D′	680Ω/0.5W	2.7kΩ/0.5W	断开	车辆接口处于半连接状态
状态 E	220Ω/0.5W	—	闭合	车辆接口已完全连接,充电电缆容量为 32A
状态 E′	220Ω/0.5W	3.3kΩ/0.5W	断开	车辆接口处于半连接状态
状态 F	100Ω/0.5W	—	闭合	车辆接口已完全连接,充电电缆容量为 63A
状态 F′	100Ω/0.5W	3.3kΩ/0.5W	断开	车辆接口处于半连接状态

注:电阻 R_C、R_4 的精度为 ±3%。

在充电过程中,当接收到检测点 2 的 PWM 信号时,车载充电机最大允许输入电流设置取决于供电设备的可供电能力、充电线缆载流值和车载充电机额定电流的最小值。

(8)检查供电接口的连接状态及供电设备的供电能力变化情况　在充电过程中,车辆控制装置通过周期性监测检测点 2 和检测点 3,供电控制装置通过周期性监测检测点 1 和检测点 4,确认供电接口和车辆接口的连接状态,监测周期不大于 50ms。

车辆控制装置对检测点 2 的 PWM 信号进行不间断检测,当占空比有变化时,车辆控制装置根据 PWM 占空比实时调整车载充电机的输出功率,检测周期不应大于 5s。

(9)正常条件下充电结束或停止　在充电过程中,当达到车辆设置的结束条件或者驾驶员对车辆实施了停止充电的指令时,车辆控制装置断开开关 S2,并使车载充电机处于停止充电状态。

在充电过程中,当达到操作人员设置的结束条件、操作人员对供电装置实施了停止充电的指令时,供电控制装置应能将控制开关 S1 切换到 +12V 连接状态,当检测到 S2 开关断开时在 100ms 内通过断开接触器 K1 和 K2 切断交流供电回路,超过 3s 未检测到 S2 断开则可以强制带载断开接触器 K1 和 K2 切断交流供电回路。连接方式 A 或连接方式 B 时，供电接口电子锁在交流供电回路切断 100ms 后解锁。

（10）非正常条件下充电结束或停止

① 在充电过程中，车辆控制装置通过检测 PE 与检测点 3 之间的电阻值（对于连接方式 B 和连接方式 C）来判断车辆插头和车辆插座的连接状态，如判断开关 S3 由闭合变为断开（状态 B），则车辆控制装置控制车载充电机在 100ms 内停止充电，然后断开 S2（若车辆配置 S2）。

② 在充电过程中，车辆控制装置通过检测 PE 与检测点 3 之间的电阻值（对于方式 B 和方式 C）来判断车辆插头和车辆插座的连接状态，如判断车辆接口由完全连接变为断开（状态 A），则车辆控制装置控制车载充电机停止充电，然后断开 S2（若车辆配置 S2）。

③ 在充电过程中，车辆控制装置通过对检测点 2 的 PWM 信号进行检测，当信号中断时，则车辆控制装置控制车载充电机应能在 3s 内停止充电，然后断开 S2（若车辆配置 S2）。

④ 在充电过程中，如果检测点 1 的电压值为 12V（状态 1）、9V（状态 2）或者其他非 6V（状态 3）的状态，则供电控制装置应在 100ms 断开交流供电回路。

⑤ 在充电过程中，供电控制装置通过对检测点 4 进行检测（对于充电模式 3 的连接方式 A 和连接方式 B），如检测到供电接口由完全连接变为断开（状态 A），则供电控制装置控制开关 S1 切换到 +12V 连接状态并在 100ms 内断开交流供电回路。

⑥ 在充电过程中，如果剩余电流保护器（漏电断路器）动作，则车载充电机处于失电状态，车辆控制装置断开开关 S2。

⑦ 供电设备检测车载充电机实际工作电流，当供电设备 PWM 信号对应的最大供电电流≤ 20A，且车载充电机实际工作电流超过最大供电电流 +2A 并保持 5s 时或供电设备 PWM 信号对应的最大供电电流大于 20A，且车载充电机实际工作电流超过最大供电电流的 1.1 倍并保持 5s 时，供电设备应在 5s 内断开输出电源并控制开关 S1 切换到 +12V 连接状态。

⑧ 当车辆 S2 断开（检测点 1 的电压值为 9V 时），供电控制装置应在 100ms 内断开交流供电回路，持续输出 PWM。

注：如供电控制装置因充电连接装置由完全连接变为断开（状态 A 和状态 1）的原因而切断供电回路并结束充电时，则操作人员需要检查和恢复连接，并重新启动充电设置才能进行充电。

⑨ 在供电接口已完全连接但未闭合交流供电回路时，如果发生连接异常，供电控制装置应在 100ms 内控制开关 S1 切换到 +12V 连接状态且不闭合交流供电回路。

（四）直流充电控制导引电路与控制原理

1. 控制导引电路（图 4-20）

2. 控制导引电路参数

直流充电控制导引电路参数如表 4-5 所示。

3. 充电控制过程

（1）将车辆插头与车辆插座插合，使车辆处于不可行驶状态　将车辆插头与车辆插座插合，车辆的总体设计方案可以自动启动某种触发条件（如打开充电门、车辆插头与车辆插座连接或对车辆的充电按钮、开关等进行功能触发设置），通过互锁或其他控制措施使车辆处于不可行驶状态。

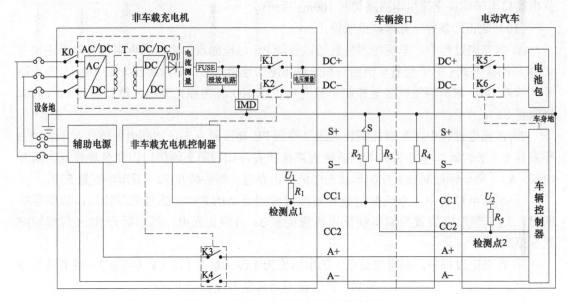

图4-20 直流充电控制导引电路原理图

注: 1. 图中二极管VD1防止反向电流, 可采用其他电路替代。

2. 泄放电路中应具备投切功能。

3. 绝缘检测电路应具备投切功能。

表4-5 直流充电控制导引电路的参数

对象	参数	符号	单位	标称值	最大值	最小值
非车载充电机	R_1等效电阻	R_1	Ω	1000	1030	970
	上拉电压	U_1	V	12	12.6	11.4
	测试点1电压	U_{1a}	V	12	12.8	11.2
		U_{1b}	V	6	6.8	5.2
		U_{1c}	V	4	4.8	3.2
车辆插头	R_2等效电阻	R_2	Ω	1000	1030	970
	R_3等效电阻	R_3	Ω	1000	1030	970
车辆插座	R_4等效电阻	R_4	Ω	1000	1030	970
电动汽车	R_5等效电阻	R_5	Ω	1000	1030	970
	上拉电压	U_2	V	12	12.6	11.4
	测试点2电压	U_{2a}	V	12	12.8	11.2
		U_{2b}	V	6	6.8	5.2

注: 1. 在使用环境条件下和可用寿命都要保持精度范围。

2. 电动汽车的上拉电压U_2和测试点2电压车辆厂家可自定义。

(2) **车辆接口连接确认** 操作人员对非车载充电机进行充电设置后, 非车载充电机控制装置通过测量检测点1的电压值判断车辆插头与车辆插座是否已完全连接, 当检测点1电压值为4V时, 则判断车辆接口完全连接。

(3) **非车载充电机自检** 在车辆接口完全连接后, 闭合K3和K4, 使低压辅助供电回路导通；闭合 K1 和 K2，进行绝缘检测，绝缘检测时的输出电压应为车辆通信握手报文内的最高允许充电总电压和供电设备额定电压中的较小值；绝缘检测完成后，将 IMD（绝缘检测）以物理的方式从强电回路中分离，并投入泄放回路对充电输出电压进行泄放，非车载充电机完成自检后断开 K1 和 K2。同时开始周期发送通信握手报文。如果车辆需要使用非车载充电机提供低压辅助电源，则在得到非车载充电机提供的低压辅助电源供电后，车辆控制装置通过测量检测点 2 的电压值判断车辆接口是否已完全连接；如果车辆不需要使用非车载充电机提供低压辅助电源，则直接测量检测点 2 电压值判断车辆接口是否连接。如检测点 2 的电压值为 6V，则车辆控制装置开始周期发送通信握手报文。

（4）充电准备就绪　车辆控制装置与非车载充电机控制装置在配置阶段时，车辆控制装置闭合 K5 和 K6，使充电回路导通；非车载充电机控制装置检测到车辆端电池电压正常（确认接触器外端电压与通信报文电池电压误差范围 ≤ ±5%，且大于充电机最低输出电压并小于充电机最高输出电压）后闭合 K1 和 K2，使直流供电回路导通。

（5）充电阶段　在充电阶段，车辆控制装置向非车载充电机控制装置实时发送电池充电需求参数，调整充电电流下降时：$\Delta I \leqslant 20A$，最长在 1s 内将充电电流调整到与命令值一致；$\Delta I > 20A$，最长在 $\Delta I/d_{1min}$（d_{1min} 为最小充电速率，20A/s）时间内将充电电流调整到与命令值一致。非车载充电机控制装置根据电池充电需求参数实时调整充电电压和充电电流。此外，车辆控制装置和非车载充电机控制装置还相互发送各自的状态信息。在充电过程中，车端应能检测 PE 针断线。

（6）正常条件下充电结束　车辆控制装置根据电池系统是否达到满充状态或是否收到"充电机中止充电报文"来判断是否结束充电。在满足以上充电结束条件时，车辆控制装置开始周期发送"车辆控制装置（或电池管理系统）中止充电报文"，在确认充电电流变为小于 5A 后断开 K5 和 K6。当达到操作人员设定的充电结束条件或收到"车辆控制装置（或电池管理系统）中止充电报文"后，非车载充电机控制装置周期发送"充电机中止充电报文"，并控制充电机停止充电以不小于 100A/s 的速率减小充电电流，当充电电流小于或等于 5A 时，断开 K1 和 K2。当操作人员实施了停止充电指令时，非车载充电机控制装置开始周期发送"充电机中止充电报文"，并控制充电机停止充电，在确认充电电流变为小于 5A 后断开 K1、K2，并再次投入泄放回路，然后再断开 K3、K4。

（7）非正常条件下充电中止

① 在充电过程中，如果非车载充电机出现不能继续充电的故障，则向车辆周期发送"充电机中止充电报文"，并控制充电机停止充电，应在 100ms 内断开 K1、K2、K3 和 K4。

② 在充电过程中，如果车辆出现不能继续充电的故障，则向非车载充电机发送"车辆中止充电报文"，并在 300ms（由车辆根据故障严重程度决定）内断开 K5 和 K6。

③ 在充电过程中，非车载充电机控制装置如发生通信超时，则非车载充电机停止充电，应在 10s 内断开 K1、K2、K5、K6；非车载充电机控制装置发生 3 次通信超时即确认通信中断，则非车载充电机停止充电，应在 10s 内断开 K1、K2、K3、K4、K5、K6。

④ 在充电过程中，非车载充电机控制装置通过对检测点 1 的电压进行检测，如果判断开关 S 由闭合变为断开，应在 50ms 内将输出电流降至 5A 或以下。

⑤ 在充电过程中，非车载充电机控制装置通过对检测点 1 的电压进行检测，如果判断车辆接口由完全连接变为断开，则控制非车载充电机停止充电，应在 100ms 内断开 K1、

K2、K3 和 K4。

⑥ 在充电过程中，非车载充电机输出电压若大于车辆最高允许充电总电压，则非车载充电机应在 1s 内停止充电，并断开 K1、K2、K3、K4。

注：如果非车载充电机因严重故障结束充电，重新启动充电需要操作人员进行完整的充电启动设置。

4. 充电电路原理

① 在充电机端和车辆端均设置 IMD 电路，供电接口连接后到 K5、K6 合闸充电之前，由充电机负责充电机内部（含充电电缆）的绝缘检查；充电机端的 IMD 回路通过开关从充电直流回路断开，且 K5、K6 合闸之后的充电过程期间，由电动汽车负责整个系统的绝缘检查。充电直流回路 DC+、PE 之间的绝缘电阻，与 DC-、PE 之间的绝缘电阻（两者取小值 R），当 $R > 500\Omega/V$ 视为安全；$100\Omega/V < R \leqslant 500\Omega/V$ 时，宜进行绝缘异常报警，但仍可正常充电；$R \leqslant 100\Omega/V$ 视为绝缘故障，应停止充电。

② 充电机进行 IMD 检测后，应及时对充电输出电压进行泄放，避免在充电阶段对电池负载产生电压冲击。充电结束后，充电机应及时对充电输出电压进行泄放，避免对操作人员造成电击伤害。泄放回路的参数选择应保证在充电连接器断开后 1s 内将供电接口电压降到 60V DC 以下。

③ 因停电等原因，充电回路或控制回路失去电力时，非车载充电机应在 1s 以内断开 K1、K2 或通过泄放回路在 1s 以内将充电接口电压降到 60V DC 以下。

二、车载充电机

车载充电机是指固定安装在电动汽车上，将公共电网的电能变换为车载储能装置所要求的直流电，并给车载储能装置充电的装置。EV160/200 车载充电机如图 4-21 所示。

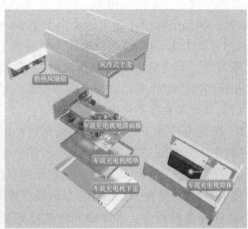

图 4-21　EV160/200 车载充电机

电动汽车车载充电机是采用高频开关电源技术，主要功能是将交流 220V 市电转换为高压直流电给动力电池进行充电，保证车辆正常行驶。同时车载充电机提供相应的保护功能，包括过压、欠压、过流、欠流等多种保护措施，当充电系统出现异常时及时切断供电。

车载充电机，相对于传统工业电源，具有效率高、体积小、耐受恶劣工作环境等特点。EV160/200 车载充电机外形及技术参数如图 4-22 所示。

项目	参数
输入电压	220V±15% AC
输出电压	240~410V DC
效率	满载大于90%
冷却方式	风冷
防护等级	IP66

图 4-22　EV160/200 车载充电机外形及技术参数

（一）车载充电机的基本结构

车载充电机由交流输入接口、功率单元、控制单元、直流输出接口等部分组成，充电过程中由车载充电机提供电池管理系统、充电接触器、仪表盘、冷却系统等低压用电电源。如图 4-23 所示。

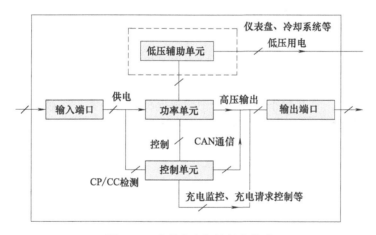

图 4-23　车载充电机的基本构成

（二）充电过程的工作程序控制（图 4-18）

1. 车辆插头与插座插合，使车辆处于不可行驶状态

将车辆插头与插座插合后，车辆的总体设计方案可以自动启动某种触发条件（如打开充电门、插头与插座连接或者对车辆的充电按钮、开关等进行功能触发设置），通过互锁或者其他控制措施，使车辆处于不可行驶状态。

2. 确认车辆接口已完全连接

电动汽车车辆控制装置通过图 4-18 中检测点 3 的电压值，判断车辆插头与插座是否已完全连接。

3. 确认充电连接装置是否已完全连接

在操作人员对供电设备完成充电启动设置后，如供电设备无故障，并且供电接口已完全连接，则闭合 S1，供电控制装置发出 PWM 信号。电动汽车车辆控制装置通过测量图

4-18 中检测点 2 的 PWM 信号，判断充电连接装置是否已完全连接。

（三）车载充电机输出控制导引电路（图 4-24）

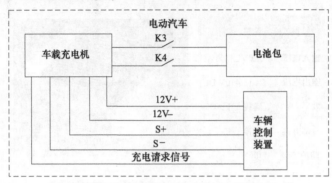

图 4-24　车载充电机输出控制导引电路

1. 车辆准备就绪

① 在电动汽车和供电设备建立电气连接和车载充电机完成自检后并通过图 4-18 中检测点 2 的 PWM 信号确认充电额定电流值（根据充电装置的交流电特性）。车载充电机给电动车辆控制装置发送充电感应请求信号，同时延伸（例 100ms）后给车辆控制装置供电。根据充电协议进行信息确认，若需充电则电动车辆控制装置发送需充电报文并控制充电接触器闭合，车载充电机按所需功率输出。

② 车辆控制装置通过判断图 4-18 中检测点 2 的 PWM 信号占空比确认供电设备当前能提供的最大充电电流值。车辆控制装置对供电设备、充电连接装置及车载充电机的额定输入电流值进行比较，将其最小值设定为车载充电机当前最大允许输入电流。当判断充电连接装置已完全连接，并完成车载充电机最大允许输入电流设置后，车辆控制装置控制图 4-24 中 K3、K4 闭合，车载充电机开始对电动汽车进行充电。

2. 充电过程的监测

充电过程中，车辆控制装置应对图 4-18 中检测点 3 与 PE 之间的电阻值及检测点 2 的 PWM 信号占空比进行监测，供电控制装置应对检测点 1 的电压值进行监测。

3. 充电系统的停止

图 4-25　车载充电机接口

在充电过程中，当充电完成或因为其他原因不能满足继续充电的条件时，车辆控制装置发出充电停止信号给车载充电机，车载充电机停止直流输出、CAN 通信和低压辅助电源输出。和供电控制装置分别停止充电的相关控制功能。

（四）车载充电机高压线束及接口定义

北汽 EV160/200 车载充电机接口如图 4-25、图 4-26 所示。车载充电机的线束接口分别为低压通信端、直流输出端和交流输入端。

（五）车载充电机及其相关部件电路连接原理图

北汽 EV160/200 车载充电机及其相关部件电路连接原理图如图 4-27 所示。

（六）车载充电机工作流程

北汽 EV160/200 车载充电机的工作流程如下。

① 交流供电。

② 低压唤醒整车控制系统。

③ BMS 检测充电需求。

④ BMS 给车载充电机发送工作指令并闭合继电器。

⑤ 车载充电机开始工作，进行充电。

⑥ 电池检测充电完成后，给车载充电机发送停止指令。

⑦ 车载充电机停止工作。

⑧ 电池断开继电器。

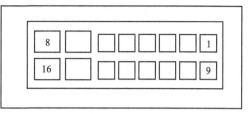

图 4-26　低压通信端（低压插件 T16b）

1 脚—新能源 CAN_L；2 脚—新能源 CAN_GND；
3 脚，4 脚，6 脚，7 脚，10 脚，12 脚，14 脚—空；
5 脚—互锁信号；8 脚—GND；9 脚—新能源 CAN_H；
11 脚—CC 信号输出；13 脚—互锁信号；
15 脚—12V 慢充唤醒信号；16 脚—12V 常电

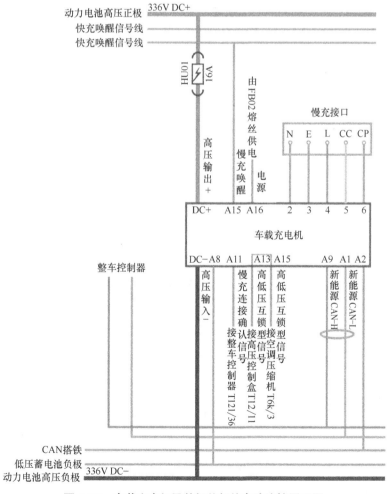

图 4-27　车载充电机及其相关部件电路连接原理图

三、高压部件介绍

DC/DC 变换器（DC/DC converter）有的简称 DC/DC。DC/DC 变换器的功用将一定电压的直流电转换为另一种电压的直流电。对于纯电动汽车来说 DC/DC 变换器的功用相当于传统车的发电机，将动力电池的高压电转为低压电给蓄电池及低压系统供电，具有效率高、体积小、耐受恶劣工作环境等特点。EV160/200 DC/DC 的位置和结构如图 4-28 所示，其外形及性能参数如图 4-29 所示。

图 4-28　EV160/200 DC/DC 的位置和结构

项目	参数
输入电压	240～410V DC
输出电压	14V DC
效率	峰值大于88%
冷却方式	风冷
防护等级	IP67

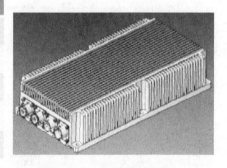

图 4-29　EV160/200 DC/DC 变换器的外形及性能参数

EV160/200 DC/DC 保护功能如表 4-6 所示。

表 4-6　EV160/200 DC/DC 保护功能

项目	备　　注
输入欠压	保护点（190±10）V DC，恢复点（210±10）V DC
输入过压	保护点（430±10）V DC，恢复点（410±10）V DC
输出欠压	6～7V DC，关机保护。可自动恢复
输出过压	17.5～18.5V DC，关机保护。可自动恢复
过温保护	内部温度达到 85℃±2℃开始降额输出；温度超过 100℃±5℃，关机；温度低于 85℃±2℃，可自动恢复
过流保护	（110±10）A
输出短路保护	关机。故障解除，可自动恢复
DC/DC 内部故障	关机锁死

（一）DC/DC 线路连接及端子定义

EV160/200 DC/DC 的线路连接如图 4-30 所示。

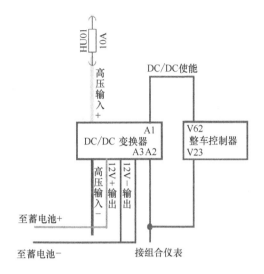

图 4-30　EV160/200 DC/DC 的线路连接

EV160/200 DC/DC 的端子定义如图 4-31 所示。

图 4-31　EV160/200 DC/DC 的端子定义

1—高压输入端，电源正极；2—高压输入端，电源负极；3，4—高压互锁短接端子；5—低压控制端，控制电路电源正兼使能（直流 12V 启动，0 ~ 1V 关机）；6—电源状态信号输出（故障线，故障为 12V 高电平；正常为低电平）；7—控制电路电源；8—低压输出正极；9—低压输出负极

（二）DC/DC 工作流程

EV160/200 纯电动汽车 DC/DC 工作流程如下。

① 整车 ON 挡上电或充电唤醒上电。

② 动力电池完成高压系统预充电流程。

③ VCU 发给 DC/DC 变换器使能信号。

④ DC/DC 变换器开始工作。

（三）整车高压线束分布

北汽新能源 EV200 纯电动汽车整车共分为 5 段高压线束。

1. 动力电池高压电缆

连接动力电池到高压控制盒之间的线缆，如图 4-32 所示。

 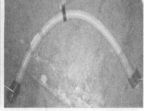 

接高压控制盒端   接动力电池端

图 4-32   动力电池电缆

A 脚位—电源负极；B 脚位—电源正极；C 脚位—互锁线短接；D 脚位—互锁线短接；
1 脚—电源负极；2 脚—电源正极；□—中间互锁端子

2. 电机控制器电缆

连接高压控制盒到电机控制器之间的线缆，如图 4-33 所示。

单芯插件
(Y键位)
接电机控
制器正极

单芯插件
(Z键位)
接电机控
制器负极

接高压控制盒端

图 4-33   电机控制器电缆

A 脚位—电源负极；B 脚位—电源正极；C 脚位—互锁线短接；D 脚位—互锁线短接

3. 快充线束

连接快充口到高压盒之间的线束，如图 4-34 所示。

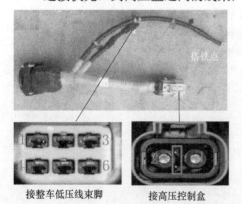

接整车低压线束脚   接高压控制盒

图 4-34   快充线束

接整车线束脚的含义是：

1 脚：A-（低压辅助电源负极）。

2 脚：A+（低压辅助电源正极）。

3 脚：CC2（充电连接器确认）。

4 脚：S+（充电通信 CAN_H）。

5 脚：S-（充电通信 CAN_L）。

接高压控制盒的针脚含义：

1 脚：电源负极。

2 脚：电源正极。

□：互锁端子。

4. 慢充线束

连接慢充口到车载充电器之间的线束，如图 4-35 所示。

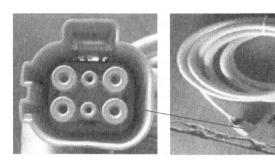

图 4-35　慢充线束

5. 高压附件线束（高压线束总成）

连接高压控制盒到 DC/DC、车载充电器、空调压缩机、空调 PTC 之间的线束，如图 4-36 所示。

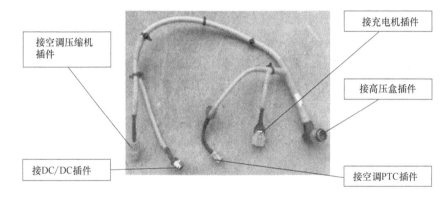

接空调压缩机插件

接充电机插件

接高压盒插件

接DC/DC插件

接空调PTC插件

图 4-36　高压附件线束

（1）高压附件线束接高压盒插件接口定义（如图 4-37 所示）。

图 4-37　高压附件线束接高压盒插件接口

A—DC/DC 电源正极；B—PTC 电源正极；C—压缩机电源正极；D—PTC-A 组负极；
E—充电器电源正极；F—充电器电源负极；G—DC/DC 电源负极；H—压缩机电源负极；
J—PTC-B 组负极；K—空引；L—互锁信号线

（2）高压附件线束接车载充电器插件接口定义如图 4-38 所示。

（3）高压附件线束接空调压缩机插件接口定义如图 4-39 所示。

（4）高压附件线束接空调 DC/DC 插件接口定义如图 4-40 所示。

（5）高压附件线束接空调 PTC 插件接口定义如图 4-41 所示。

图 4-38　高压附件线束接车载
充电器插件接口

A—电源负极；B—电源正极；□—中间互锁端子

图 4-39　高压附件线束接空调
压缩机插件接口

1—电源正极；2—电源负极；□—中间互锁端子

图 4-40　高压附件线束接
空调 DC/DC 插件接口

A—电源负极；B—电源正极；
1—互锁信号输入；2—互锁信号输出

图 4-41　高压附件线束接空调
PTC 插件接口

1—PTC-A 组负极；2—PTC-B 组负极；
3—电源正极；4—互锁信号线

四、EV160/200 模式 2 的充电

1.充电操作注意事项

① 由于动力电池的特性以及检测精度的问题，有时候动力电池包充至满电状态时，SOC 表的指针并未指示在 100%，这个指示的范围可能是在 98% ～ 100%。所以可以认为当 SOC 表的指针指示在 98% 以上时（包括 98%），动力电池包已经充满电。

② 在充完电拔下充电接头以后，如果没有及时查看 SOC 表的充电状态，而是过了几个小时或者更长的时间才进行查看，这时由于动力电池的特性，SOC 表指针可能指示在 98% 以下，这并不意味着动力电池包出现了故障。

③ 动力电池包的可用能量会随着使用时间的延长而逐步衰减。如果动力电池包的使用时间已经很长，充满电时 SOC 表指针也不会指示在 100% 附近。

④ 动力电池包充电过程中，电池管理系统会自动控制充电电流的大小，当动力电池包充至满电状态时，电池管理系统会自动终止对动力电池包的充电。

⑤ 当环境温度太低时，插上充电接头以后，电池管理系统会自动先对电池包进行加热，当温度合适以后才对电池包进行充电。

2.充电前的准备

（1）确认充电口。充电口位置及开关如图 4-42 所示。

（2）打开充电盖板。将汽车电源开旋到 OFF 挡以后，打开充电口盖充

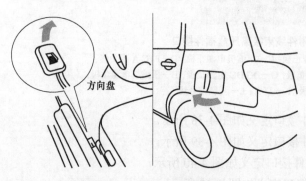

方向盘

图 4-42　充电口位置及开关

电盖板位于车辆左后翼子板处，在驾驶员座椅左侧的板上有一扣手，将扣手向上扳起，充电盖板打开。

（3）找到充电线。充电线装在充电包内中，随车放在车厢内。充电线如图 4-43 所示。

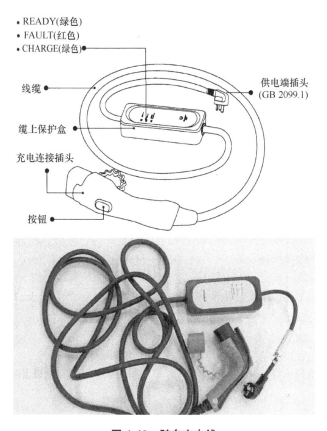

- READY(绿色)
- FAULT(红色)
- CHARGE(绿色)
线缆
缆上保护盒
充电连接插头
按钮
供电端插头
(GB 2099.1)

图 4-43　随车充电线

3. 充电步骤

① 取出充电线，将供电插头牢牢地插入供电插座中，如图 4-44 所示。10A 以下控制盒可使用 10A 插座，10A 以上控制盒必须使用 16A 插座。

② 轻拉取下保护盖，将车辆端插头完全插入车辆接口，如图 4-45 所示。

③ 充电装置自动运行。CHARGE（绿色）灯闪烁（闪烁时间间隔 1s，如图 4-46 所示）。

充电过程中汽车组合仪表中的充电指示灯"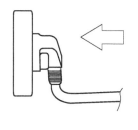"一直处于点亮状态，只有拔下充电插头并关闭充电门板之后，充电指示灯才会熄灭。

16A插座

10A插座

图 4-44　将供电插头插入供电插座中

4. 停止充电

① 从插座上拔出电源插头，如图 4-47 所示。

② 按住按钮将充电插头从充电插座中拔出，如图 4-48 所示。

③ 合上车端充电口保护盖，然后盖好充电插头保护套（如图 4-49 所示）。

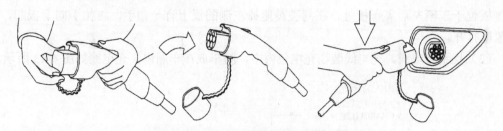

图 4-45 将车辆端插头完全插入车辆接口

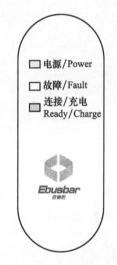

图 4-46 控制盒指示灯

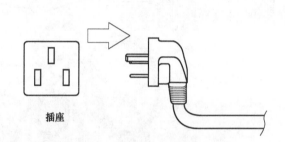

插座

图 4-47 从插座上拔出电源插头

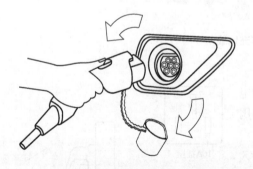

图 4-48 按住按钮将充电插头从充电插座中拔出

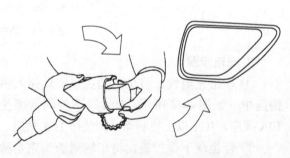

图 4-49 合上车端充电口保护盖

④ 将充电线装入专用充电包内（如图 4-50 所示）

五、充电口盖开关状态的检测

提示：如果充电口盖出现问题，车辆无法正常启动。

检测方法：

① 当充电口盖板打开时，仪表充电指示灯应常亮，当关闭充电口盖时仪表充电指示灯应熄灭。如图 4-51 所示。

② 检查充电口盖能否正常开启或关闭。如图 4-52 所示。

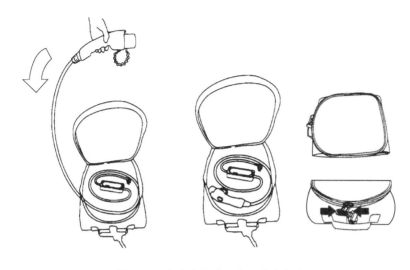

图 4-50　将充电线装入专用充电包内

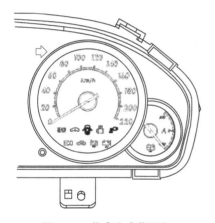

图 4-51　仪表充电指示灯

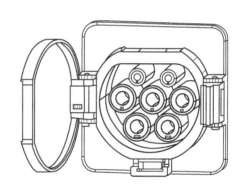

图 4-52　充电口盖

六、随车充电线的检测

1. 外观的检查

随车充电线外观应无破损、脏污；充电接口应无水滴、油污等。

2. 随车充电线线路的检查

用万用表检测随车充电线充电接口 CC 端子与 PE 端子（图 4-19 中）之间的阻值，阻值应符合表 4-4 中的阻值（注意：GB/T 18487.1—2011 和 GB/T 18487.1—2015 标准的差别）。

3. 检查随车充电线控制盒指示灯状态

控制盒指示灯状态说明如表 4-7 所示。

七、车载充电机的检修

（一）车载充电机的检查与维护

1. 检查车载充电机工作状态

操作之前要设置隔离，放置警示标识，穿戴好防护用品。对车辆进行充电，检查指示灯是否正常，如图 4-53 所示。

表 4-7　控制盒指示灯状态说明

工作状态	指示灯状态		
	电源指示灯（绿色） Power	故障指示灯（红色） Fault	充电指示灯（绿色） Charge
初始模式	常亮 On	亮（0.5s） On（0.5s）	亮（0.5s） On（0.5s）
等待充电	常亮 On	灭 Off	常亮 On
正常工作模式	常亮 On	灭 Off	闪烁（1s） Blink（1s）
充电完成	常亮 On	灭 Off	灭 Off
检测到故障	常亮 On	闪烁 Blink	灭 Off

图 4-53　车载充电机指示灯

"POWER" 灯是电源指示灯，当接通交流电后，电源指示灯亮起。"RUN" 灯是充电指示灯，当充电机接通动力电池进入充电状态后，充电指示灯亮起。"FAULT" 灯是警告灯，当充电机内部有故障时，亮起。

检查车载充电机的工作状态是否正常的方法如下：当充电正常时，"POWER" 灯和 "RUN" 灯亮起；当启动半分钟后仍只有 "POWER" 灯亮，有可能为动力电池无充电请求或已充满；当 "FAULT" 灯亮时，说明充电系统出现异常；当指示灯都不亮，要检查充电桩、车载充电机以及充电线束。

2. 检查与维护车载充电机外观

车载充电机工作状态检查完成之后，将电源开关置于 OFF 挡，钥匙放安全处，断开蓄电池负极，负极电缆蓄电池桩头用绝缘胶布包好。拆下维修开关，并放好。静置车辆 5 ~ 10min。举升车辆，断开动力电池低压线束和高压线束。验电，如果有电需放电，确保高压母线无电才可进行下一步操作。

检查并清洁车载充电机外表面，外表面应无异物和灰尘，如图 4-54 所示，以确保其能够及时散热。检查车载充电机有无变形，有无碰撞痕迹，必要时进行更换。

3. 检查与维护车载充电机连接线束

检查车载充电机各连接线束有无破损、裂纹，高低压接线端子是否牢固，有无松动。

4. 检查与维护车载充电机紧固螺栓

检查车载充电机紧固螺栓有无锈蚀，紧固螺栓力矩是否合适。车载充电机的紧固螺栓的力矩应为（45±5）N·m，如图 4-55 所示。

图 4-54　检查并清洁车载充电机外表面

图 4-55　检查车载充电机紧固螺栓力矩

5. 检查车载充电机风扇

检查车载充电机风扇转动是否灵活，挡风圈上有无异物，必要时，清洁外表面。

6. 检查车载充电机的绝缘性能

拆下车载充电机上的输出高压线束插头。将绝缘测试仪表笔负极与电缆外壳或车身搭铁点充分有效连接，正表笔分别测量车载充电机高压接口端子，按下绝缘测试仪测试键，测得绝缘电阻，与标准值进行比较，判断其绝缘性能是否正常。在工作温度 23℃ ±2℃和相对湿度为 45% ～ 75%RH 时，车载充电机正负极输出与车身（外壳）之间的绝缘电阻≥ 1000MΩ。

（二）车载充电器的拆装

以下步骤适用于 2012 ～ 2014 款北汽 E150EV 和 2014 ～ 2015 款北汽 EV160、EV200，其他车型参照维修手册。

1. 操作前注意事项

拆装工具、万用表、绝缘表、防护工装、绝缘手套等准备齐全，翼子板护罩、警示标牌、隔离栏等放置妥当。

2. 规范标准提示

① 车辆维修防护器具配置到位。

② 车辆检测、维修工具配备齐全。

3. 拆卸

（1）拆卸规范标准提示

① 按照高压系统维修安全操作流程执行下电、放电、检测、维修操作。

② 高低压插接件拆卸过程中避免破坏针脚。

③ 固定螺栓齐全、完好，螺孔无破损。

（2）拆卸步骤

① 打开前机舱盖拔下钥匙。

② 支起前机舱盖将翼子板护垫铺好，避免损坏车辆。

③ 断开低压 12V 蓄电池负极线并用绝缘胶带进行包裹，防止与蓄电池正极接触。

④ 将动力电池维修开关取下并妥善保管。放置高压安全警示牌，戴好高压防护装备，如图 4-56 所示。

⑤ 打开快充充电口，如图 4-57 所示。

图 4-56　高压中止措施

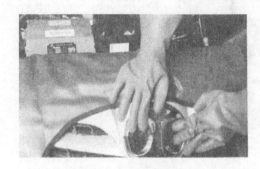

图 4-57　打开快充充电口

⑥ 使用放电工具放电，如图 4-58 所示。

⑦ 用万用表测量电压确认无电，如图 4-59 所示。

图 4-58　使用放电工具放电

图 4-59　确认无电

⑧ 关闭快充充电口。

⑨ 拔掉四个连接线束插头，如图 4-60 所示。

⑩ 松开并取下 6 个螺栓。

⑪ 拿下 DC/DC 转换器（仅 2012 ～ 2014 款北汽 E150EV）。

⑫ 拔下车载充电器 3 个线束插头。

⑬ 松开并取下 4 个车载充电器固定螺栓。

⑭ 取下车载充电器，并检查固定螺栓及螺孔状态。

图 4-60　拔掉线束插头

4. 安装

（1）安装步骤（根据拆卸相反步骤执行）

① 将新充电器进行更换，按标准力矩（20 ～ 25N·m）将充电器固定螺栓拧紧。

② 将高压系统及低压系统进行恢复，并对车辆进行充电，测试正常后填写表单。

③ 对现场及举升机进行清理，检查工具并清理、保持环境清洁。

（2）安装规范标准提示

① 按要求规定力矩装配。

② 高低压插接件安装过程确保插件对接到位，无松动。

③ 确保现场清洁、无油污；工具无遗漏、丢失。

八、充电桩充电操作

（1）单枪操作过程

① 上电后的默认初始界面如图 4-61 所示，点击"开始充电"，则跳转到下一界面。

② 点击开始充电后跳转到提示"请连接充电枪"界面，充电枪连接上之后则跳转到下一界面，可选择充电模式，如图 4-62 所示。

③ 如果选择自动充满模式，则下一页自动跳到提示用户刷卡的界面，如选择其他模式充电，需要对该模式做简单的设定，如图 4-63 所示。

图 4-61　单枪操作初始界面

图 4-62　充电模式选择

图 4-63　刷卡启动充电

④ 如图 4-64 所示，分别列出了几种充电模式，分别是"时间模式""金额模式""电量模式""功率模式"，点击输入框可进行设置。

图 4-64　充电模式选择

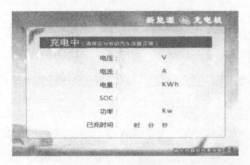

图 4-65　充电信息

⑤ 刷卡后进入充电状态，会有简单的充电信息在界面上显示，如图 4-65 所示。

⑥自动充电结束后的界面状态，有简单的提示信息界面 1，刷卡后跳转到界面 2，见图 4-66；如果直接刷卡结束，则直接显示界面 2。

⑦ 在充电开始前，点击显示屏左上方的"CLOU"图标，可以进行简单的参数配置，如图 4-67 所示。

(a) 界面1

(b) 界面2

图 4-66　显示界面

（2）双枪操作过程

①机器上电后的默认待机界面，如图 4-68 所示，此时如果 A、B 的状态都显示"正常，请连接充电枪"，则表示 A、B 口都可以使用。

图 4-67　参数配置界面

图 4-68　默认待机界面

②若用户要进行充电，将充电枪 A 或充电枪 B 拔出并插入汽车充电插座内，待充电枪连接好后，液晶屏上对应的充电状态会显示"已经连接，请点击开始充电按钮"。点击"开始充电"，执行下一步，如图 4-69 所示。

③ 此时上方的开始充电按钮可用，用户点击"开始充电"按钮后，界面提示用户进行刷卡（针对收费客户）或输入密码（非收费客户）操作。密码授权操作模式，点击界面提示区域，会有键盘弹出，在键盘中输入密码验证后，点击下方"启动充电"按钮开始充电。如密码错误，页面会提示"输入密码错误"的菜单，点击确定按钮后重新输入。如果在密码界面等待时间过长，页面会切换回默认，用户需重新操作，如图 4-70 所示。

图 4-69　充电枪 A 已经连接好

图 4-70　密码输入界面

④ 机器启动充电时会听见"嘀"的一声，液晶屏显示界面默认界面，点击"结束充电"。点击"电池信息"可查看电池信息和状态，如图 4-71 所示。

⑤ 此种状态下，如果另一个充电接口状态显示"正常，请连接充电枪"，则另一个接口也可以使用，操作步骤参照以上①～④可以使用另一个充电枪进行充电。

⑥ 如果有用户 A/B 进行刷卡结账，则暂时切换到对应结账信息界面，并在结算界面停留大概 10s 后返回，此过程不影响另一个用户的充电活动，如图 4-72 所示。

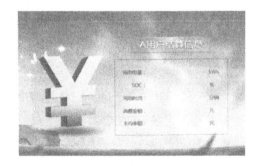

图 4-71　A 用户充电中，B 用户空闲　　　　图 4-72　A 用户结算信息

⑦ 在①～⑥过程中都可以点击显示屏左上方的 CLOU 图标，弹出输入密码界面后，输入密码，进入主菜单模式，如图 4-73 所示。

⑧ 点击"参数设置"时弹出参数设置界面，如图 4-74 所示。

⑨ 点击"充电记录"时弹出充电记录界面，如图 4-75 所示。

⑩ 点击"状态信息"时弹出实时状态信息界面，如图 4-76 所示。

图 4-73　主菜单界面

图 4-74　参数设置界面

图 4-75　充电记录界面

图 4-76　实时状态信息界面

九、DC/DC 的检查与维护

1. 检查与维护 DC/DC 外观

图 4-77　检查与维护 DC/DC 外观

做好高压安全防护准备之后，检查并清洁 DC/DC 外表面，外表面应无异物，散热齿上无杂物、灰尘等，以保证散热时风道畅通。检查 DC/DC 外壳有无变形、碰撞痕迹，如图 4-77 所示。

2. 检查与维护 DC/DC 连接线束

检查 DC/DC 各连接线束有无破损、裂纹，高低压接线端子连接是否可靠，应无松动。

3. 检查与维护 DC/DC 紧固螺栓

检查 DC/DC 紧固螺栓有无锈蚀，检查紧固力矩是否合适（紧固力矩为 $25\pm5N\cdot m$）。

4. 检查 DC/DC 功能

① 将电源开关置于 OFF 挡，断开所有用电器并拔出钥匙。

② 按压低压蓄电池锁压件，打开盖板并裸露出低压蓄电池正极。

③ 使用专用万用表电压挡位测量低压蓄电池的电压（并记录此电压值）。

④ 将车钥匙置于 ON 挡位置。

⑤ 使用专用万用表电压挡位测量低压蓄电池的电压，这时所测的这个电压值是 DC/DC 输出的电压，如图 4-78 所示。

DC/DC 正常输出电压在 13.2 ～ 13.5V（或 13.5 ～ 14V）之间（关闭车上的用电设备的情况下）。

造成所测值低于规定值时可能有以下几点原因：

① 车上用电设备未关闭。

② 专用工具万用表测量值有误差。

③ DC/DC 故障。

如是 DC/DC 故障，则更换 DC/DC。

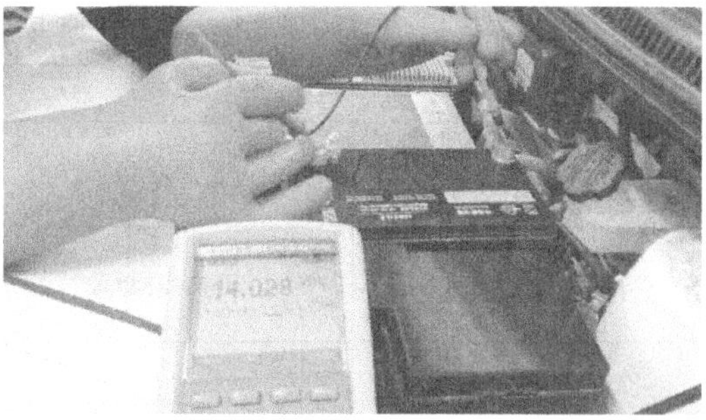

5. 检测 DC/DC 绝缘性能

① 设置隔离，放置警示标识，穿戴好防护用品。

② 将电源开关置于 OFF 挡，钥匙放安全处，断开蓄电池负极，负极电缆蓄电池桩头用绝缘胶布包好。

③ 拆下维修开关，并放好。静置车辆 5 ～ 10min。

④ 举升车辆，断开动力电池低压线束和高压线束。

⑤ 验电，如果有电需放电，确保高压母线无电才可进行下一步操作。

⑥ 拔下 DC/DC 变换器上的高压线束插头。如图 4-79 所示。

注意：当拆卸高低压线束时，应先旋松线束插头上的锁扣，然后拔下线束插头。禁止粗暴操作。当安装线束时，应对准线束插头与对应插件上的定位位置，将线束插头插入到底，然后旋紧线束插头上的锁扣，听到"咔哒"的清脆声响即表示安装到位。

将绝缘测试仪负表笔（黑表笔）与电缆外壳或车身搭铁点充分有效连接，正表笔（红表笔）分别测量端子 A、端子 B（如图 4-80 所示），按下测试键并读出和记录测试值和标准值进行比较，判断其绝缘性能是否正常。在工作温度为 -20 ～ 65℃和工作湿度 5% ～ 85%RH 环境下高压输入与车身（外壳）绝缘电阻≥ 20MΩ。

图 4-79　DC/DC 变换器高低压线束

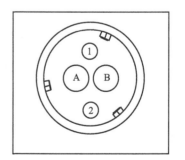

图 4-80　DC/DC 高压插件针脚定义

十、充电系统常见故障与检修

（一）仪表故障指示灯说明

北汽新能源 EV 系列汽车仪表充电系统相关的故障指示灯见表 4-8。

图 4-78　检查 DC/DC 功能

表 4-8　充电系统故障指示灯说明

序号	显示	名称	指标说明	
1		充电线连接指示灯	点亮表示充电线连接。信号来源是 VBU 给出的硬线信号	
2		充电提醒灯	电量过低时点亮，信号来自 VBU 的 CAN 信号	
3		剩余电量表	当前 SOC 范围	剩余电量表 LED 点亮数目
			SOC > 82%	5
			82% ≥ SOC > 62%	4
			62% ≥ SOC > 42%	3
			42% ≥ SOC > 22%	2
			22% ≥ SOC > 5%	1
			SOC ≤ 5%	0

（二）车载充电器常见的故障与检修

车载充电器故障信息将通过 CAN 总线报至总线上，通过 CAN 总线可以找出发生的故障信息。

车载充电器常见的故障如下。

1. 12V 低压供电异常

当充电器 12V 模块异常时，BMS、仪表等由于没有唤醒信号唤醒，无法与充电器进行通信。

当 12V 未上电，最简单的判断方式就是交流上电的时候，电池没有发出继电器闭合的声音，一般都是 12V 异常。需要检查低压熔断丝盒内充电唤醒的熔断丝及继电器，以及充电器端子是否出现退针的情况。

2. 充电器检测的电池电压不满足要求

在充电过程中，BMS 可以正常工作，但充电器工作开始前需要检测动力电池电压，当动力电池电压在工作范围内，车载充电器可以正常工作，否则充电器认为电池不满足充电的要求。此情况常见原因为高压插件端子退针或高压熔断丝熔断，或者电池电压超过工作范围。

CC开关断开

充电机显示故障状态

CC开关闭合

充电机显示工作状态

图 4-81　充电器显示的状态

3. 充电器检测与充电桩握手不正常

充电器工作过程中会检测与充电桩之间的握手信号，当判断到 CC 的开关断开，充电器认为此时将要拔掉充电枪，此时会停止工作，防止带电插拔，以提升充电枪端子寿命。当充电枪未插到位，可能出现此情况。如图 4-81 所示是充电器显示的状态。车载充电接口与指示灯介绍，如图 4-82 所示。

4. 充电桩输入电压正常，由于施工时电源线不符合标准所引起的无法充电故障

车辆在低温环境下，充电桩与充电器连接正常，车辆动力电池低温下需将电芯加热至

0～5℃时，才能进行正常充电。加热过程中，负载较小，电压下降并不多，进入充电过程时，负载加大，输入电压下降，充电桩为充电器提供的电源电压低于187V时，充电器无法正常工作，充电器停止工作后，负载减小，测量时电压又恢复正常。针对这种情况，一定要在充电器进入充电过程时准确测量当时的电压，以找到故障所在。

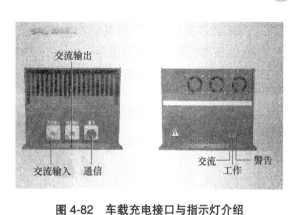

图 4-82　车载充电接口与指示灯介绍

（三）快充常见故障与检修

1. 充电桩显示车辆未连接的解决方案

①检查快充口 CC1 端与 PE 端是否有 1000Ω 电阻。

②检查快充口导电层是否脱落。

③检查充电枪 CC2 与 PE 是否导通。

2. 动力电池继电器未闭合的解决方案

①检查充电桩输出正极唤醒信号是否正常。

②检查充电桩输出负极唤醒信号与 PE 是否导通。

③检查充电桩 CAN 通信是否正常。

3. 电池继电器正常闭合，但无输出电流的解决方案

①检查充电桩与动力电池 BMS 软件版本是否匹配。

②检查高压连接器及线缆是否正确连接。

③用诊断仪查看充电监控状态。北汽新能源 EV 系列车辆充电监控状态见表 4-9。

表 4-9　充电监控状态

名称	当前值	单位
动力电池充电请求	请求充电	
动力电池加热状态	未加热	
动力电池当前充电状态	充电状态	
动力电池允许最大充电电流	10.0	A
动力电池加热电流请求值	6.0	A
动力电池允许最高充电端电压	370.00	V
剩余充电时间	0	min
CHG 初始化状态	已完成	
动力电池加热状态	停止加热	
充电机当前充电状态	正在充电	
充电机输出端电流	7.5	A
充电机输出端电压	3353.0	V
充电机输出端过压保护故障	正常	
充电机输出端欠压保护故障	正常	
充电机输出电流过流保护故障	正常	
充电机过温保护故障	正常	

4. DC/DC 变换器不工作的解决方案

① 检查连接器是否正常连接。

② 检查高压熔断丝是否熔断。

③ 检查使能信号输入是否正常（12V）。

（四）慢充常见故障与检修

在新能源纯电动汽车（EV160/200）充电过程中，慢充系统最容易出现的故障为车载充电机与充电桩连接故障。凡是涉及此故障的情况，首先应该确保充电桩状态良好，符合相关国家标准，与北汽新能源各款电动车进行过调试并通过；其次，确认充电桩提供的工作电压范围在 187 ～ 253V 以内；再次，检查充电枪和充电口的各连接端子无烧蚀和损坏现象；最后，连接好充电线后，查看车载充电机指示灯状态。

车载充电机的指示灯有三种情况：三个指示灯（电源、工作、故障）都不亮；车载充电机的电源指示灯和工作指示灯点亮，无充电电流；对车载充电机的数据进行分析，数据中没有动力电池发送数据。

1. 指示灯都不亮的检修方法

当出现车载充电机的电源灯、工作状态灯和故障灯均不亮时，可按照下述方法及步骤进行检修。

① 测量充电桩端充电枪的 N 脚和车辆端的 N 脚导通，阻值应小于 0.5Ω，否则应更换充电线总成。

② 测量充电桩端充电枪的 L 脚和车辆端的 L 脚导通，阻值应小于 0.5Ω，否则应更换充电线总成。

③ 测量充电桩端充电枪的 PE 脚和车辆端的 PE 脚导通，阻值应小于 0.5Ω，否则应更换充电线总成。

④ 测量充电桩端充电枪的 CP 脚和车辆端的 CP 脚导通，阻值应小于 0.5Ω，否则应更换充电线总成。

⑤ 测量充电桩端充电枪的 CP 脚和 PE 脚的导通，阻值应小于 0.5Ω，否则应更换充电线总成。

⑥ 测量充电线车辆端充电枪的 CC 脚和 PE 脚的阻值，16A 充电线阻值应为 $680\Omega\pm3\%$，32A 充电线阻值应为 $220\Omega\pm3\%$，否则应更换充电线总成。需要注意的是：在测量充电线阻值时，充电枪的解除锁止按键需保持在弹起状态。

⑦ 如果充电线状态正常，但启动充电程序后，充电机指示灯仍旧都不亮，应首先检查插接件端子无烧蚀、虚接故障，继续对充电线束进行检测，测量充电口 L 脚与充电线束充电机插接件 1 脚应导通，阻值应小于 0.5Ω，如果不符合标准则应更换充电线束。

⑧ 测量充电口 N 脚与充电线束充电机插接件 2 脚应导通，阻值应小于 0.5Ω，如果不符合标准则更换充电线束。

⑨ 测量充电口 PE 脚与充电线束充电机插接件 3 脚应导通，阻值应小于 0.5Ω，如果不符合标准则更换充电线束。

⑩ 测量充电口 CC 脚与充电线束充电机插接件 5 脚应导通，阻值应小于 0.5Ω，如果不符合标准则更换充电线束。

2. 无充电电流的检修方法

当出现车载充电机的电源指示灯和工作指示灯均正常点亮，但无充电电流的故障现象时，应检查动力电池的状态。首先确保高压线束插接件连接牢固，在充电状态下，连接诊断仪，并进入动力电池充电状态监控系统，根据动力电池充电状态界面显示的数据进行以下检查和分析。

① 检查车辆端充电枪解除锁止按钮是否卡滞，是否完全复位。

② 检查高压控制盒内的车载充电机的熔断器是否损坏（第四个熔丝），如损坏则更换。

③ 检查高压线束高压控制盒插接件的 E 脚和车载充电机插接件的 B 脚的导通情况，在正常情况下，其对应阻值应小于 0.5Ω，如不符合标准则更换慢充线束总成。

④ 检查高压线束高压控制盒插接件的 F 脚和车载充电机插接件的 A 脚的导通情况，正常情况下，其阻值应小于 0.5Ω，如不符合标准则更换慢充线束总成。

⑤ 恢复车辆高压线束，在确保安全的情况下，测量充电时高压线束车载充电机插接件 A-B 脚之间的电压，如果电压与动力电池低压一致，则说明车载充电机损坏，应更换。

3. 无动力电池数据的检修方法

对车载充电机的数据进行分析时，如果系统中没有显示动力电池的数据，则应检测充电唤醒信号及仪表充电指示灯是否点亮。

① 如果充电指示灯不点亮，则检查前机舱低压电器盒 FB02 熔丝是否损坏。如损坏，则需对低压电机线束进行检测；如未损坏，则检查熔丝低压供电。

② 如果低压供电无电压，则测量熔丝盒的供电端子与 FB02 熔丝。如不导通则更换低压电器盒，导通检查低压主保险。

③ 如果低压供电有电压，则检测 FB02 熔丝与熔丝盒背面 A6 插接件的 A8 端子导通情况。如果不导通，则更换低压电器盒；导通则检查低压电机线束。

④ 检测低压电机线束前机舱低压电器盒黑色插接件 J6 的 A8 脚与车载充电机的低压插接件 16 脚的导通情况。如果不导通，则检查线束，进行线束修复或更换；如果导通并插接件端子良好，则继续检测唤醒信号。

⑤ 检测低压线束车载充电机的低压插接件 15 脚与正常控制器 VCU 插接件的 113 脚的导通情况。如果不导通，则检查线束，必要时进行修复或更换；如果导通并插接件端子良好，则继续检测唤醒信号。

⑥ 连接好低压线束，在充电状态下测量 VCU 插接件 113 脚的电压情况。如果无电压，则更换充电机；如果 VCU 插接件 113 脚有电压，且线束恢复后，仍然没有充电指示，则检查充电连接确认信号。

⑦ 连接好低压线束，在充电状态下测量 VCU 插接件 36 脚的电压情况，正常情况下，该电压应低于 0.5V，否则，应检查充电线束和车载充电机。

⑧ 检查动力电池唤醒信号，检测整车控制器插接件 81 脚与动力电池低压插接件 C 脚的导通情况。如果不导通，则检查线束，必要时进行修复或更换；如果导通，则继续检查线束。

⑨ 检查动力电池总负继电器控制信号。检测整车控制器插接件 97 脚与动力电池低压插接件 F 脚的导通情况，如果不导通，则检查线束，必要时进行修复或更换；如果导通，则继续检查线束。

⑩ 线束安装好，在充电状态下，检测动力电池低压插接件 C 脚的唤醒信号电压，正

常情况下该电压值应为 12V（与低压蓄电池电压一致）。否则，应检查整车控制器供电，读取整车控制器故障码。如果动力电池低压插接件 C 脚无唤醒信号电压，则更换整车控制器测试。

（五）故障检修实例

1. 北汽 EV200 新能源汽车无法使用慢充系统给车辆充电

一辆北汽 EV200 新能源汽车无法使用慢充系统给车辆充电，同时，连接车辆慢充线束后，接通电源开关发现动力电池断开警示灯点亮。

根据维修经验，动力电池断开警示灯点亮表明该车高压电气系统存在故障，整车高压回路被断开。动力电池断开警示灯在车辆进行慢充充电时点亮，初步判断可能是慢充系统故障引发的汽车高压电气系统故障。

连接车外充电器，220V 电源灯点亮，说明外接电源供电正常。在电源开关断开的情况下，仪表盘上的慢充线束连接指示灯点亮，但充电指示灯却未被点亮。慢充线束连接指示灯点亮说明慢充线束连接正常，否则报"请连接充电枪"；充电指示灯未点亮说明该车未进入充电状态。接通电源开关，动力电池断开警示灯点亮，则确认了慢充系统故障已经引发了汽车高压电气系统断开故障。

打开汽车前舱盖，观察车载充电机指示灯，发现 Power 电源红色指示灯点亮；Charge 充电指示灯和 Error 充电机内部故障报警指示灯均未亮起。查阅维修手册发现如下信息："Power灯为电源指示灯，当接通交流电后，电源指示灯亮起；Charge 灯是充电指示灯，当充电机接通电池进入充电状态后，充电指示灯亮起；Error 灯是充电机内部故障报警指示灯，当充电机内部有故障时亮起。"由此可知，慢充线束供电电源确定为正常，但动力电池未进入充电状态，Error 灯未亮起说明车载充电机不存在故障，排除车载充电机本身有故障的可能。

点开电源开关后重新接通电源开关，仔细地听动力电池正负继电器的吸合声，未发现"咔嗒"的吸合声，这表明动力电池继电器没有闭合的动作。查阅维修手册发现如下信息："动力电池继电器未闭合的解决方案是，检查连接器是否正常连接，检查充电机输出唤醒是否正常。"由于慢充线束连接指示灯未点亮，说明慢充充电连接器已正常连接，那剩下的就只有车载充电机输出唤醒系统存在问题了。

故障诊断至此，问题变得比较明朗了，故障范围已经指向了慢充系统的输出唤醒系统。

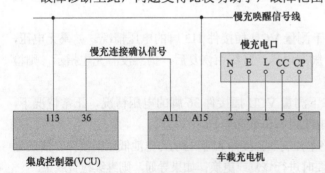

图 4-83 慢充系统的拆分图

查找该车电路图，由于厂家只提供了一张电路总图，于是便自行绘制了一张该车的慢充系统的拆分图（图 4-83）。从图中发现北汽 EV200 新能源汽车慢充系统的唤醒信号是通过车载充电机的端子 A15 传输给集成控制器（VCU）的端子 113，从而实现集成控制器（VCU）的慢充唤醒信号的激活，完成慢充系统的连接。因此，检测可以从集成控制器（VCU）的端子 113 开始，如果端子 113 有信号电压则说明 VCU 损坏。由于 Error 报警指示灯未亮起，说明车载充电机工作正常，所以如果端子 113 无信号电压，则可以判定该线路或连接状况存在问题。

在慢充充电连接器正常连接的情况下，接通电源开关后，慢充电线束连接指示灯未点亮，说明车辆慢充线束已经连接好，由于慢充线束存在互锁关系，可以先排除慢充电口上 CP 信号通信及其他（N、E、L、CC 线路）存在问题的可能性。

断开电源开关，拔下集成控制器（VCU）121 端子导线连接器（VCU 导线连接器为左边较小的），找到集成控制器（VCU）端子 113。重新接通电源开关，测得端子 113 的电压为 0V，这说明车载充电机端子 A15 未能将唤醒信号传输到集成控制器（VCU）处。

断开电源开关，拔下车载充电机 16 端子导线连接器，测量集成控制器（VCU）端子 113 与车载充电机端子 A15 之间的线路电阻，为∞，说明该线路确实发生断路故障。

更换该线束后试车，每次都能顺利充电，确认故障排除。

该故障的第 1 个关键判断点是动力电池断开故障警示灯点亮是慢充系统引起的故障而非真正的动力电池故障；第 2 个关键判断点是诊断人员是否注意到接通电源开关的瞬间，动力电池正负继电器没有发出"咔嗒"的吸合声，无吸合声说明动力电池没有开启充电模式；第 3 个关键判断点在于诊断人员观察到车载充电机指示灯 Error 未亮起，说明无需怀疑车载充电机本身故障。

2. 北汽 EV160 纯电动汽车无法行驶

一辆北汽 EV160 纯电动汽车，行驶 3930km，事故修复后（左前侧碰撞）车辆无法行驶，动力电池断开故障灯和整车系统故障灯报警。

钣金工拆下机舱内所有高压部件和二次支架及机舱线束，进行钣金校正和外围部件更换，线束和高压部件外壳未变形受损。更换主副安全气囊，更换安全气囊电脑板。

当到修理厂时该车的钣金工作和装配工作已完成。目测发现机舱内低压线束和高压线束（包括保险盒）没有破损、变形和挤压，高压部件（MCU、DC/DC、高压控制盒、车载充电机）外观没有受损挤压变形现象。

据修理工描述，该车修复好之后在厂内开了很小一段距离后，就无法行驶了，动力电池断开故障灯和整车系统故障灯都点亮了。经检查发现将加速踏板踩到底仪表会黑屏或不规律闪烁、电动真空助力泵常转。修理工认为剩余电量不足，于是进行慢充。

修理工说他们在充电时还观察了机舱的情况，打开发动机盖观察车载充电机，发现充电机散热风扇不转。用手触摸车载充电机散热片（图 4-84）时能明显触觉到发热现象，无法充电。

图 4-84　车载充电机散热片

随后修理工打开高压控制盒后，进行高压熔丝测量。发现车载充电机的高压熔丝并没有烧毁，而其余的三个高压熔丝全部烧毁，在 PTC 控制器电路板上有一处 IC 芯片也烧毁了（图 4-85）。

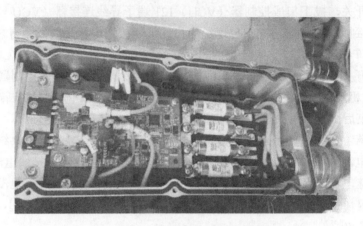

图 4-85 高压控制盒内烧坏的原件

维修工开始对与烧毁熔丝相连接的高压部件进行逐一拆解检查，接着又对 DC/DC 进行拆解，拆开后发现 DC/DC 电路板上有一蓝色的圆片（图 4-86）插件已烧毁，模块也有烧蚀的迹象。所有烧毁的部件除了电子空调压缩机外都替换了新的部件试车，结果车辆还是不能行驶。

图 4-86 DC/DC 模块内部烧坏

到现场后对车辆进行了仔细观察，并询问了维修情况，怀疑高压部件烧毁可能与维修时不正确操作有关。检查了高压系统（B 类电压系统）所有的连接插头，包括极性，插头紧实牢固，极性全都正确。得知点火开关可以打到 ON 挡，低压系统（A 类电压系统）可以供电时，马上对该车辆进行专用检测电脑读码，发现除了安全气囊电脑可以与检测仪建立通信外，其余模块均无法通信。在清除安全气囊电脑故障码（图 4-87）后，故障码并没有再出现。

由于检测电脑与 VCU 和动力电池无法建立通信，对低压总熔丝和熔丝盒进行了检测，熔丝与同款正常车辆对比，除了真空助力泵的熔丝拔出外（因为常出现故障，修理工在车辆不能走之后就把其熔丝拔出了，此故障为常见故障，发生概率比较高，一般情况下更换真空罐压力开关就可以修复此故障）其他都良好（图 4-88）。后经逐步检查发现点火开关各挡位、VCU 供电均正常，15 号线继电器工作也正常，网络 CAN 线也无短路或断路现象。由于 VCU 在整车控制策略里权位最高、优先级最高，因此判断故障原因是 VCU 损坏。

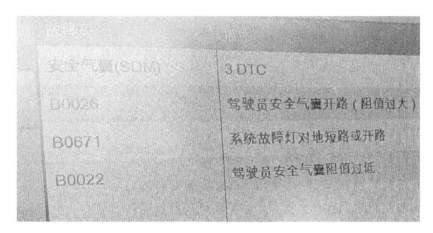

图 4-87　与安全气囊相关故障码

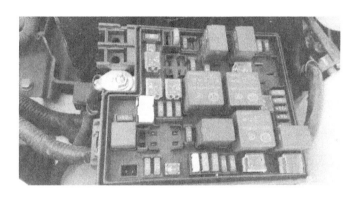

图 4-88　所有熔丝良好

第二节

比亚迪电动汽车充电系统及检修

一、比亚迪 E6

（一）车载充电器的功能、位置和电路

1. 车载充电器的功能

车载充电器具备如下的功能。

① 车载充电器将输入的交流电转换成直流电输出，为动力电池充电。

② 车载充电器工作过程需要与充电桩、BMS、VCU 等部件进行通信。

③ 车载充电器根据动力电池需求可调节输出功率。

2. 车载充电器的安装位置

如图 4-89 所示是比亚迪 E6 车载充电器及充电系统组成部件的安装位置。

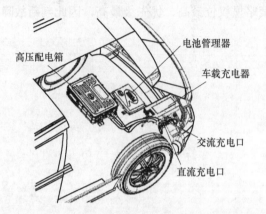

图 4-89　比亚迪 E6 车载充电器及充电系统组成部件的安装位置

3. 车载充电器的电路

如图 4-90 所示是比亚迪 E6 充电系统电路图。

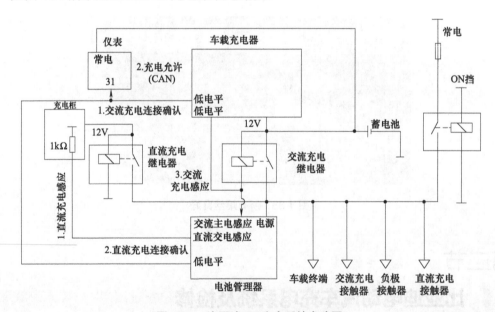

图 4-90　比亚迪 E6 充电系统电路图

如图 4-91 所示是比亚迪 E6 车载充电器线束功能图。

如图 4-92 所示是比亚迪 E6 车载充电器接线端子功能图。

4. 车载充电器技术参数

比亚迪 E6 车载充电器技术参数见表 4-10。

5. 软关断

为了保证电源切断时，避免立即断电对电器模块造成大电压的冲击，增加了软关断控制器。给高压负载一个卸载时间。当钥匙从 ON 挡转向关闭后，高压电源会延迟 3s 断电。

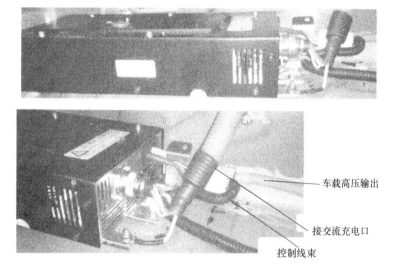

车载高压输出

接交流充电口

控制线束

图 4-91　比亚迪 E6 车载充电器线束功能图

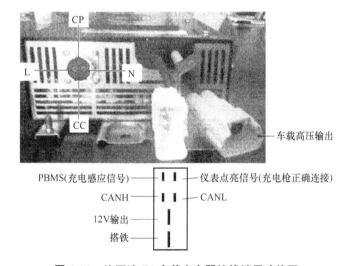

车载高压输出

PBMS(充电感应信号)　　　仪表点亮信号(充电枪正确连接)

CANH　　　CANL

12V输出

搭铁

图 4-92　比亚迪 E6 车载充电器接线端子功能图

表 4-10　比亚迪 E6 车载充电器技术参数表

项目	参数	备注
输入电压	220V/AC	
输入电流	交流额定 14A	满功率充电：使用 16A 以上充电桩或类似设备
高压输出	200 ～ 400V/DC	给高压动力电池充电
低压输出	12V/DC	给低压蓄电池充电

（二）对电动汽车进行充电

注意：

① 动力电池充电过程中，电池管理系统会自动控制电电流的大小，当动力电池充至满电状态时，电池管理系统会自动终止对动力电池包的充电。

② 当环境温度太低时，插上充电接头以后，电池管理系统会自动先对电池进行加热，

当温度合适以后才对动力电池进行充电。

以比亚迪 E6 纯电动汽车的交流慢充操作为例，介绍新能源汽车充电操作步骤。

① 将电动汽车倒入充电专用停车位。

② 关闭点火开关。

③ 打开充电口保护盖。

④ 从充电桩上垂直拔出充电枪。

⑤ 将充电枪插入充电口。

⑥ 等待充电桩与车辆连接充电。

⑦ 连接成功，车辆进行充电。

⑧ 充电完毕后，按下充电枪按钮，拔出充电枪。

⑨ 关闭车辆充电口保护盖。

⑩ 关闭充电口盖。

⑪ 将充电枪插入充电桩。

（三）故障检修实例

1. 2012 年产比亚迪 E6 纯电动汽车无法充电

（1）故障现象　一辆 2012 年产比亚迪 E6 纯电动汽车，累计行驶里程约为 5.2 万公里。车主反映该车使用便携式 220V 交流充电器正常连接成功后，仪表的充电指示灯点亮，但充电一段时间后剩余电量没变化，无法充电，未见其他明显故障。

（2）故障诊断　根据车主的描述，确认预约充电功能处于关闭状态，分别对车辆进行快、慢充充电，以判断故障是在电控线路还是机械设备故障。

进行直流快充充电，确认充电枪与直流充电口连接完好，仪表的充电连接指示灯亮，仪表有相应的充电时间、电流和电量等信息显示，表明快充系统完好，没有故障存在。进行慢充充电，确认交流充电枪与交流充电口连接完好，仪表的充电连接指示灯点亮，但仪表没有任何信息显示，且未听到车载充电器正常工作的响声（正常充电工作时伴有风扇旋转散热的响声），更换便携式 220V 交流充电器后，故障依旧，据此可判断慢充系统发生故障。

查阅比亚迪 E6 车的维修手册，慢充系统的结构如图 4-93 所示。比亚迪 E6 车慢充流程为：正确连接充电枪→提供充电感应信号（CC）→车载提供 DC12V → BMS 和车载报文交互→ BMS 吸合车载充电接触器→充电成功。根据以上的慢充充电流程，可以排除车载充电器存在故障的可能，认为故障点发生在交流充电口至动力电池组之间。

使用比亚迪汽车专用 ED400 故障检测仪读取故障代码和车载充电器的数据流，无故障代码存储，相关数据流也正常，由此可得出车载充电器未发生故障。检测配电箱内部的慢充继电器（电阻为 49.2Ω，正常值为 48.0 ～ 52.0Ω，符合技术要求）及相关熔丝，外加 12V 电压后能闭合导通，未见异常。据此可得出故障点是发生在电控线路系统中。查阅比亚迪 E6 车维修手册关于车载慢充系统的控制电路（图 4-94），在比亚迪 E6 车的车载交流充电系统中，电控部分主要由车载充电感应信号（CC）、充电控制确认信号（CP）及 CAN 网络构成。因充电感应信号（CC）是电池管理器（BMS）和车载充电器信息交互的控制线，而充电控制确认信号（CP）串联了车载充电器（相关控制线路如图 4-95 所示），故需对其进行分别检测。

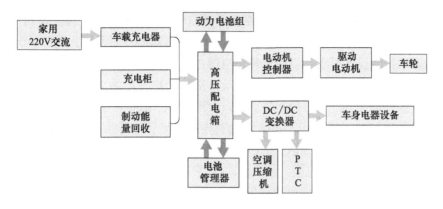

图 4-93　比亚迪 E6 车慢充系统的结构

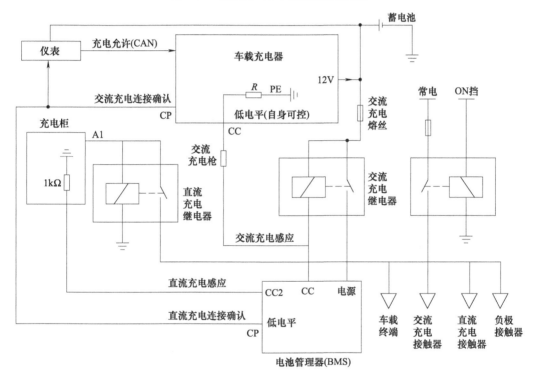

图 4-94　车载慢充系统的控制电路

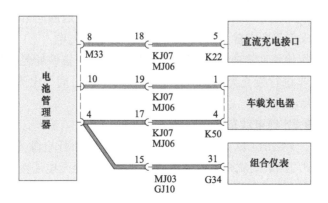

图 4-95　电池管理器控制线路

首先在未充电的情况下，断开高压维修开关，等待 5 min 后对交流充电口的充电控制确认信号（CP）进行检测，测量 CP-PE 间的电阻为 0.58MΩ（正常值为 0.5～0.6MΩ），与理论值较接近，符合技术要求，说明车载充电器内部连接 CP 信号端的二极管并未损坏，不存在故障；根据图 4-95 测量端子 K50-4 与车身搭铁间电压，为 11.66V，正常；测量端子 M33-4 与车身搭铁间电压，为 11.69V，正常；测量端子 K50-4 与端子 M33-4 之间的电阻，为 0.3Ω，正常；结合充电指示灯点亮，认为充电控制确认信号线（CP）无故障。

接通至 ON 位，对充电感应信号（CC）控制线进行检测。使用万用表的欧姆挡测量端子 K50-1 与端子 M33-10 间的电阻，为 0.6Ω，正常；使用万用表的电压挡测量端子 M33-10 与车身搭铁间的电压，为 0.2V，而正常值约为 12V；测量端子 K50-1 与车身搭铁间的电压，为 0.32V，正常；由此可判断端子 K50-1 与端子 M33-10 之间的线路存在故障；为了进一步确定故障点，缩小故障范围，通过对车载充电器进行充电测试，车载充电器与电池管理器之间的电压、电阻关系如表 4-11 所列。在确认交流充电口连接成功且仪表充电指示灯点亮后（此时车载充电器还处于不工作状态），用万用表的电压挡测量端子 M33-10 与车身搭铁间的电压，为 0.77V；测量端子 M33-10 与端子 KJ07-19 之间的电压，也为 0.77V。由此可判断充电感应信号（CC）控制线发生搭铁故障。

表 4-11　车载充电器与电池管理器之间的电压、电阻关系

连接端子	端子描述	线色	条件	正常值
端子 M33-10 与车身搭铁	充电感应信号	Y	充电	小于 1V
端子 M33-10 与车身搭铁	充电感应信号	Y	点火开关置于 ON 位	约 12V
端子 M33-4 与车身搭铁	充电控制确认信号	R/Y	充电	小于 1V
端子 M33-4 与车身搭铁	充电控制确认信号	R/Y	点火开关置于 ON 位	约 12V
端子 K50-1 与端子 M33-10	充电感应信号线	R、R/Y	始终	小于 1Ω
端子 K50-4 与端子 M33-4	充电控制确认信号线	R、R/Y	始终	小于 1Ω
端子 K50-4 与车身搭铁	充电控制确认信号	R	充电	小于 1V
端子 K50-4 与车身搭铁	充电控制确认信号	R	点火开关置于 ON 位	约 12V

拆开行李箱保护侧盖，检查连接车载充电器和电池管理器（BMS）的线束连接器 KJ07（MJ06），发现离连接器 KJ07 不足 7cm 的线束被改装音响箱体挤压（已压扁），线束保护层已裂开。拆下音响箱体，拨开线束，裸露的充电感应信号（CC）控制线已搭在车架上，造成搭铁现象。当进行慢充充电时，由电池管理器（BMS）发送的充电感应信号无法传递给车载充电器，从而造成车载充电器无法输出高压电，即无法充电。

（3）故障排除　用绝缘胶布把充电感应信号控制线破损搭铁处包扎好，使其恢复传递信号功能，接着对该车进行慢充充电，仪表有相应的充电时间、电流和电量等信息显示，无法充电故障彻底排除。

2. 2017 款比亚迪 E6 纯电动车无法充电

（1）故障现象　一辆 2017 款比亚迪 E6 纯电动汽车，断开电源开关（OFF 挡），打开前充电舱并连接便携式 220V 交流充电枪，组合仪表动力电池充电连接指示灯点亮，显示充电连接中，但无充电连接成功显示，交流充电无法完成，车辆无其他故障。

（2）故障诊断　接车后首先验证故障现象，车辆连接充电枪后仪表充电连接指示灯点

亮，但并未听见前舱高压总成内部车载充电机散热风扇运行的声音（正常工作时应伴有车载充电机散热风扇声），仪表屏幕一直显示充电连接中，未显示充电成功信息，这表明车辆并没有进行充电。车辆可以正常启动完成高压上电，仪表 OK 灯点亮，并未见其他故障灯点亮。根据故障现象可以初步排除动力电池故障（电池处于可充电状态，SOC 为 46%）、高压互锁线路故障、高压系统漏电故障等。然后连接道通 MS908 解码器，扫描控制单元，无故障代码存储；读取车载充电机模块相关数据流，也未见异常，这说明控制单元工作正常。分析认为故障应该出在交流充电系统上。

查询相关技术资料，比亚迪 E6 纯电动汽车的充电系统工作原理如图 4-96 所示。

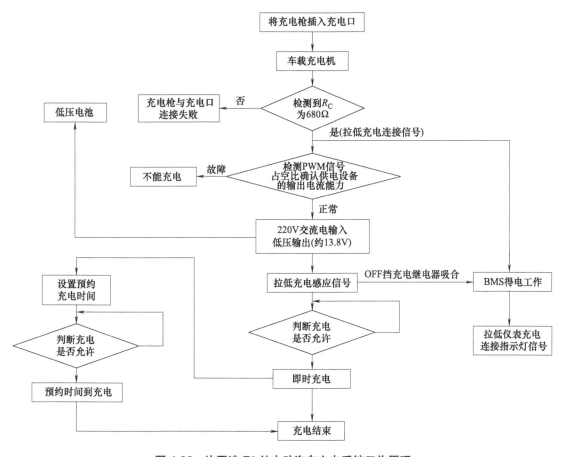

图 4-96　比亚迪 E6 纯电动汽车充电系统工作原理

根据工作原理分析，当高压总成内充电枪触发单元通过与充电枪连接端子 CC 与端子 PE 检测到充电连接装置内的电阻 R_C 后（确定充电连接装置额定容量），拉低充电连接信号，BMS 模块控制车辆低压供电线路 IG3 继电器吸合给相关部件提供电源，当 BMS 得电后执行充电程序并拉低仪表充电指示灯信号，仪表充电连接指示灯点亮。因此，测量充电枪端子 CC 与端子 PE 之间的电阻，为 681Ω，正常，因为仪表充电连接指示灯可正常点亮，据此分析端子 CC 与端子 PE 的连接信号正常。由于比亚迪纯电动汽车带有预约充电功能，预约充电服务器集成在仪表控制单元内，在充电连接过程中，车载充电机需要通过 CAN 总线接收到仪表控制单元发来的确认充电报文信息，在确认当前无预约充电设置后，才能执行实时充电动作,充电成功后组合仪表才会显示正在充电中的信息。分析认为,如果预约充电功能误触发也有可能对充电造成影响。对仪表控制单元进行恢复默认设置操作,并查看预约充电功能状态,为关闭状态,然后对车辆进行重新充电,故障现象依旧。

根据充电系统工作原理分析,认为故障很可能为交流充电控制导引电路存在连接线路故障、供电控制装置故障或车辆充电控制装置故障。查阅《电动汽车传导充电系统》(GB/T 18487.1—2015),该标准中给出的交流充电控制导引电路原理如图4-97所示,其工作原理为:当充电接口已完全连接,则开关从+12V连接状态切换至PWM信号(脉冲宽度调制信号),供电控制装置通过测量检测点1的电压值变化来判断充电连接装置是否完全连接,车辆控制装置通过测量检测点2位置的PWM信号来判断供电设备的供电能力,确认充电连接装置已完全连接。

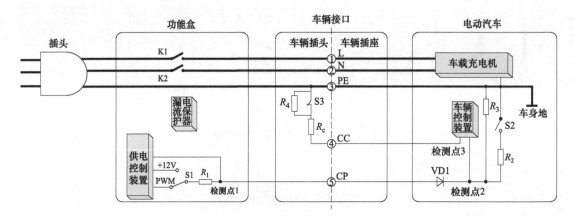

图4-97 交流充电控制导引电路原理

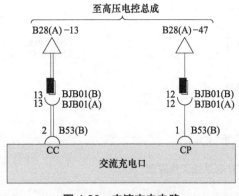

图4-98 交流充电电路

用万用表测量充电枪端子PE与端子CP之间的电压为12V,端子L与端子N之间的电压为0V,初步判断供电设备正常;查阅维修手册,找到交流充电电路(图4-98),用万用表测量交流充电口线束端导线连接器B53(B)端子1与高压电控总成导线连接器B28(A)端子47之间的导通情况,发现CP连接线束断路;在前舱位置找到导线连接器BJB01(A),发现端子12退缩,从而导致CP信号在充电连接过程中断掉,出现无法充电的故障。

(3)故障排除 处理导线连接器BJB01(A)端子12,测量导线连接器B53(B)端子1与B28(A)端子47之间的电阻,为0.2Ω,正常。再次对车辆进行充电,仪表显示正在充电的信息,有充电功率和预计充电时间显示,充电正常,故障排除。

二、比亚迪秦

(一)比亚迪秦高压充电系统

本车充电系统主要是采用家用插头和交流充电桩接入交流充电口,通过车载充电器将家用 220V 交流电转为 528V 直流高压电给动力电池进行充电的。

主要组成部分：交流充电口、车载充电器、电池管理器、高压配电箱、动力电池。充电系统部件安装位置如图 4-99 所示。

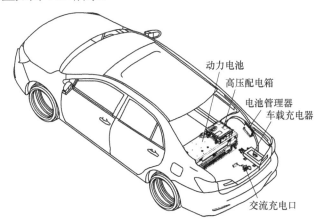

图 4-99　充电系统部件安装位置

如图 4-100 所示为充电控制电路。

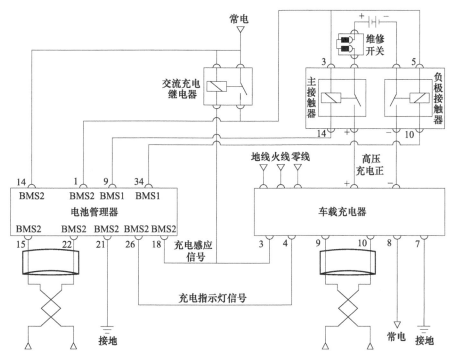

图 4-100　充电控制电路

（二）比亚迪秦充电控制

车载充电器端子分布如图 4-101 所示。

三、比亚迪唐

（一）比亚迪唐充电系统

该充电系统主要是采用家用插头和交流充电桩接入交流充电口，通过车载充电器将家用 220V 交流电转为直流高压电给动力电池进行充电的。

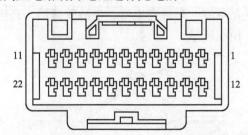

引脚	定义	对接模块引脚	对地正常值
1	预充接触器电源	双路电	约 12V
2	高压互锁检测输出	维修开关 K66-01 脚	
3	正极接触器电源	双路电	约 12V
4	预留		
5	负极接触器电源	双路电	约 12V
6	高压互锁检测输入	电池管理器 K64-01 脚	
7	预留		
8	预留		
9	电流霍尔传感器信号	电池管理器 K64-26 脚	< 1V
10	负极接触器控制	电池管理器 K64-34 脚	< 1V
11	预留		
12	预留		
13	预充接触器控制	电池管理器 K64-17 脚	< 1V
14	正极接触器控制	电池管理器 K64-09 脚	< 1V
15	充电互锁检测输入（新增）	电池管理器 K65-24 脚	
16	充电互锁检测输出（新增）	车载充电器 M21-13 脚	
17	预留		
18	预留		
19	霍尔电流传感器 +15V·	电池管理器 K64-27 脚	约 +15V
20	预留		
21	霍尔电流传感器 −15V	电池管理器 K64-29 脚·	约 −15V
22	预留		

图 4-101　车载充电器端子分布

双向车载充电器总成基本功能见表 4-12。

表 4-12　双向车载充电器总成基本功能

序号	功能	描　述
1	AC/DC 转换功能	通过整流模块将交流 220V 家用电转换为直流电
2	DC/DC 变换功能	高压 DC 变换输出供动力电池；低压 DC 变换输出供启动电池
3	DC/AC 转换功能	通过逆变模块将直流电源转换为 220V 家用电
4	电锁功能	仅参与闭锁反馈控制流程
5	保护功能	输入输出过压、欠压、过流、接地等保护
6	CAN 通信功能	与车辆 CAN 总线进行数据流交互，并能通过软件过滤得到有用数据
7	在线 CAN 烧写功能	通过诊断口实现程序更新的功能
8	自检功能	检测产品硬件是否有故障，并记录存储故障码

① 设置预约充电时间成功，进入预约充电流程，仪表发送不允许充电信号，车载充电器进入等待状态。同时充电感应信号一直拉低，BMS 一直发送允许充电信号。

② BMS 等负载有电后，车载充电器低压一直输出给低压启动电池。充电结束后如果充电枪不拔出，车载充电器停止工作进入休眠状态（包括低压输出）。

充电器电气特性见表 4-13。

表 4-13　充电器电气特性

高压输出功率	额定功率 3kW
高压输出电压	432 ～ 820.8V DC
低压输出电压	（14±0.5）V DC
高压输出过压保护点	750V DC
输出功率	3.3kW
欠压保护	320V DC
绝缘电阻	对地电阻≥100MΩ（测试电压 1000V DC）
冷却	风冷

电池充电流程如图 4-102 所示。

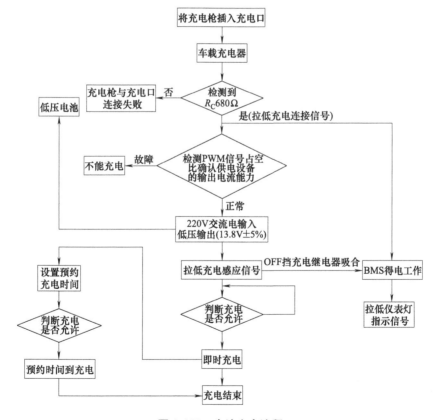

图 4-102　电池充电流程

充电组件安装位置见图 4-103。

充电控制模块接口如图 4-104 所示。

图 4-103　充电组件安装位置

图 4-104　充电控制模块接口
1—放电交流输出（取消）；2—交流充电输入、交流放电输出；3—低压接插件；
4—直流放电输出、直流充电输入

低压接插件定义见表 4-14。

表 4-14　低压接插件定义

序号	编号	引脚定义	推荐线径 /mm	推荐线色	备注
1	A	充电控制确认 CP	0.5	G	
2	B	放电触发信号	0.5	WG	低电平信号
3	C	充电感应信号	0.5	L	拉低有效
4	D	充电连接信号	0.5	Y	给 BMS 和 BCM（变更）
5	E	充电连接确认 CC	0.5	W	
6	F	开盖信号检测	0.5		（预留）
7	G	电源地	1.25	B	车身地
8	H	常电	1.25	R	常电 2mA 静态功耗，7A 持续
9	J	CAN-H	0.5	P	动力网 250K
10	K	CAN-L	0.5	V	动力网 250K
11	L	CAN 屏蔽	0.5	B	（预留）
12	M	ON 挡电	0.5	R	ON 挡电
13	N	高压互锁输入	0.5	Y	低电平
14	T	预约充电配电	0.5		

比亚迪唐的车载充电器连接电路如图 4-105 所示。

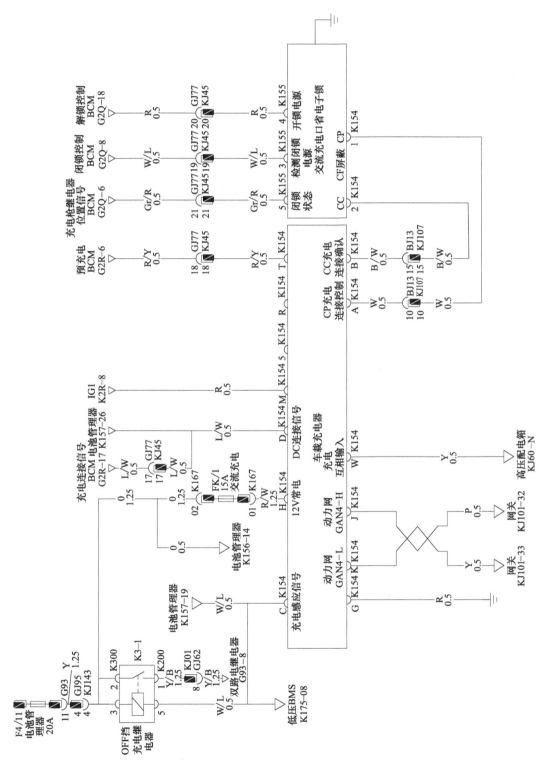

图 4-105　比亚迪唐的车载充电器连接电路

图 4-106　预约充电设置操作界面

预约充电设置操作界面见图 4-106。

① 在此界面下按转向盘【确认】键可以进入预约充电设置界面，在预约充电设置界面中可以通过按转向盘的【选择】键加减时间。

② 设置预约充电开始时间后按【确认】键保存，即设置成功，等待充电，仪表开始计时（要取消预约充电功能，可长按转向盘【确认】键）。

③ 仪表计时结束时车载充电器收到仪表所发的允许命令（K154T 拉低），车载充电器开始充电。直至结束。

车载放电功能操作界面如图 4-107 所示，放电流程如图 4-108 所示。

车辆对外插排放电连接装置：对外放电插排（5m 长）只要高压正常，则整车任何电源挡位均可放电；电池包低于 5% 时，启动发动机发电。

图 4-107　车载放电功能操作界面

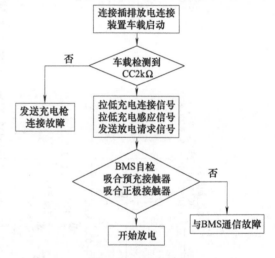

图 4-108　放电流程

如何识别车辆该充电还是放电：测量 CC 与 PE 阻值，测量端子如图 4-109 所示，测量参数见表 4-15。

图 4-109　CC 与 PE 端子位置

表 4-15　测量参数

1	3.3kW 及以下充电盒	680Ω
2	7kW 充电盒	220Ω
3	40kW 充电盒	100Ω
4	对外放电插排	2kΩ

（二）故障诊断

1. 比亚迪唐充电控制故障代码

充电系统故障码如表 4-16 所示。

表 4-16　充电系统故障代码

序号	故障码	故障定义
1	P150000	车载充电器输入欠压
2	P150100	车载充电器输入过压
3	P150200	车载充电器高压输出断线故障
4	P150300	车载充电器高压输出电流过流
5	P150400	车载充电器高压输出电流过低
6	P150500	车载充电器高压输出电压过低
7	P150600	车载充电器高压输出电压过高
8	P150700	车载充电器接地状态故障
9	P150800	车载充电器风扇状态故障
10	P150900	DC 逆变桥温度故障
11	P150A00	PFC 输出状态故障
12	P150B00	PFC 桥温度故障
13	P150C00	供电设备故障
14	P150D00	低压输出断线
15	P150E00	低压启动电池电压过低
16	P150F00	低压启动电池电压过高
17	P151000	交流充电感应信号断线故障
18	U011100	与动力电池管理器通信故障
19	U015500	与组合仪表通信故障

2. 故障诊断流程

（1）检查交流充电连接装置

① 插上交流充电连接装置。

② 检查控制盒的电源指示灯是否常亮，充电指示灯是否闪烁。若闪烁则交流充电连接装置正常；若不闪烁则更换交流充电连接装置。

（2）检查仪表充电指示灯是否点亮

① 将交流充电连接装置连接到充电桩或家用电源。

② 观察仪表充电指示灯是否点亮。

③ 用万用表测量车载充电器低压接插件电压（充电指示灯）。

K154-D—车身地正常值为小于 1V，若不正常则将充电连接装置重新配合或更换车载充电器。

（3）检查车载充电器感应信号

① 将交流充电连接装置连接到充电桩或家用电源。

② 检查车载充电器风扇是否工作。

③ 用万用表测量车载充电器低压接插件电压（充电请求信号）。

K154-C—车身地正常值为小于 1V，若不正常则更换车载充电器。

（4）检查低压电源是否输入

① 不连接交流充电连接装置。

② 用万用表测量车载充电器低压接插件电压（连接铁锂电池正极与负极端）。K154-M—车身地正常值为 11～14V，K154-G—车身地正常值为小于 1V，若不正常则更换线束。

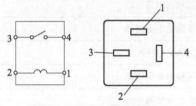

图 4-110　检查继电器

1—启动电池正极；2—启动电池负极；3,4—继电器控制端

（5）检查 OFF 挡充电继电器

① 不连接交流充电连接装置。

② 取下充电继电器。

③ 给控制端加电压，检查继电器是否吸合，如图 4-110 所示。

正常情况下 3 与 4 导通，若不正常则更换继电器。

（6）检查配电箱车载充电熔丝

① 不连接交流充电连接装置。

② 拆开配电箱。

③ 测量车载熔丝（32A）是否导通。若不正常则更换车载充电熔丝。

（7）检查交流充电口总成

① 拔出交流充电口接插件。

② 分别测量充电口和接插件两端各对应引脚是否导通。若不正常则更换交流充电口总成。

（8）检查电池管理器充电请求信号输入

① 将交流充电口连接到充电桩或家用电源。

② 断开管理器低压接插件，测量线束端电压（充电请求信号）。K157-18—车身地正常值为小于 1V，若不正常则更换线束或检查电池管理器。

（9）检查 CAN 通信

① 拔出交流充电口接插件。

② 分别测量充电口和接插件两端各对应引脚是否导通。K157-22—车身地正常值为 1.5～2.5V，K157-15—车身地正常值为 2.5～3.5V，若不正常则更换 CAN 线束。

（10）检查车载充电器充电输出电压

① 将交流充电口连接到充电桩或家用电源。

② 用万用表测量车载充电器输出端电压。高压正—高压负正常值为 432～820.8V，若不正常则更换车载充电器。

（11）检查高压配电输出电压

① 将电池包正、负极拔出。

② 用万用表测量电池包正、负极端电压。高压正—高压负正常值为 432～820.8V，若不正常则更换高压配电箱。

（12）检查整车回路　检查车载充电器、配电箱、电池管理器的接插件是否松动、破损或未安装。如发现异常则重新安装或更换产品。

第三节

荣威电动汽车充电系统

一、荣威 E50

荣威 E50 充电接口电路如图 4-111 所示。

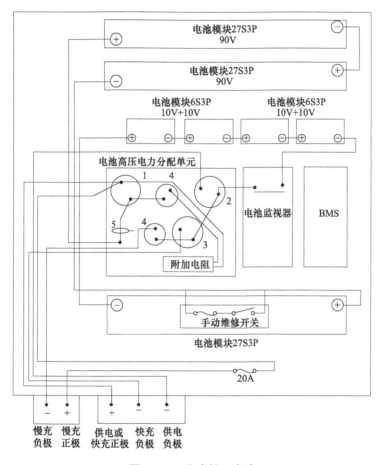

图 4-111　充电接口电路

1—主继电器（高压供电或快充／慢充正极）；2—供电负极继电器；3—快充负极继电器；

4—慢充负极继电器；5—供电正极电缆电流传感器

充电管理模块接口连接如图 4-112 所示。

低压接插件如图 4-113 和图 4-114 所示。

高压电池管理模块连接电路如图 4-115 所示。

BY113-13：充电连接指示灯控制信号。点火开关置于 IGN 挡，慢充充电线与慢充口未连接时，该信号电压为 1V；点火开关置于 IGN 挡，慢充充电线与慢充口连接时，该信号电压为 12V。

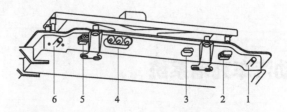

图 4-112　充电管理模块接口连接

1—冷却水管入口；2—低压接插件：整车低压接插件 BY113；3—低压接插件：充电低压接插件 BY115；
4—高压接插件：整车快充接插件；5—高压接插件：车载充电接插件；6—冷却水管出口

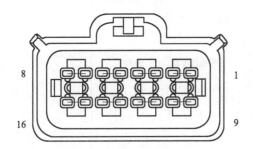

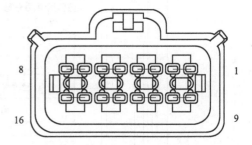

针脚号	描述
1	12V 低压供电正极（K1.30）
2	12V 低压供电负极地（GND）
3	高速 CAN1 高电平
4	高速 CAN1 低电平
5	—
6	主高压互锁线路回路
7	充电状态指示
8	惯性开关
9	主高压互锁线路源路
10	低压唤醒（KL15）
11	底盘地
12	—
13	充电连接指示
14	—
15	高压电池冷却泵供电电源
16	高压电池冷却泵输出驱动

针脚号	描述
1	车载充电器低压供电
2	车载和非车载低压供电地
3	本地高速 CAN2（与车载充电器通信）
4	本地低速 CAN2（与车载充电器通信）
5	—
6	充电高压互锁线路回路
7	充电高压互锁线路源路
8	车载充电器低压唤醒
9	—
10	—
11	车载充电器连接线检测输入
12	车载充电器连接线检测输入
13	本地高速 CAN1（与非车载充电器通信）
14	本地低速 CAN1（与非车载充电器通信）
15	—
16	非车载充电器低压唤醒

图 4-113　低压接插件（低压接插件 1）端视图　　　　**图 4-114　低压接插件（低压接插件 2）端视图**

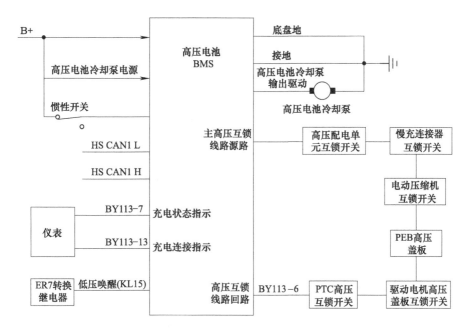

图 4-115　高压电池管理模块连接电路

BY113-7：充电状态指示灯控制信号。未进行车载慢充充电时，该信号电压为0V；进行车载慢充充电时，该信号是电压为 0 ~ 10V 的方波信号，波形如图 4-116 所示。

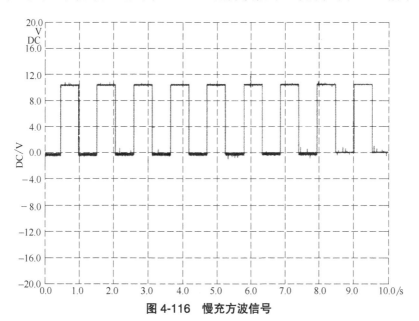

图 4-116　慢充方波信号

图 4-117 为 E50 充电控制系统原理。

充电管理系统具有以下功能。

① 4 路独立的 CAN 网络。

② 提供电池的状态给整车控制器。

③ 车载充电管理。

④ 非车载充电管理。

⑤ 热管理。

⑥ 高压安全管理。

⑦ 实现车载和非车载充电器的连接线检测。

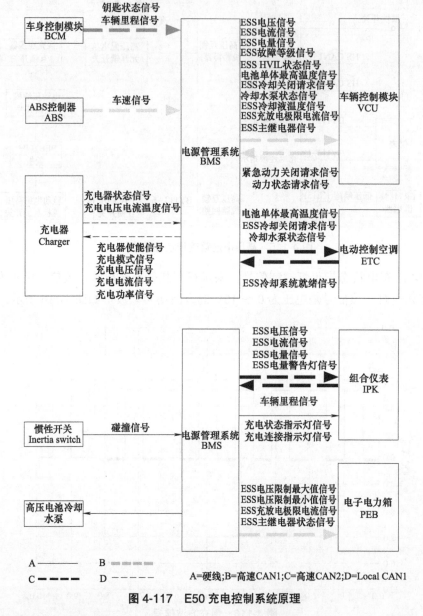

图 4-117　E50 充电控制系统原理

慢充充电接口位置及端子分布如图 4-118 ～图 4-120 所示。

图 4-120 中各符号说明如下。

① N：220V 零线。

② L：220V 交流电源线。

③ ⏚：屏蔽接地。

④ CP：慢充线连接信号接地。

⑤ CC：慢充线连接输入开关信号。

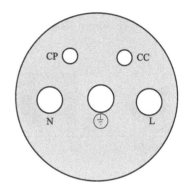

图 4-119 慢充接口

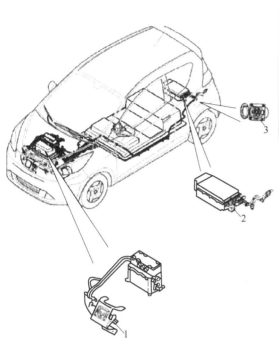

图 4-118 充电接口

1—快速充电口；2—慢速充电器；3—慢速充电口

图 4-120 慢充接口端子说明

CC 端子电压测量：点火开关置于 ON 挡时为 5V；点火开关置于 OFF 挡时为 0V。慢充线缆连接与充电指示灯提示如图 4-121、图 4-122 所示。

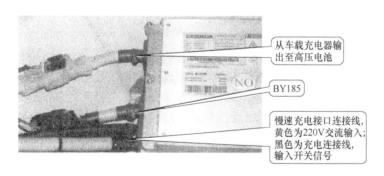

从车载充电器输出至高压电池

BY185

慢速充电接口连接线，黄色为220V交流输入；黑色为充电连接线，输入开关信号

图 4-121 慢充线缆连接

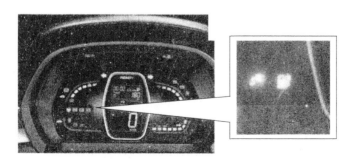

图 4-122 充电指示灯

慢充手柄与慢充口连接，但未提供 220V 交流电。点火开关置于 ACC 或 OFF 挡时，充电连接指示灯不亮。点火开关打开，充电器连接指示灯点亮。

点火开关置于 OFF 挡，慢充手柄与慢充口连接，慢充线插头插入提供 220V 交流电源插座，充电连接指示灯点亮。

车载充电器功能如下。

① 提供与电池管理系统之间的 CAN 通信。

② 以电池管理系统的需求，在最大功率范围内为高压电池充电。

③ 高压安全：提供输出反接保护、高压端口残压控制、故障自关断功能。

④ 热管理：以风冷方式进行冷却。

快充功能可在 30min 内将电池充到 80%。快充接口位置与端子分布如图 4-123、图 4-124 所示。

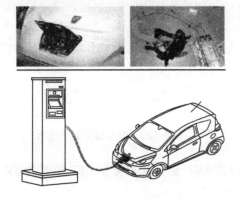

图 4-123　快充接口位置

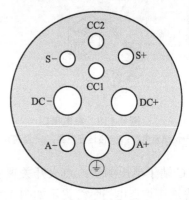

图 4-124　快充端子分布

图 4-124 中各符号说明如下。

① S+：即 BY186-1，本地 CAN2-H。

② S-：即 BY186-2，本地 CAN2-L。

③ CC1：即 BY186-3，快充充电连接指示灯信号接地。

④ CC2：即 BY186-6，快充充电连接指示灯信号。

⑤ DC-：310V 高压直流电源负极。

⑥ DC+：310V 高压直流电源正极。

⑦ A-：即 BY186-5，快充充电唤醒信号接地。

⑧ A+：即 BY186-4，快充充电唤醒信号。

⑨ ⏚：屏蔽接地。

BY185-8/9：慢充唤醒信号。将慢充线手柄与慢充口连接好后，如慢充线插头插入 220V 交流电源插座，则该信号电压为 10V；如慢充线插头未插入 220V 交流电源插座，则该信号电压为 0V。

BY185-1：由 BMS 提供的 12V 电源。

BY185-11：慢充连接指示灯信号线。

当满足以下情况中的任一个，该信号电压为 3.8V：慢充线手柄与慢充口连接好后，点火开关 ON，未供 220V 交流电；慢充线手柄与慢充口连接好后，点火开关 OFF，供 220V

交流电；充电连接管理电路如图 4-125。

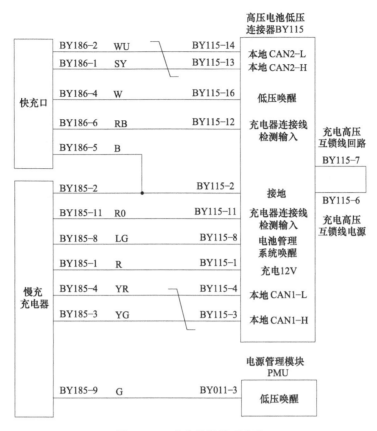

图 4-125 充电连接管理电路

二、荣威 E550 PHEV

1. 高压电池包连接端子及电路图

采用 LG 电芯的高压电池包与 A123 电芯的高压电池包外形、外部接口以及连接器针脚应保持一致。高压电池包接口分布如图 4-126 所示，整车低压连接器针脚分布如图 4-127 所示，充电低压连接器端子针脚排列如图 4-128 所示，高压电池包与车载充电控制电路图如图 4-129 所示。

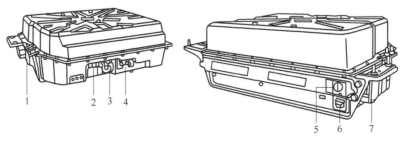

图 4-126 高压电池包接口分布

1—整车低压连接器；2—空调高压输出连接器；3—整车高压连接器；4—进 / 出水管；
5—充电低压连接器；6—充电高压连接器；7—手动维修开关

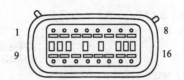

图 4-127　整车低压连接器针脚分布

整车低压连接器针脚定义见表 4-17。

表 4-17　整车低压连接器针脚定义

针脚号	描述	针脚号	描述
1	12V 低压供电正极（KL30）	9	主高压互锁线路源路（SRC）
2	12V 低压供电负极接地（GND）	10	KL15 低压唤醒（KL15）
3	高速 CAN1 高电平（HS CAN1 H）	11	接地
4	高速 CAN2 低电平（HS CAN2 L）	12	12V 低压供电负极接地（GND）
5		13	充电连接指示
6	主高压互锁线路回路（RTN）	14	12V 低压供电正极（KL30）
7	充电状态指示	15	高压电池冷却泵供电电源
8	惯性开关	16	高压电池冷却泵输出驱动

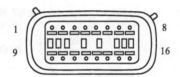

图 4-128　充电低压连接器端子针脚排列

充电低压连接器针脚定义见表 4-18。

表 4-18　充电低压连接器针脚定义

针脚号	描述	针脚号	描述
1	车载充电器低压供电 12V	9	—
2	车载充电器低压供电接地	10	—
3	local CANH2	11	车载充电器连接线检测
4	local CANL2	12	—
5	—	13	
6	充电高压互锁线路回路	14	—
7	充电高压互锁线路源路	15	—
8	车载充电器低压唤醒	16	—

2. 充电器连接端子及电路图

充电器连接端子如图 4-130 所示，各端子针脚分布如图 4-131 ～图 4-134 所示。

3. 低压电源管理单元针脚及电路图

荣威 E550 汽车低压电源管理单元（PMU）端子针脚分布如图 4-135 所示，其电路连接如图 4-136 所示。

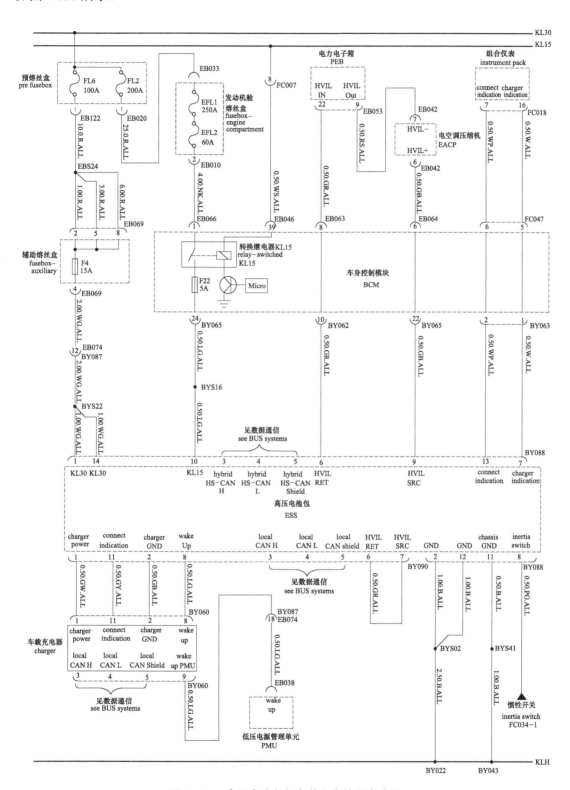

图 4-129　高压电池包与车载充电控制电路图

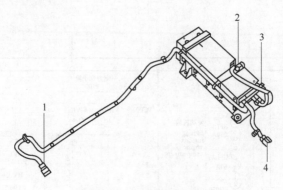

图 4-130 充电器连接端子

1—高压直流输出连接器；2—交流输入连接器；3—充电低压连接器；4—连接确认连接器

针脚号	描述
1	充电连接确认CC
2	控制确认CP

图 4-131 充电连接确认端子

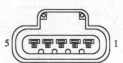

针脚号	描述
1	高压交流L
2	
3	高压交流N
4	
5	保护接地PE

图 4-132 交流输入连接器端子

针脚号	描述	针脚号	描述
1	12V输出	7	—
2	充电器接地	8	BMS唤醒
3	local CANH2	9	PMU唤醒
4	local CANL2	10	
5	local CAN SHD	11	连接确认
6	—	12	

图 4-133 充电低压连接器端子

针脚号	描述
1	高压输出正
2	高压输出负

图 4-134 高压直流输出连接器

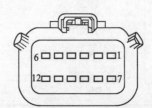

图 4-135 低压电源管理单元端子针脚分布

低压电源管理单元端子针脚定义见表 4-19。

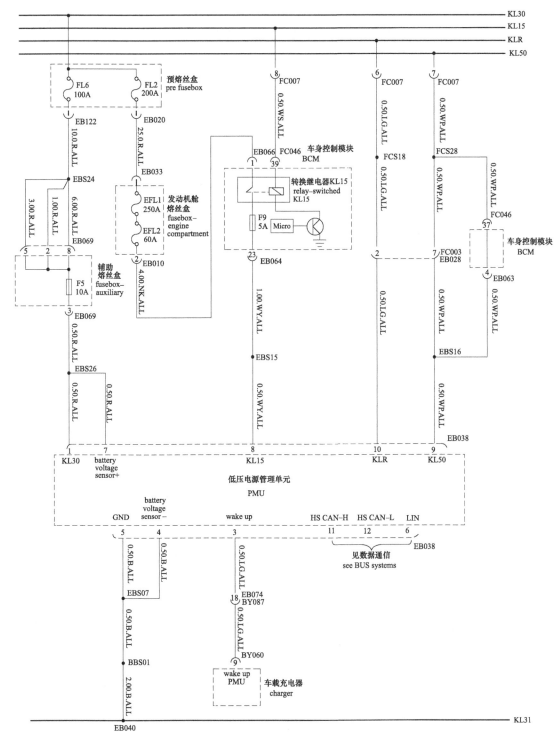

图 4-136　低压电源管理单元电路

表 4-19　低压电源管理单元端子针脚定义

针脚号	描述	针脚号	描述
1	电池管理模块供电（B+）	2	—

续表

针脚号	描述	针脚号	描述
3	慢充充电信号	8	电池管理模块信号（IGN）
4	蓄电池电压读取（一）	9	电池管理模块信号（ST）
5	电池管理模块接地（GND）	10	电池管理模块信号（ACC）
6	—	11	高速 CAN1 低电平（CANIL）
7	蓄电池电压读取（+）	12	高速 CAN1 高电平（CAN1H）

第四节
宝马 i3 充电系统及检修

一、宝马 i3 充电接口及管理模块

（一）高压充电接口

充电时，需要车内和车外的组件支持。在车辆内需要一个充电接口和一个功率电子装置进行电压转换。

不允许在给车辆加油的同时给高压蓄电池充电。

车辆连接在交流电网上充电期间，不得在高压系统上执行任何作业。

在充电过程中，冷却 EME 的电动冷却液泵和电动风扇可能会自动打开。因此，当充电电缆连接在车辆上时，严禁在 EME 和高压蓄电池单元冷却系统以及电动风扇处进行任何作业。

在充电电缆、EVSE（Electric Vehicle Supply Equipment）、家用插座或充电站上的作业，只能由相应受过培训的电工作业，可以不需要 BMW 售后服务技术部门执行作业。

原则上高压蓄电池单元只能通过交流充电（交流充电）以 3.7kW 的最大充电功率充电。高压蓄电池单元的充电选项原则上由国家特定的充电基础设施规定。

EVSE 建立与交流电网的连接，用于满足对车辆充电时电器安全的要求。还应当通过附加的导线建立与车辆的通信。由此可以可靠地开始充电过程，并将充电参数（例如最大电流强度）通知车辆。EVSE 可以集成在充电电缆（移动解决方案）中，或者可以是固定安装的充电站（也称为壁挂盒）的一部分。

充电接口模块（LIM）可以实现车辆和充电站之间的通信。LIM 控制单元通过总线端 30F 供电。此外，当插上充电电缆时，充电接口模块（LIM）可以唤醒车载网络中的控制单元。另外还有一根直接从 LIM 控制单元连接至电机电子伺控系统（EME）的导线。仅当 LIM 控制单元通过该导线上的信号启用充电过程时，电机电子伺控系统才开始电压转换，从而启动充电过程。高压充电接口如图 4-137 所示。

图 4-137　高压充电接口
1—充电接口中控锁驱动装置；2—3 芯插头连接；
3—高压充电接口

充电接口共有 7 个插头连接，2 个大号插头连接未占用。充电接口电路连接如图 4-138 所示。

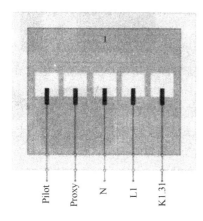

线脚 Pin	说明
Pilot	用于建立与车辆通信的导线
Proxy	用于识别充电插头的导线
N	中性导体导线
L1	相位导线
K1.31	保护导体导线

图 4-138　充电接口电路连接

（二）高压蓄电池充电

提示运输模式激活时，高压蓄电池充电状态最多只能达到 30%。

电动车的"充电"过程与传统动力车辆的"加油"过程一致。

因为使用了一根充电电缆，所以也称为传导式（有线）充电。

充电时，需要车内和车外的组件支持。在车辆内需要一个充电接口和一个功率电子装置进行电压转换。在车辆外，除了交流电网和充电电缆外还需要一个充电站，如 Wallbox 充电墙盒。Wallbox 充电墙盒具有保护功能，并能控制充电过程。

交流电网的电压可以介于 110 ~ 240V 之间。该电压以 1 相位形式被引导至车辆。因此从交流电网中可以实现理论上 $P_{max} = U_{max}I_{max} = 240V \times 32A = 7.7kW$ 的最大充电功率。

许多用于给高压蓄电池单元充电的组件在结构和功能上都统一了标准。

在欧洲国家，相关有效的标准是 IEC 61851。用于给高压蓄电池充电的组件满足此处所述的充电运行方式。

以欧洲国家的充电运行方式为例。

充电运行方式 2：通过附加的数据导线连接标准化家用插座。

充电运行方式 3：通过数据导线连接固定安装的 Wallbox（家用充电桩）。

适合美洲的标准是 SAE J1772。美洲的充电运行方式 1 和 2 类似于针对欧洲国家的充电运行方式 2 和 3。大部分高压蓄电池充电组件仅有一个技术规格符合两个标准。

不允许在给车辆加燃油的同时给高压蓄电池充电。

在充电过程中，冷却功率电子装置的电动冷却液泵和电动风扇可能自动打开。因此，连接充电电缆时，禁止在电动驱动装置的冷却系统上以及电动风扇上进行作业。高压蓄电池充电相关要素如图 4-139 所示。

原则上具有以下 4 种不同的充电方式：①3.7kW 的交流充电（标准型）；②7.4kW 的交流充电（特种装备 SA SA4U8）；③3.7kW 的组合式交流充电和 50kW 的直流电（特种装备 SA SA4U7）；④7.4kW 的组合式交流充电和 50kW 的直流电（特种装备 SA SA4U7 和 SA4U8）。

图 4-139　重要的高压蓄电池充电组件
1—交流电网；2—充电站；3—充电电缆；4—充电电缆上的插头；
5—充电接口；6—电机电子伺服系统（EME）；7—高压蓄电池

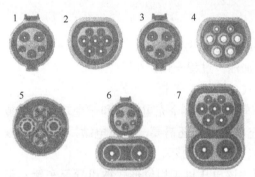

图 4-140　充电插头类型
1—交流充电 SAE J1772，IEC 62196-2（美国）；
2—交流充电 IEC 62196-2（欧洲）；
3—交流充电 IEC 62196-2（日本）；4—交流充电（中国）；
5—直流充电（日本）；6—组合式交流充电和直流充电
SAE J1772，IEC 62196-3（美国）；7—组合式交流充电和
直流充电 IEC 62196-3（欧洲）

（三）充电接口的类型

使用的充电插头采用了统一标准（IEC 62196）。根据车辆装备和国家规格使用不同的充电插头。

图 4-140 展示了常用的充电插头。

（四）充电接口模块（LIM）

充电接口模块（LIM）是一个控制单元，其任务是实现车辆和充电站之间的通信。LIM 控制单元通过总线端 30F 供电。

在充电接口模块（LIM）中具有一个 PT-CAN 的终端电阻。另外，当插上充电电缆时，LIM 可以唤醒车载网络中的控制单元。

另外具有一根直接从 LIM 控制单元连接至电机电子伺服系统（EME）的导线。仅当 LIM 控制单元通过该导线上的信号启用充电过程时，电机电子伺服系统（EME）才开始电压转换，从而启动充电过程。

在充电接口模块（LIM）上另外连接有下列部件：充电接口盖中控锁驱动装置、充电接口中控锁驱动装置、高压充电接口、充电过程状态显示器。充电接口模块端子分布如图 4-141 所示。

图 4-141　充电接口模块端子分布
1—充电接口模块（LIM）；2—12 芯插头连接；
3—8 芯插头连接；
4—16 芯插头连接；5—6 芯插头连接

充电接口盖通过弹簧操作的锁止挂钩保持关闭。锁止挂钩是中控锁驱动装置的一部分。通过电动机解锁和联锁充电接口盖。该电动机由充电接口模块控制。解锁或联锁充电接口盖的请求来自车身主控制器（BDC）。

另外，在中控锁驱动装置上安装有一个微开关。微开关用于通知充电接口盖的状态。

在充电盖板关闭时，微开关未被操作。

充电接口中控锁驱动装置用于避免充电插头在充电过程中被拔下，从而避免产生电弧。

充电电流流通期间，电动联锁一直处于激活状态。联锁状态通过微开关由 LIM 控制单元识别。微开关打开时，表示充电插头处于联锁状态。

如果在充电过程结束后无法拔下充电插头，则应通过主钥匙或通过识别传感器打开车辆（即使车辆已经打开）。此时会中断充电过程，并且可以拔下充电插头。

高压充电接口的高压线与电机电子伺控系统（EME）连接。相线和零线设计为屏蔽型高压线。数据导线和监控导线是被屏蔽的，并接在充电接口模块（LIM）中的插头上。

监控导线识别充电插头是否插在充电接口上。同时，确定充电电缆最大可能的电流负荷。

充电过程状态显示器在插上和拔下充电插头时用作查寻照明。当充电接口盖打开 2 个 LED 亮起白色。

正确插上充电插头后，初始化设置立即开始。初始化设置阶段最长持续 10s。LED 此时闪烁橘黄色。

通过 LED 闪烁蓝色显示当前激活的高压蓄电池充电过程。

通过 LED 亮起绿色显示充满电的高压蓄电池。

（五）便捷充电系统（KLE）

便捷充电系统（KLE）的安装取决于车辆装备。

在以 7.4kW 的电功率进行交流充电以及通过交流电和直流电进行组合式充电时，可以投入使用便捷充电系统（KLE）。

以 7.4kW 的电功率进行交流充电时，便捷充电系统（KLE）的主要任务是将交流电压转换为直流电压。通过从整流器中切换完成该任务。该功率电子装置由 KLE 控制单元控制。

便捷充电系统在输出侧提供最大 3.7kW 的电功率。组合电机电子伺控系统（EME）功率电子装置的 3.7 kW 电功率就足以在有利的条件下在 3 ～ 4h 内将高压蓄电池完全充满。

便捷充电系统虽然以明显超过 90% 的高效率工作，但在满功率输出时也需要主动式冷却。因此，将便捷充电系统集成在电动驱动装置的冷却循环内。

不同国家具有不同类型的便捷充电系统（KLE）。组合充电型便捷充电系统端子分布如图 4-142 所示。

3.7kW 电功率的交流充电在许多国家都是标准装备。该充电方式的一大优势是，高压蓄电池充电时充电电缆可以连接在任意一个有保护触头的常用家庭插座上。因此，最大充电电流也限制在最大 16A。

便捷式充电管理系统连接网络如图 4-143 所示。

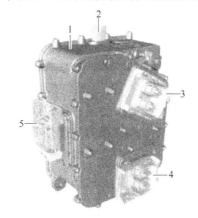

图 4-142　便捷充电系统端子分布（组合充电型）
1—便捷充电电子控制系统（KLE）；2—电线束插头连接；
3—电机电子伺控系统（EME）的高压线；
4—增程设备电动机电子单元（REME）的高压线；
5—充电插座的高压线

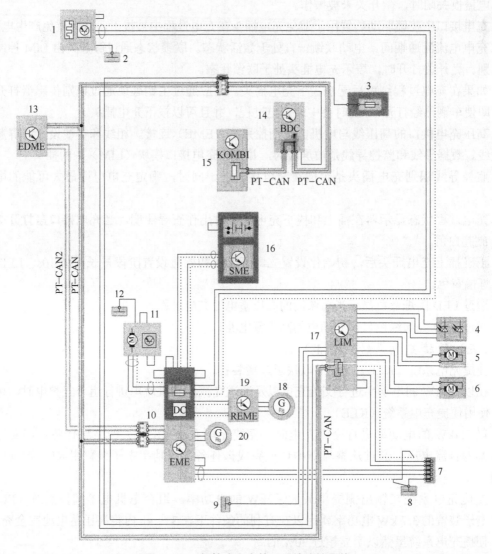

图 4-143　便捷式充电管理系统连接网络

1—电控辅助加热器；2—负荷接地；3—Life 模块配电器；4—充电过程状态显示；5—充电接口盖中控锁驱动装置；
6—充电接口中控锁驱动装置；7—充电插座；8,9,12—负荷接地；10—电机电子伺控系统（EME）；11—电动空调压缩机；
13—电子数字马达电控机构（EDME）；14—主控制器（BDC）；15—组合仪表（KOMBI）；16—存储器管理电子装置
（SME）；17—充电接口模块（LIM）；18—增程设备电动机；19—增程设备电动机电子单元（REME）；20—电动机

二、宝马 i3 充电管理

电动车的"充电"过程与传统动力车辆的"加油"过程一致。因为使用了一根充电电缆，所以也称为传导式（有线）充电。

充电时，需要车内和车外的组件支持。在车辆内需要一个充电接口和一个功率电子装置进行电压转换。在车辆外，除了交流电网和充电电缆外还需要一个充电站（如 Wallbox 充电墙盒）。Wallbox 充电墙盒具有保护功能，并能控制充电过程。

1. 充电接口模块

充电接口模块（LIM）是一个控制单元，其任务是实现车辆和充电站之间的通信（图

4-141)。

LIM 控制单元通过 4 个插头连接与车辆连接在一起。在充电接口模块（LIM）中具有一个 PT-CAN 的终端电阻。通过总线端 K1.30F 和唤醒总线端 K1.15 给 LIM 控制单元供电。图 4-144 所示为电路连接简图。

充电接口模块安装位置与端子分布如图 4-145 所示。

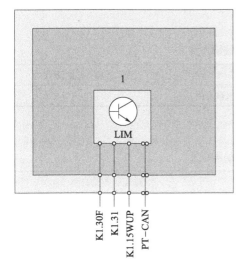

图 4-144　LIM 电路连接简图
1—充电接口模块（LIM）

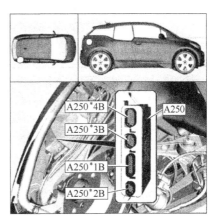

图 4-145　充电接口模块安装位置与端子分布
A250—充电接口模块；A250*1B—充电接口模块 16 针黑色插头；
A250*2B—充电接口模块 6 针黑色插头；
A250*3B—充电接口模块 8 针黑色插头；
A250*4B—充电接口模块 12 针黑色插头

A250*1B 插头上的线脚布置见表 4-20。

表 4-20　A250*1B 插头上的线脚布置

线脚 Pin	类型	名称 / 信号类型	插座 / 测量说明
1	A	LED 指示灯控制·	充电接口照明
2	—	未被占用	—
3	M	接地	充电接口照明
4	A	控制	充电接口中控锁驱动装置
5	A	控制	充电接口中控锁驱动装置
6、7	E/A	PT-CAN 总线信号	PT-CAN 总线连接
8	E	唤醒信号　总线端 K1.15	连接器唤醒信号　总线端 K1.15
9	E	电源　总线端 K1.30F	熔丝 F114Life 模块配电器
10	M	接地	接地端 Z10*16B
11～14	—	未被占用	—
15	E	信号　充电	带舒适充电系统，便捷充电系统，不带舒适充电系统，电机电子装置（涉及以上系统的信号）
16	E	霍尔传感器信号	充电接口中控锁驱动装置

A250*2B 插头上的线脚布置见表 4-21。

表 4-21　A250·2B 插头上的线脚布置

线脚 Pin	类型	名称 / 信号类型	插座 / 测量说明
1～4	—	未被占用	—
5	—	屏蔽	接地连接器
6	—	未被占用	—

A250·3B 插头上的线脚布置见表 4-22。

表 4-22　A250·3B 插头上的线脚布置

线脚 Pin	类型	名称 / 信号类型	插座 / 测量说明
1～8	—	未被占用	—

A250·4B 插头上的线脚布置见表 4-23。

表 4-23　A250·4B 插头上的线脚布置

线脚 Pin	类型	名称 / 信号类型	插座 / 测量说明
1～4	A	控制接触器	便捷充电系统
5	E	信号	便捷充电系统
6～8	A	LED 指示灯控制	充电过程状态显示
9	M	接地	充电过程状态显示
10、11	A	控制	充电接口盖中控锁驱动装置
12	E	信号	充电接口盖中控锁驱动装置

与 LIM 控制单元的通信失灵时，应进行标准检测（整体测试模块）。存在某个控制单元内部故障时，预计将出现充电接口模块（LIM）中的故障记录。

2. 便携式充电控制

便捷充电系统仅在以 7.4kW 的电功率进行交流充电以及用交流电流和直流电进行组合充电时使用。

以 7.4kW 的电功率进行交流充电时，便捷充电系统（KLE）的主要任务是将交流电压转换为直流电压。通过从整流器中切换完成该任务。该功率电子装置由 KLE 控制单元控制。

便捷充电系统在输出侧提供最大 3.7 kW 的电功率。组合电机电子伺控系统（EME）功率电子装置的 3.7kW 电功率就足够在有利的条件下在 3～4h 内将高压蓄电池完全充满。

便捷充电系统虽然以明显超过 90% 的高效率工作，但在满功率输出时也需要主动式冷却。因此，将便捷充电系统集成在电动驱动装置的冷却循环内。

不同国家具有不同类型的便捷充电系统（KLE）。

KLE 控制单元根据型号通过多个插头连接与车辆连接在一起。便捷充电系统（KLE）连接在 PT-CAN2 上，通过总线端 30B 和唤醒总线端 Kl.15 给 KLE 控制单元供电。其电路如图 4-146 所示。

便捷充电系统模块安装位置与连接端子分布如图 4-147 所示。

A290·1B 插头上的线脚布置见表 4-24。

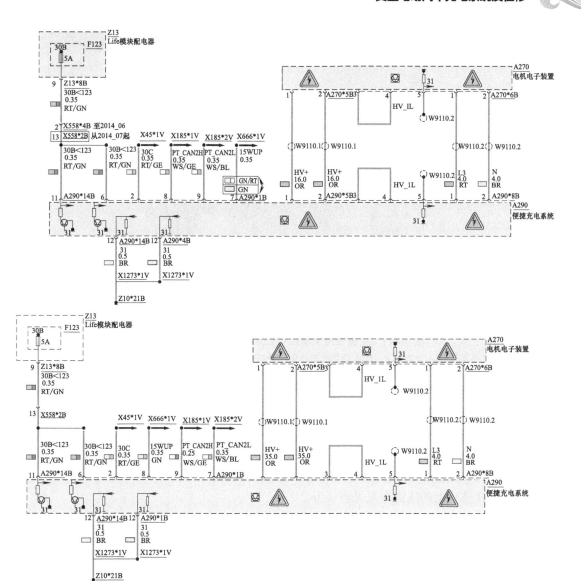

图 4-146　便捷充电电路

表 4-24　A290*1B 插头上的线脚布置

线脚 Pin	类型	名称 / 信号类型	插座 / 测量说明
1	—	未被占用	
2	E	总线端 K1.30C 信号	连接器 X45*1V
3	E/A	高压触点监测装置信号	便捷充电系统
4	E/A	高压触点监测装置信号	存储器管理电子装置
5	A	信号　充电	充电接口模块　便捷充电系统
6	E	电源　总线端 K1.30B	熔丝 F123 Life 模块配电器
7	E	唤醒信号　总线端 K1.15	连接器唤醒信号　总线端 K1.15
8～9	E/A	PT-CAN 总线信号	驱动系 CAN2 总线连接
10～11	—	未被占用	
12	M	接地	接地端 Z10*21B

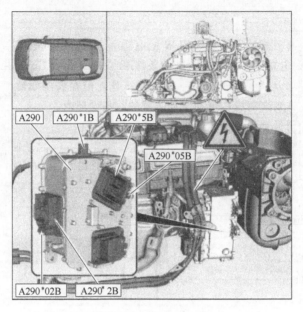

图 4-147　便捷充电系统模块安装位置与连接端子分布

A290—便捷充电系统模块；A290*1B—12 针黑色部件插头；A290*02B，A290*05B—2 针黑色高压触点监测装置插头；
A290*2B，A290*5B—2 针橘黄色高压接头

A290*02B 插头上的线脚布置见表 4-25。

表 4-25　A290*02B 插头上的线脚布置

线脚 Pin	类型	名称 / 信号类型	插座 / 测量说明
1～2	E/A	高压触点监测装置信号	便捷充电系统 DC 充电

A290*2B 插头上的线脚布置见表 4-26。

表 4-26　A290*2B 插头上的线脚布置

线脚 Pin	类型	名称 / 信号类型	插座 / 测量说明
1	E	高压正极	高压充电接口 DC 充电
2	E	高压负极	高压充电接口 DC 充电

A290*05B 插头上的线脚布置见表 4-27。

表 4-27　A290*05B 插头上的线脚布置

线脚 Pin	类型	名称 / 信号类型	插座 / 测量说明
1～2	E/A	高压触点监测装置信号	便捷充电系统

A290*5B 插头上的线脚布置见表 4-28。

表 4-28　A290*5B 插头上的线脚布置

线脚 Pin	类型	名称 / 信号类型	插座 / 测量说明
1	A	高压正极	电机电子装置
2	A	高压负极	电机电子装置

与 KLE 控制单元的通信失灵时，应进行标准检测（整体测试模块）。存在某个控制单

元内部故障时，预计将出现充电接口模块（LIM）中的故障记录。

3. 充电接口盖中控锁驱动装置

借助充电接口盖中控锁驱动装置可以将充电接口盖解锁或锁止。

充电接口盖通过弹簧操作的锁止挂钩保持关闭。锁止挂钩是中控锁驱动装置的一部分。通过电动机解锁和联锁充电接口盖。该电动机由充电接口模块（LIM）或便捷充电系统（KLE）控制。解锁或联锁充电接口盖的请求来自车身主控制器（BDC）。

另外，在中控锁驱动装置安装有一个微开关。微开关用于通知充电接口盖的状态。在充电接口盖关闭时，微开关未操作。通过应急解锁装置可以将充电接口盖手动解锁。充电盖中控锁部件如图 4-148 所示。

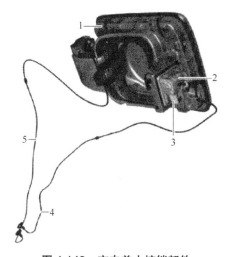

图 4-148　充电盖中控锁部件
1—充电接口盖；2—充电接口盖中控锁驱动装置；3—3 芯插头连接；
4—充电接口盖紧急解锁装置；5—充电接口盖紧急解锁装置

图 4-149　充电接口盖位置与端子分布

充电接口盖位置与端子分布如图 4-149 所示。

充电接口盖中控锁驱动装置的直流电动机通过一个 3 芯插头与充电接口模块（LIM）或便捷充电系统（KLE）连接。锁止通过转回扭转弹簧实现。

图 4-150 为其电路简图。

充电接口盖中控锁驱动装置的各标准值如下。

① 电压范围为 9 ～ 15.5V。

② 最大电流为 5.6 A。

③ 温度范围为 −40 ～ 85℃。

充电接口盖中控锁驱动装置失灵时，预计会出现充电接口模块（LIM）或便捷充电系统（KLE）中的故障记录。

解锁后的燃油箱加油盖失灵时，无法再锁止燃油箱加油盖。

锁止后的燃油箱加油盖失灵时，只能通过应急

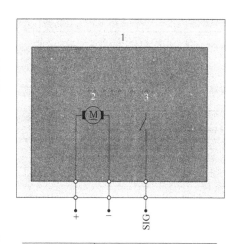

线脚Pin	说明
+	直流电动机供电
−	直流电动机接地
SIG	微开关信号导线

图 4-150　中控锁原理
1—充电接口盖中控锁驱动装置；2—直流电动
机；3—微开关

操纵装置打开燃油箱加油盖。

可以用诊断系统进行燃油箱加油盖中控锁驱动装置的功能检查。

第五节
长安逸动 EV 充电系统

一、整车控制器接口端子定义

逸动 EV 电动汽车整车控制器端子针脚排列如图 4-151 所示。

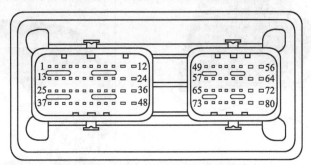

图 4-151　整车控制器端子针脚排列

接口针脚定义见表 4-29。

表 4-29　整车控制器接口针脚定义

引脚	功能	引脚	功能
2	加速踏板位置传感器 1	41	C_CAN_ 高
3	加速踏板位置传感器 2	50	GCU 使能信号
8	启动信号	56	BCU 使能信号
10	制动开关信号	57	IPU 使能信号
13	B_CAN_ 高	58	电源保持控制信号
15	N 挡信号	61	RMU 使能信号
20	充电信号	62	HVAC 使能信号
21	P 挡信号	63	充电状态信号
22	R 挡信号	69	点火信号
23	倒车灯使能信号	71	控制器常电电源
25	B_CAN_ 低	72	控制器受控电源
26	蓄电池采集信号	75	5V 传感器电源 2_ 地
27	D 挡信号	76	5V 传感器电源 2_ 正
28	E 挡信号	77	5V 传感器电源 1_ 地
32	手刹信号	78	5V 传感器电源 1_ 正
33	碰撞信号	79	地
37	P_CAN_ 低	80	地
38	P_CAN_ 高	其他	空
40	C_CAN_ 低		

二、充电系统接插件定义

充电系统接口分布如图4-152所示，各电气连接端子插脚排列如图4-153～图4-155所示。

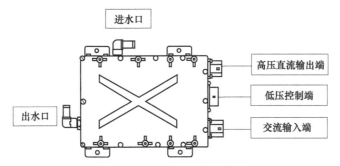

图 4-152　充电系统接口分布

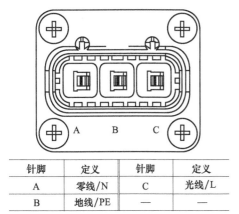

针脚	定义	针脚	定义
A	零线/N	C	光线/L
B	地线/PE	—	—

图 4-153　充电机交流输入端接插件接口定义

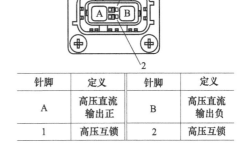

针脚	定义	针脚	定义
A	高压直流输出正	B	高压直流输出负
1	高压互锁	2	高压互锁

图 4-154　充电机高压直流输出端接插件接口定义

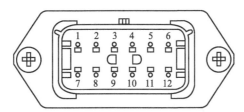

针脚	定义	针脚	定义
1	CAN H in(500KB/s、5V、0.1A)	7	CAN通信屏蔽地
2	CAN L in(500KB/s、5V、0.1A)	8	NC
3	NC	9	基准电压输出地(0.02A)
4	低压输入/输出地	10	NC
5	互锁	11	基准电压输出(12V、0.2A)
6	互锁	12	NC

图 4-155　充电机低压接插件接口定义

三、充电系统故障诊断与排除

充电系统故障诊断与排除见表4-30。

表 4-30 充电系统故障诊断与排除

序号	显示码	描述	排除方法
1	P1A80	OBC 过温二级故障	a. 检查充电机系统水泵是否正常工作 b. 检查冷却系统的冷却液是否缺液，若缺液，应补充
2	P1A81	OBC 过温三级故障	c. 清除故障信息，重新充电，若此故障仍存在，应更换充电机
3	P1A82	OBC 输入欠压	a. 检查充电机交流输入端接插件及充电枪是否连接可靠 b. 用万用表检查电网电压，若低于 80V，应联系电网相关人员 c. 清除故障信息，重新充电，若此故障仍存在，应更换充电机
4	P1A83	OBC 输入过压	a. 检查充电机交流输入端接插件及充电枪是否连接可靠 b. 用万用表检测电网电压，若高于 273V，应联系电网相关人员 c. 清除故障信息，重新充电，若此故障仍存在，应更换充电机
5	P1A84	OBC 输出过压	使用诊断仪读取电池、直流变换器端电压，若压差大于 20V，更换充电机。清除故障信息，重新充电，若此故障仍存在，更换充电机
6	P1A85	OBC 输出欠压	a. 重新充电，读取整车数据流，若充电机上报电压明显低于电池管理系统、直流变换器上报的电压，应更换充电机 b. 若无 a. 所述现象，重读读取整车数据流，观察充电机上报电压，若低于 220V，应维修电池系统；若无 b. 所述情况，清除故障信息，重新充电，若此故障仍存在，应更换充电机
7	P1A86	OBC 输出欠流	a. 检查充电机输出端及线束，是否有断路现象 b. 消除故障信息，重新充电，若此故障仍存在，应更换充电机
8	P1A87	OBC 输出过流	a. 检查充电机输出端及线束，是否有短接现象 b. 清除故障信息，重新充电，若此故障仍存在，应更换充电机
9	P1A88	OBC 内部 PFC 过压	清除故障信息，重新充电，若此故障仍存在，应更换充电机
10	P1A89	OBC 内部 PFC 欠压	
11	P1A8A	OBC 内部中间电压欠压 < 10V	
12	U12B0	OBC 通信故障	

四、直流变换器接口端子定义

直流变换器总成，简称直流变换器，主要作用是将动力电池的高压直流电转换为低压直流电，为铅酸蓄电池及整车低压系统提供电源。其系统原理框图如图 4-156 所示。直流变换器接口分布如图 4-157 所示，图 4-158～图 4-160 为各连接端子针脚图。

低压输出端描述：低压输出端为直接引线输出，正极到熔断器线束总成保险盒内，连接保险，输出负极直接连接在车身上。

五、DC/DC 变换器故障诊断与排除

在未插入钥匙或钥匙在 OFF 挡时用万用表测量铅酸蓄电池电压，并记录，然后把钥匙旋至 ON 挡，用万用表测量蓄电池电压，若后者电压高于前者且后者电压在 10～16V，表明直流变换器输出正常。否则，说明可能存在故障，可查看故障代码（表 4-31）。

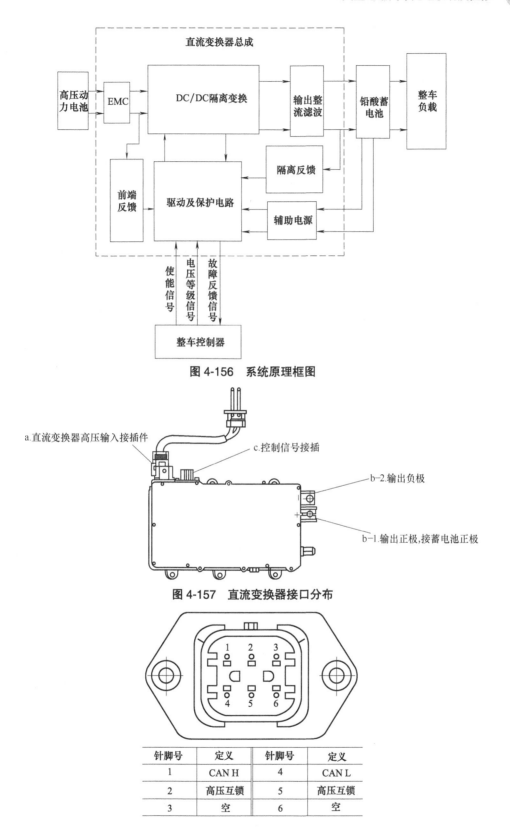

图 4-156　系统原理框图

图 4-157　直流变换器接口分布

针脚号	定义	针脚号	定义
1	CAN H	4	CAN L
2	高压互锁	5	高压互锁
3	空	6	空

图 4-158　低压控制端接插件接口（注：信号电流不超过 0.5A）

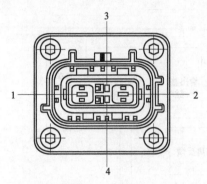

针脚号	定义	针脚号	定义
1	正极/+	3	高压互锁
2	负极/−	4	高压互锁

图 4-159　直流变换器高压输入接插件

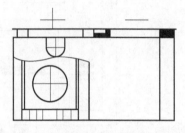

图 4-160　直流变换器低压输出接插件

表 4-31　故障代码

序号	显示码	描述	检查及处理方法
1	P1A00	直流变换器硬件故障	清除故障信息，重新充电，若此故障仍存在，应更换直流变换器
2	P1A01	直流变换器输入过压〔（430±10）V〕	重新上电，使用诊断仪读取整车数据流，比较电动机控制器、电池管理系统与直流变换器上报的高压电压值，若直流变换器上报的电压值高于前两者 20V 以上，更换直流变换器 若无上述情况，清除故障信息，重新上电，若此故障仍存在，再次读取整车数据流，若直流变换器上报的电压低于 420V，更换直流变换器
3	P1A02	直流变换器输入欠压〔（230±10）V〕	重新上电，用诊断仪读取整车数据流，比较电动机控制器、电池管理系统与直流变换器上报的高压电压值，若直流变换器上报的电压值低于前两者 20V 以上，则更换直流变换器 若无上述情况，清除故障信息，重新上电，若此故障仍存在，使用诊断仪再次读取整车数据流。若直流变换器上报的电压高于 250V，更换直流变换器；若电压低于 240V，应维修电池系统
4	P1A03	直流变换器输出过压〔（17±0.5）V〕	整车下电，用万用表测量蓄电池电压，若电压高于 17V，更换蓄电池；若蓄电池电压低于 16.5V，清除故障信息，重新上电，故障消除，不做处理；否则，更换直流变换器
5	P1A04	直流变换器输出欠压〔（9.5±0.5）V〕	用万用表检查直流变换器输出端子及线束是否有短路现象，若有，应更换故障件；若无上述现象，清除故障信息，重新上电后，用万用表测量重新上电前后的蓄电池电压，若上电前后蓄电池电压升高，故障消除，不做处理；否则，更换直流变换器
6	P1A05	直流变换器输出过流（160A±10%）	用万用表检查输出线束是否有短接现象；若无上述现象，清除故障信息，重新上电，用万用表测量重新上电前后的蓄电池电压，若上电前后蓄电池电压升高，故障消除，不做处理；否则，更换直流变换器
7	P1A06	直流变换器输出过功率	清除故障信息，重新上电，若此故障仍存在，更换直流变换器
8	P1A07	直流变换器过温〔（95±2）℃〕	检查整车冷却系统工作是否正常；若没有正常工作，应检修；若冷却系统正常工作，清除故障信息，重新上电，若此故障一直存在，应更换直流变换器
9	P1A08	直流输出短路	用万用表检查输出线束是否有短接现象；若无短接，清除故障信息，重新上电，若此故障仍存在，则更换直流变换器
10	U12A0	直流变换器 CAN 通信故障	检查直流变换器电缆端 CAN H、CAN L（针脚 1 与针脚 4），终端电阻是否为（60±15）Ω，若不符合，应检查线束；若无前述情况，清除故障信息，重新上电，若此故障仍存在，更换直流变换器

第六节

吉利帝豪 EV 充电系统及检修

一、充电系统部件位置与电气原理

充电系统部件安装位置如图 4-161 所示，其系统控制原理如图 4-162 所示，电路连接见图 4-163、图 4-164。

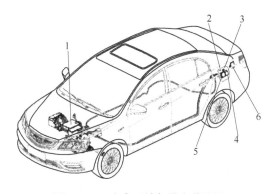

图 4-161　充电系统部件安装位置

1—车载充电机（如配备）；2—充电接口照明灯；3—充电接口指示灯；4—交流充电接口（如配备）；5—直流充电接口；6—辅助控制器（ACM）

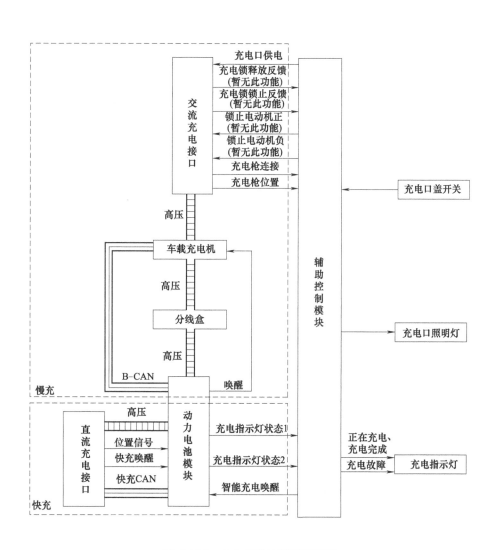

图 4-162　充电系统控制原理框图

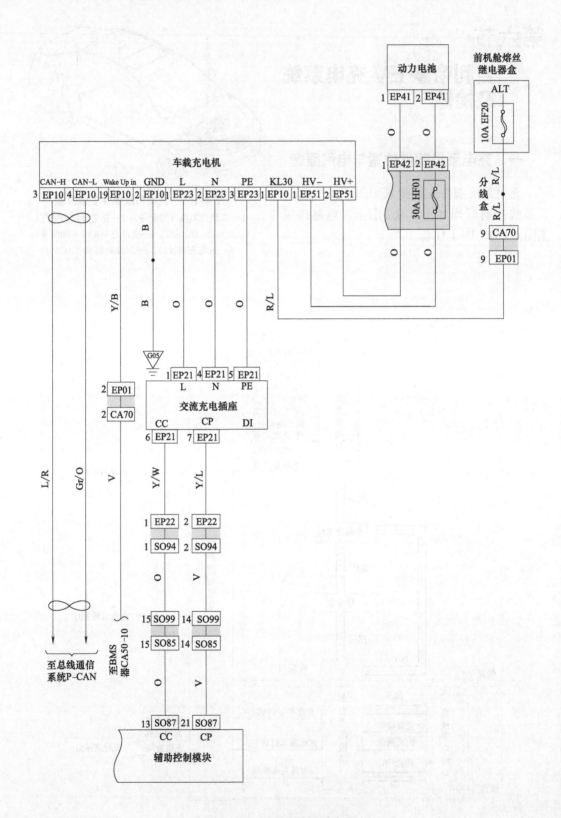

图 4-163　交流充电系统电路

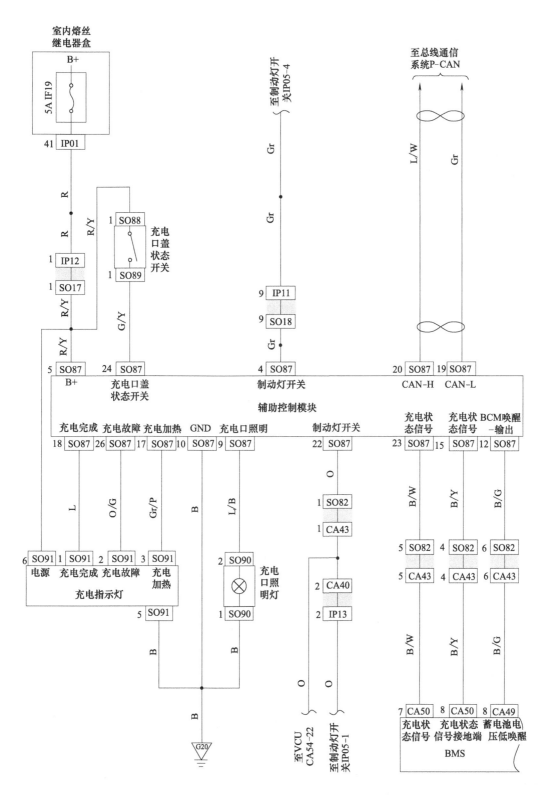

图 4-164　充电控制系统电路

二、充电系统故障诊断代码

1. 车载充电机故障诊断代码（表 4-32）

表 4-32　车载充电机故障诊断代码

故障代码	故障描述	故障条件
U007300	CAN 总线关闭	BUSoff 事件发生
U017187	与 BMS 通信丢失	BMS 报文超时事件发生
U100016	ECU 供电电压超过下限	KL30 电压小于 9V
U100017	ECU 供电电压超过上限	KL30 电压大于 16V
P100006	MCU ROM 故障	发现内部错误
P100007	MCU ROM 故障	发现内部错误
P100005	预充电继电器故障	预充完成后交流预充继电器状态不为 1（10min 内超过 10 次）
P100002	内部母线电压未达到设定值	充电时母线电压采样值与目标值比值不大于 95%（10min 内超过 10 次）
P100003	高压输出电流未达到设定值	充电时直流输出电流采样值与目标值偏差大于 0.5A（10min 内超过 10 次）
P100004	AC 感过流	单 PFC 电感电流大于 15A（10min 内超过 10 次）
P100100	充电效率故障	充电机输入功率大于 1000W 时计算效率小于 80%（持续 60s）
P100201	系统板过温	系统板检测温度大于 120℃（持续 1s）
P100202	功率板过温	功率板检测温度大于 120℃（持续 1s）
P100203	PFC 电感过温	PFC 电感检测温度大于 100℃（持续 1s）
P100204	PFC 电感过温	DC/DC 电感检测温度大于 100℃（持续 1s）
P100205	OBC 充电过程中水温过高	检测温度大于 100℃（持续 1s）
U210101	交流输入电压过高	交流输入电压大于 300V（10min 内超过 10 次）
U210001	两路直流高压检测偏差过大	两路直流高压偏差超过 5V（10min 内超过 10 次）
P100001	内部母线电压过高	内部母线电压大于 475V（10min 内超过 10 次）
U210002	高压输出过压	直流输出电压大于 450V（持续 1200ms）
U210003	高压输出过流	直流输出电流大于 15A
U210004	高压输出短路	充电时直流输出电流大于 0.5A 并且输出电压小于 2.5V
U210201	高压互锁故障	故障状态为紧急故障，且高压互锁断开
U24BA81	BMS_CCU_Control 帧内的 Checksum 错误	故障连续发生了 10 个周期

2. 辅助控制器故障诊断代码（表 4-33）

表 4-33　辅助控制器故障诊断代码

故障代码	故障描述	故障代码	故障描述
B11B172	充电枪电子锁解锁卡滞（暂无此功能）	B11B692	智能充电故障
B11B173	充电枪电子锁锁止卡滞（暂无此功能）	B11B792	交流充电启动后 60s 内未收到 VCU 正 发充电报文
B11B491	CC 阻值超出范围		
B11B592	CP 信号有效但 CC 无效	U014687	ACM 与 VCU 通信丢失

故障代码	故障描述	故障代码	故障描述
U014087	ACM 与 BCM 通信丢失	U017282	ABS_ESP_EPBControl_ 滚码计数器失败
U017082	VCU_TradTCUControl_ 滚码计数器失败	U017381	EPB_StatusControl_ 校验失败
U017181	ABS_ESP_Status 校验失败	U017382	EPB_StatusContro1_ 滚码计数器失败
U017182	ABS ESP Status_ 滚码计数器失败	U017481	VCU_Manage1_ 校验失败
U017281	ABS ESP EPBControl 校验失败	U017482	VCU_Manage1_ 校验失败
U021487	ACM 与 PEPS 通信丢失	U007388	CAN 网络通信失败
U012887	ACM 与 EPB 通信丢失	U100016	KL30 电源低电压
U012287	ACM 与 ESP 通信丢失	U100017	KL30 电源高电压
U017081	VCU_TradTCUControl_ 校验失败		

三、充电系统故障检修实例

有一辆 2017 年 3 月生产的吉利帝豪 EV300 型纯电动汽车，行驶里程为 7600km，车主反映在使用随车充电器进行慢充充电时，充电器指示灯显示故障并无法充电，最早怀疑是随车充电器的问题，换了一台随车充电器，这种无法充电的现象依然存在，仪表上无任何故障码。

接到车后，首先使用专用解码器对系统进行扫描，发现整个系统没有任何故障码，因为是整车无法充电，怀疑是车载充电机的原因，使用解码器进入车载充电机模块并读取相关数据流，一切正常。

与车主进行沟通，车主说车辆购买后使用的频率不高，2 天前想使用随车充电器对汽车进行充电时，发现充不进电了。听了车主的叙述后，对车辆相关系统电路的插接器进行基本检查，确认没有异常。

重新连接随车充电器，具体研究车辆的症状，确实如车主所叙述的，插上充电枪后，充电指示器显示无法充电。这时试着插上充电枪后再读取故障码，此时扫描系统，系统显示"整车非期望的整车停止充电"和"DCDC 故障等级 2（零输出）"这 2 个故障码。这是一起非常典型的纯电动汽车必须连接随车充电器才能显示故障码的故障，维修人员在维修时会忽略连接随车充电器，所以无法显示故障码，一旦连接随车充电器后系统就马上显示相关的故障码。

依据"整车非期望的整车停止充电"和"DCDC 故障等级 2（零输出）"这 2 个故障码进行分析，其中"DCDC 故障等级 2（零输出）"这个故障码将故障直接指向了电机控制器，电机控制器的作用之一就是将 359.6V 的直流高压电转变为 12V 的直流低压电，由于电机控制器的这一功能失效，进而导致整车无法充电。为了验证思路，将该车的电机控制器拆卸下来后再换上其他试乘试驾车辆的电机控制器，换完后补充冷却液，再启动车辆并对车辆进行充电，发现问题解决了。如图 4-165、图 4-166 所示。

这款汽车属于新能源纯电动汽车，纯电动汽车的结构和工作原理与传统汽油车会有很大的差别，其中电机控制器有控制电机旋转、DC 转 AC、直流降压（DC-DC）、制动能量回收等作用。这款车在连接随车充电器后显示"DCDC 故障等级 2（零输出）"故障码，这个故障码给维修提供了依据，针对故障码的信息对电机控制器进行检修，更换电机控制器后终于排除了故障。

图 4-165　拆卸电机控制器

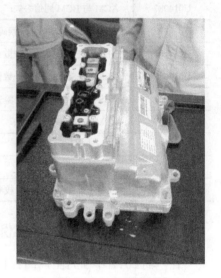

图 4-166　电机控制器

 第七节

众泰 100S 充电系统及检修

一、众泰 100S 充电管理

（1）慢充过程　关闭车钥匙，将充电枪插入充电插座，AC-DC 输出 12V 电源给 BMS 供电；同时充电枪信号线 CC 引脚得到 PE 低电压信号并传送给 BMS，BMS 接收到信号控制总正接触器吸合；同时充电器检测 CAN 信号是否正常，若正常则 220V 交流电通过充电枪、充电插座、充电器、分电器 50A 熔丝、总正接触器给动力电池充电，若不正常则会闪烁故障指示灯提示故障代码。当充电完成后，BMS 模块通过 CAN 传输指令到充电器，充电器停止工作，提示总正接触器断开。慢充充电接头如图 4-167 所示。

（2）快充过程　关闭车钥匙，将充电枪插入充电插座，充电信号线 CC 得到 12V 信号传送给 BMS，BMS 接收到信号控制总正接触器、快充接触器吸和；同时充电器检测 CAN 信号是否正常，若正常则 380V 交流电通过充电器、充电枪、充电插座 50A 熔丝、快充接触器、总正接触器给动力电池充电，若不正常则显示故障代码。当充电完成后，BMS 模块通过 CAN 传输指令到充电器，充电器停止工作，同时快充接触器、总正接触器断开。快充充电插座如图 4-168 所示。

组合式车载充电器接口分布如图 4-169 所示。

车载充电器故障指示灯见表 4-34。

充电系统原理如图 4-170 所示。

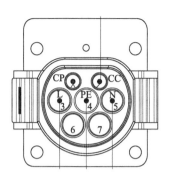

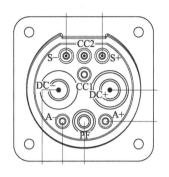

航插	定义	连接点
1	悬空	
2	接地	BMS系统CC信号
3	零线	车载充电机
4	屏蔽线	连接车体及CC
5	火线	车载充电机
6、7	预留	

图 4-167　慢充充电接头

航插	定义	连接处
S−	CAN−L	BMS
CC1	充电信号	BMS系统C号脚
CC2	预留	
S+	CAN−H	BMS
DC−	总负	高压分电盒
DC+	总正	高压分电盒
A−	12V−	
PE	屏蔽	
A+	12V+	

图 4-168　快充充电插座

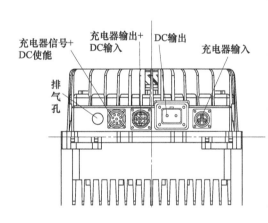

接插件类型	功能	针脚	针脚定义
充电器输入	交流电220V 输入充电器	1	地线
		2	火线
		3	零线
充电器高压直流 输出/DC输入	充电器高压直 流输给DC−DC	A	充电机输出正
		B	充电机输出负
		C	DC输入正
		D	DC输入负
DC输出	DC−DC输出 正、负极线	1	DC输出正
		2	DC输出负
充电器信号+DC 使能	8芯控制信号	A	CAN−H
		B	CAN−L
		C	13V电源正
		D	13V电源负
		E	DC使能

图 4-169　组合式车载充电器接口分布

表 4-34　车载充电器故障指示灯

指示灯状态	指示含义	指示灯状态	指示含义
红红绿绿红红绿绿	充电中，电池电量低于80%	红—红—红——	电池温度错误
红—红—红—红—	充电中，电池电量高于80%	红—黄———	交流电压输入错误
黄—黄—黄—黄—	电池充满电	红—黄—绿——	通信错误
绿绿绿绿绿绿绿绿	电池充满电	红—黄—黄——	充电机过热
红————	电池错误	红—红—绿——	输出短路
红—红————	充电超时	红—红—黄——	充电机自身故障

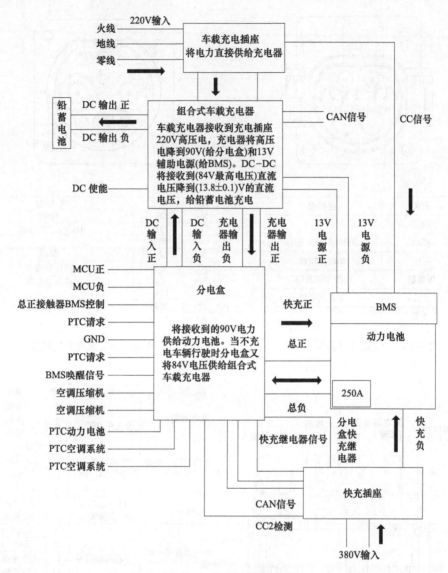

图 4-170　充电系统原理

二、众泰 100S 充电控制

① BMS 上电自检后，闭合主继电器，接收到钥匙 START 信号后，才输出放电继电器负控低电平信号，直至 IG 信号无输入。

② BMS 上电后，闭合主继电器，检测到慢充 CC 信号，即发送慢充电报文；如检测到快充 CC2 信号，即闭合快充继电器，同时发送快充充电报文；如同时检测到快充和慢充信号，则允许快充，禁止慢充。

③ 充电时，禁止放电机电器负控输出。

④ 快充最大充电电流为 120A。

⑤ 碰撞信号输入预留。

⑥ 电池箱体对外输出接口：一对总正总负输出，一对快充正负输入，一个电池信号线

接口。动力电池通信端子分布如图 4-171 所示。

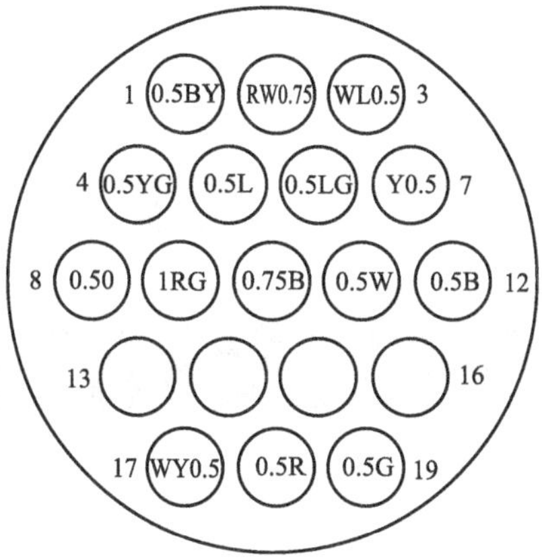

序号	端子定义	序号	端子定义
1	放电继电器负控信号	9	快充12V+
2	整车12V	10	整车12V-
3	慢充CC信号	11	整车CAN-H
4	快充CC2信号	12	整车CAN-L
5	快充CAN-H	17	CP信号
6	快充CAN-L	18	BMS内网CAN-H
7	气囊碰撞输出	19	BMS内网CAN-L
8	START信号		

图 4-171　动力电池通信端子分布

第五章 电动汽车充电站及其运行

电动汽车充电站简介

一、充电站的分类

根据充电运行模式和规模的不同，现有的电动汽车充电设施主要有综合类大型充电站和分散的单台交流充电机两种类型。大型充电站规模比较大，功能也比较完善，配备的充电设施比较齐全，可以同时为多辆、多种类型的电动汽车提供充电服务，而且各种充电方式（如慢速充电、快速充电或更换电池）也比较完备，可以满足电动汽车用户的各种需求；一些充换电站不仅提供便捷的电池更换与维修服务，还具备对更换下来的低电量电池组统一充电的能力，便于提高充电速度及减少对电池的损害，待充满电后直接预备为其他有需要的电动汽车提供电池更换服务。慢速充电的时间较长，但其优点是对电池组的性能影响不大；快速充电所需时间较短，但对电池组的性能有一定的损害。采用电池更换的方式为电动汽车补充电能时，需要各电池厂家统一电池的参数及性能标准，采用相同的接口、尺寸、规格、容量、性能等，从而降低充电站的运营成本；同时，还须建立电池剩余电量检测、计费且便于更换后抵偿费用的系统，但该系统只有在解决电池更换时新旧折损费用及残留电量的计费标准问题后才能获得推广。因此，普通私家车、出租车和其他电动汽车用户可根据需要自行选择充电方式。

大型充电站采用两路电源供电，以充分保障充电站的供电可靠性。这种充电站虽然优势非常明显，但是劣势也非常突出，如占地面积大，城区中心区域难以提供充足的建设用地，增加了建设成本和建设难度等。因此，在电动汽车推广前期可先在公共汽车停车场内建设这类充电站，为电动公交车提供充电服务，作为示范并逐步推广。

单台的交流充电机一般采用单相供电，可设置在私人住宅、办公楼宇或停车场等场所。由于单台充电机的功率等级较小，成本较低，设备规模小，可利用现有的普通民用交流电源，无需额外配置专门的供电电源，因而可以随时随地充电，使用方便，基本不需要专门占地，建设非常方便，投资较少；由于单台交流充电机通常是在电动汽车停止使用的夜晚进行充电，不仅可享受优惠的用电低峰电价，而且还能起到"消峰平谷"、改善电网不平衡程度的作用。但是，由于单台交流充电机的充电速度较慢，因此需要在区域内进行广泛、合理的布局并形成规模，以及统一充电机标准等，只有做到这些才能有效地促进电动汽车的发展。

由于动力电池组存储电能容量的限制，为使电动汽车具有足够的续航里程，满足用户的使用要求，就必须建设布局合理、规模适宜、运行安全可靠的充电设施服务网络，而充电站的规划和建设将直接影响电动汽车产业的发展。在电动汽车充电站的规划和设计中，需要在分析区域内服务对象的特点及其充电需求的基础上，确定充电站的总体结构并给出运营模式的建议方案，从而为大规模建设的充电站在运营模式的选择上提供技术参考，推动充电体系的建设，进而推进电动汽车的产业化发展和推广普及。

二、充电站的服务对象

电动汽车由于具有无尾气污染、价格低廉等优点，不仅受到环保意识强烈的个人消费者和政府公务用户的青睐，使电动私家汽车和电动公务车用车的销量逐年增长，而且也在多种行业中得到了大量的应用。不同种类的电动汽车具有不同的用途，在行驶线路、行驶里程和行驶时间上有所不同，有着各自的运行特点，因此，不同用途的电动汽车对充电方式和充电功率等的要求也不尽相同。不同种类的电动汽车的用途和运行特点如表 5-1 所示。

表 5-1 不同种类的电动汽车的用途和运行特点

种类	用途	运行特点
电动公交车	公共交通	行驶路线、运营时段固定，一天中的行驶里程较长；客流通常在时间和空间上的分布不均衡，如客流在高峰时段和平峰时段有显著区别，在部分站点乘客流动密集等，一般在夜间停运
电动出租车		行驶路线、运营时间、行驶里程及客流分布不固定，有较大的随机性，每日的运行里程较长
特殊园区用车	奥运会、世博会等大型比赛及展览	行驶在一定的小范围区域内，一般有固定的行驶路线、行驶里程和运营时段，一般在夜间停运
公共事业用车	园林、环卫等部门	
电动私家车	私人出行	
电动公务车	政府公务	一般有固定的行驶线路和行驶范围，夜间停运
电动商务车	商务通勤等	
电动工程车	市政、抢险等	每日的行驶线路和行驶里程不固定，变化较大，没有固定的运行时间

由表 5-1 可见，电动汽车充电站的结构和运营模式取决于所服务的车辆类型及用途。

三、充电站的结构

综合的大型充电站一般具备对电池组进行随车快速充电和从车上取下后集中充电两种电能补给方式，同时还应具有完善的功能，以保证对电动汽车的电池进行电能补给之外，还能有较高的安全等级、远程监控能力、良好的人机交互功能、电价计量与交费功能及消除因作为大功率非线性负载而导致的网侧谐波污染的能力等，因此充电站的总体结构较为复杂，主要由供配电系统、充电系统、电池调度系统、充电站监控系统和其他配套设施等组成。配套设施包括充电工作区、站内建筑、自助交易人机交互系统、消防设施和计量收费系统等。

（一）充电站的供配电系统

充电站的配电系统由 10kV 高压配电系统和 0.4kV 低压配电系统两部分组成，包括配电变压器、高/低压配电装置、LC 滤波器、配电柜、计量装置、配电监控系统和谐波抑制装置等设备，为电动汽车充电机及充电站内照明、控制和办公等其他设备的运行提供所需要的电能，是整个充电站正常工作的基础。配电系统的容量应包括充电机的动力用电及监控、照明和办公等设施的用电。根据《国家电网公司电动汽车充电设施建设指导意见》的要求，大型充电站的配电系统应符合常规配电装置的要求，电力负荷级别为 2 级，采用双路 10kV 高压交流电源供电，不配置后备电源，10kV 侧采用单母线分段的主接线形式，并设置断路器互为备用，有两组配电变压器，输入为 10kV/50Hz，输出为 0.4kV/50Hz，中型充电站的进线电源采用 10kV 单路供电，10kV 侧采用单母线接线的方式，采用真空断路高压开关柜，当负荷容量小于 4000k·VA 时，也可以使用负荷开关以减少投资，同时设置进线计量柜、电压互感器、避雷器柜及出线柜；小型充电站则采用单路 0.4kV 电源供电，设置户外供电箱。

（二）充电站的充电系统和设备

充电系统的功能是方便、快速、安全、高效和智能地为电动汽车的电池组补给电能，因而是整个充电站的核心部分。充电技术的提高对电动汽车续航能力的增加和普及推广具有重要的意义。充电系统的配置必须满足各种类型电池组的充电需求，在充电区完成电能的补给，内部建设充电平台、充电机及充电站监控系统的网络接口，同时应配备整车充电机。充电设备包括非车载充电机、电池更换设备和计费装置等，用以提供电池组充电所需的电源。

充电系统的主体为电能变换器，其功能是将供配电系统提供的交流或直流电能变换为适宜动力电池充电所需的直流输出，作为动力电池组的充电电源。充电系统应能自动识别不同种类和电压等级的电池组，以便调节相应的直流输出值，满足各种电池组的充电需求，这一过程主要由电能变换环节中的控制单元和电池管理系统（BMS）完成。充电系统电能变换环节的基本原理是首先将配电网输送的 10kV 高压工频三相交流电经过配电变压器的隔离和降压转换为 0.4kV 的低压交流输出，然后进行二极管不控整流或高频 PWM 脉冲整流转换为直流电，再通过支撑电容的平波作用获得稳定的直流输出，并作为后级 DC/DC 全桥变换电路的输入，经斩波变换及 LC 滤波后，最终输出为纹波很小且幅值可调的稳定的直流电，作为动力电池组的充电电源。此外，充电系统的电能变换控制部分还应实现与电能计量装置、电池管理系统、人机交互界面和充电监控系统之间的通信，以便完善充电机的充电控制和功能。

对于大型综合充电站而言，一般具备电池组随车快速充电和更换电池组两种电能补给方式。在电池组随车充电方式中，充电系统的结构相对简单，功能也比较单一，需要补给电能的电动汽车驶入充电站后，无需拆卸电池组即可通过电缆插头与充电机连接进行充电，充电插头中的 CAN 总线可与电动汽车的车载电池管理系统进行通信，进行充电控制，但是相对于将电池组拆卸后集中充电的方式，随车充电方式会降低电池组的均衡性及使用寿命，而且由于充电机数量多，监控网络复杂，导致成本升高；在电池更换方式中，一般将多个拆卸下来的电池相互串联连接成一组放置在充电平台上，每组电池通过一台充电机进行统一充电，充电机与该组电池的管理系统进行通信以便控制充电过程，这种方式可有效提高电池组的均衡性、延长使用寿命，而且充电机的数量也较少、监控网络简单、成本较低。为此，充电平台需提供与电动汽车上低压直流电源一致的电源、电池充电及存储架、充电机通信接口、充电机输出连接器、烟雾传感器及监控装置等，其中，低压直流电源为电池管理系统提供工作用电；充电机通信接口可接受电池管理系统的充电控制信号；电能通过充电机输出连接器从充电机传输到电池组；烟雾传感器及监控装置等可实现对充电过程的实时监控与保护功能。

（三）充电站电池调度系统

充电站的电池调度系统具有电池更换、储存和维护等功能，包括电池更换和电池维护两部分。电池调度系统主要完成电动汽车动力电池的更换操作和对更换下来的电池组进行集中充电等过程，包含对电池组质量与状态的实时监控管理、电池组实际容量与均衡性检测，电池组的分拣与重新配组、电池组的存储与维护及故障应急处理等内容，主要配备有电池拆装设备、电池储存架、电池检测与维修设备等，考虑到安全性和环境条件，还应划分出专门的电池组储存区域。其中，电池更换区是车辆更换电池的场所，需要配备电池更换设备，同时应建设电池存储间用于存放备用电池；电池维护间用来进行电池的重新配组、电池组均衡、电池组实际容量测试、电池故障的应急处理等工作，其消防等级应与化学危险品等同。

（四）充电站监控系统

充电站监控系统对电动汽车充电机及站内其他设备的运行进行监控，通常包括充电站配电监控、充电机监控、烟雾报警监控和视频监控等系统及计量收费、通信、消防安全等一些辅助系统，用来保障充电站安全、可靠地运行，并能对充电站的异常运行状态做出迅速、快捷的响应，防止事故发生。

其中，配电监控系统采用 CAN 总线与中央控制系统进行数据交换，一方面将实时检测到的配电系统的运行状态参数传输给中央控制系统；另一方面可接受中央控制系统发来的控制指令，以便当配电系统或充电站的其他系统出现故障时，配电系统能按指令做出适当的处理；充电机监控系统主要将充电过程中充电机的控制参数和电池组的参数传输给中央控制系统，由后者进行数据分析、报表打印及传输对充电机的启停控制等指令；由于动力电池在充电时的故障通常表现为冒烟或燃烧，因此烟雾报警监视系统是对拆卸替换下来的电池组进行集中充电时的必备装置，可在发生危险时及时发出报警信号；视频监视系统则针对整个充电站内各主要设备的外表、场地和相关人员等进行监视，以免发生事故。

充电站监控系统将充电站的配电、充电、计量收费和安全防护等相关环节作为一个整体进行自动化的处理，基本功能是按照充电站的实际运行特点，完成包括设备运行状态的实时监控、智能化负载调控、远程充电电量计量与收费及电网合理调配等功能，因此是充电站安全、可靠运行的保证。但充电站监控系统并不仅局限在对单个充电站的监控、调度和管理，从城市供电网的角度分析，随着充电站规模和数量的增加，未来也可能通过 Internet 远程通信协议对一定区域内的数个充电站监控系统所得的数据进行汇总、分析，实现对其运行状况的统一管理和调节，可在一定程度上起到对电网"削峰填谷"和提高供电利用率的效果。

四、充电站的设计和建设

充电站的建设包括规划选址、确定供配电方式与容量、功能定位及相关标准的统一等内容，由接受充电服务的电动汽车的种类、数量和电能补给方式等因素决定。因此，必须在充分调研的基础上，综合考虑充电需求、建设与运营成本，因地制宜地确定建设方案。下面介绍大型综合充电站建设所涉及的主要方面。

（一）充电站设计中要考虑的因素

电动汽车大型综合充电站通常供配电容量大、功能完善，但占用场地也较大，因此投资建设和运营成本都较高。充电站在建成后不仅要满足客户的充电需求，消除对充电不便的顾虑，同时还要为电动汽车的推广起到示范效应和推动作用。因此，充电站在规划和设计时，必须审慎考虑各种因素、权衡利弊后再确定适宜的方案。影响充电站设计的因素主要有以下几个方面。

1. 充电站的规划与布局

电动汽车的发展必然伴随着城市的发展，而充电站的场地面积和供电容量都很大，因此充电站的规划与布局应该结合所在城市建设与发展的总体规划，可适当超前以满足未来一段时间内电动汽车发展的需要。此外，与电力、交通、市政等部门相互协调，将供配电网、道路交通和人口密度等方面的发展情况统一纳入城市规划中，这样既可为充电站的运营提供可靠的电力供应保障、提高充电站的安全性和稳定性，也能够在建成后达到预想的服务能力。由于现有动力电池组存在技术瓶颈，其在每次充满电后为电动汽车提供的续航里程与电动汽车用户的期望值尚有较大的差距，为了保证各种电动汽车的正常使用，显然单独或少量的充电站是无法令人满意的，必须使充电站达到合理的密度，形成网络化布局。这同样必须依据诸如电动汽车主要应用的区域、数量及种类等与城市发展规划有关的信息。除了建设综合大型充电站外，还可依托当地已有的社会停车场和公交车始发站等专用停车场等，因地制宜地建设中小规模的充电站，作为缓解大型充电站负荷、分散充电车辆及方便就近充电的有效措施。

2. 充电站的功能定位

大型综合充电站应提供整车充电和电池快换两种电能补给方式，具备对充电机的运行状态进行实时监测与传输、远程监控、人机交互、充电电量计量及费用支付等功能，需要配置快速充电机、电池组拆卸设备、电池组集中充电与存储平台、通信与计量系统、视频安防系统等。中小型充电站则可以适度简化功能，以降低建设和运营成本。

3. 充电站的容量

应根据建设用地的大小、现有电动汽车的种类与规模等，并考虑未来一定时期内充电需求的增加量等因素，在综合分析和计算的基础上得出需要配备的快速充电机的数量及电池组集中充电设施的规模，以及确定充电站的电能容量。与此对应，充电站各组成系统的设计必须满足此容量的要求，包括供配电输入功率、线路的接线方式、变压器的种类与容量、继电保护装置的选择、谐波抑制的措施及抑制装置的功率等都需要与此相适应。

4. 充电站的建设与运营成本

由于需要配套专门的供电线路、较大的建设用地和专业设备等，新建大型综合充电站一般需要投入大量资金，但随着电动汽车的发展，充电需求会日趋旺盛，因此在后期有利于运营收入的提高。此外，还应该意识到这类充电站并不仅仅是商业运营的设施，而且也是倡导环保理念、增强汽车业可持续发展能力的体现，因此，应兼顾经济与社会效益。

5. 技术标准

限制电动汽车产业快速发展的因素之一就是缺乏统一、能够得到广泛认可和采纳的行业技术标准，如作为电动汽车能源载体的动力电池就有铅酸电池、锂离子电池和镍氢电池等多种类型，即使是同一类型的电池，如存在充电曲线和使用性能的不同，各电池生产厂家的产品在容量及技术指标上也不同，这就给充电系统的设计带来困难，难以兼顾并满足各类电池的充电需求，无法有效降低生产成本。此外，各厂家生产的电动汽车配置的充电插头在形式及充电通信协议方面往往也不相同，这给一些需要进行整车快速充电的用户造成了不便。因此，亟待建立统一的充电设备电气接口及通信协议等相关技术标准，扩展通用性，从而节省建设与运营成本。

6. 对供配电网和环境等的影响

大型综合充电站对供配电网的影响主要有以下三个方面。

（1）谐波污染。由于充电站内的充电机对于供配电网来说是非线性负载，在工作过程中会产生谐波电流，不仅会降低供配电网的电能质量，还会导致网侧功率因数下降。因此，充电站在设计之初就应充分评估谐波的影响程度，考虑是否采用及采取何种谐波抑制和无功补偿技术。

（2）对供配电网平衡性的影响。电动公交车、出租车和私家车等车辆的运行主要集中在白天的工作时间，由于正值运营高峰期、需要以快速充电或更换电池组的方式补给电能，更换下来的大量电池组也需要及时、快速地充满电量，已备随时替换，这就使得充电站的负载波动明显、用电功率激增，会对供配电网产生较大的电流冲击和不平衡，而且这一时段也是城市用电的高峰期，充电站用电负载的增加将进一步加重城市电网的负荷。因此，若能充分利用晚间城市用电低谷、且充电站大多数快速充电机空闲的时段对电池组进行慢速充电，既有利于电池的保养，延长使用寿命，也起到了错峰用电、平衡电网的作用，同时还可享受低谷时段的优惠电价、降低运营成本。

（3）充电站对周围环境的影响。主要表现在电磁干扰和安全隐患等方面，因此设计时要考虑周边是否有对电磁干扰敏感的设备及人员，避开医院、加油站等重要设施及人口稠密区域，从而减少充电站对周围环境的不利影响、排除安全隐患。

7. 使用安全性和方便性

由于充电站内设有大量强电设备，必须保证相关人员和设备的安全；同时，应使充电过程更加智能化和自动化，减少人为干预环节并增加容错能力，充电机与电动汽车充电接口的插拔件应设计合理，使连接和断开操作简单、安全。

（二）充电站的设计原则

根据以上对大型综合充电站设计时要考虑的因素的分析，可得到这类充电站的设计原则，具体包括以下几个方面。

（1）充电站的总体结构包括配电室、充电室、监控室、电池更换区、电池充电区、电池维护与存储区等，选址应在电动汽车使用集中的区域，方便用户及时充电。

（2）应靠近为其提供电能的输变电站，从而缩短输电线路的长度，减少电缆阻抗的不利影响。

（3）应提供整车快速充电和电池组快速更换两种电能补给方式，以便满足不同种类和用途的电动汽车在不同时段的充电需求，此外，还要保持网侧谐波含量低于电能质量的相关标准。为此，必须合理设计供配电系统、充电系统和谐波抑制系统等，其中供配电系统主要涉及配电变压器种类与容量的确定及断路器和继电保护装置的选取等；充电系统涉及高频开关功率变换电路拓扑及控制策略的选择等；谐波抑制系统主要应考虑滤波方式的选择等。另外，充电站还应满足环境保护和防火安全等相关要求。

第二节 电动汽车充电设施的管理与运行

由于电动汽车对技术发展的依赖性大，其运行中具有较多的不确定性，这就决定了电动汽车充电过程要求具有专业化、系统化的特点。因此，应开展有效的组织管理，以保障充电站安全、高效的运营。同时，专业化的组织管理体系也是联结充电系统和上述营运关联系统的纽带，有助于推动充电站乃至电动汽车的商业化运营。

具体来说，可从以下方面加以保障。

① 要建立职责明确、执行有力的运营组织架构，不同职责岗位配备不同的专业化人员，从组织管理方面对充电站建设和运营进行严格、规范和有效的控制，满足电动汽车充电的专业化要求。

② 根据充电站运营组织架构，设计一套合理的组织运作流程，使充电方法、技术和不同电动车辆的需求相适应。同时，要协调好不同岗位之间的业务关系，协调好各个环节的衔接，充分提高充电站运作管理的效率。

③ 建立与充电站一体化管理相适应的严格的管理法规、条例和规章制度，以责任制为基础，对各种运营管理参数进行科学量化，增强管理的针对性和时效性。

④ 电动汽车作为新的事物，充电站在充电中出现故障或意外事故是有可能的，应建立故障恢复与紧急响应机制，加强管理，确保人员、车辆及充电系统的安全。

电动汽车的使用特性具有时间和空间上的移动性和随机性，大规模接入电网充电，将对电力系统的运行与规划产生不可忽视的影响，包括负荷增长、运行优化控制难度增加、对配电网规划提出新的要求等；因此，国内外研究人员对于电动汽车接入电网开展了一系列的研究工作，包括电动汽车充电负荷建模与仿真计算、电动汽车接入对电力系统的影响、电动汽车的充放电控制与利用等。本章介绍了充电负荷预测与充电引导方面的部分研究内容，这些研究有助于降低大规模充电设施接入对配电网的影响，并利用电动汽车负荷的特点改善电网负荷特性，对现有和未来充电站的经济运行提供一定的参考。

一、充电设施的日常管理规范

1. 高压侧配电系统的日常巡检

（1）主变压器的日常巡检，见表 5-2。

表 5-2　主变压器的日常巡检项目

序号	项　目	结果
1	温度正常	
2	无绝缘破损、放电痕迹	
3	无异常声响	
4	散热风扇运行正常	
5	引线接头无过热变色	
6	各相电压在正常范围	

（2）10kV 断路器的日常巡检，见表 5-3。

表 5-3　10kV 断路器的日常巡检项目

序号	项　目	结果
1	分合闸位置正确	
2	开关柜无异味、放电声	
3	开关柜体无发热迹象	
4	机构弹簧显示已储能	
5	环境监测装置正常工作	
6	引线接头无过热变色	
7	"本地／远控"开关在远控位置	
8	"保护跳闸"连接片启用（正常运行） "保护跳闸"连接片停用（故障检修）	

（3）10kV 电压互感器的日常巡检，见表 5-4。

表 5-4　10kV 电压互感器的日常巡检项目

序号	项　目	结果
1	运行无异响	
2	引线接头接触良好，无过热变色	
3	高压瓷瓶无绝缘破损、放电痕迹	
4	机构弹簧是否显示已储能	
5	二次侧接线正确，无短路、松动	
6	二次侧接地可靠	

（4）10kV 电流互感器的日常巡检，见表 5-5。

表 5-5　10kV 电流互感器的日常巡检项目

序号	项　目	结果
1	运行无异响	
2	引线接头接触良好，无过热变色	
3	高压瓷瓶无绝缘破损、放电痕迹	
4	机构弹簧是否显示已储能	
5	二次侧接线正确，无开路、松动	
6	二次侧接地可靠	

2. 低压侧配电系统的日常巡检

（1）电力电缆的日常巡检，见表5-6。

表5-6 电力电缆的日常巡检项目

序号	项 目	结果
1	引线接头接触良好，无过热变色	
2	无绝缘破损	
3	端头牢固、相色正确清晰，无放电现象	
4	端头处无断股，接地线接触良好	
5	电缆沟内无积水，支架牢固、无锈蚀	

（2）低压开关柜的日常巡检，见表5-7。

表5-7 低压开关柜的日常巡检项目

序号	项 目	结果
1	断路器操作手柄位置正确，符合运行模式	
2	断路器分合闸位置指示灯指示正确，符合运行模式	
3	交流电压表指示正确，与后台监控结果一致	
4	端头处无断股，接地线接触良好	
5	柜体无异味、无发热迹象	
6	接地线紧固、无松脱	

（3）继电保护系统的日常巡检，见表5-8。

表5-8 继电保护系统的日常巡检项目

序号	项 目	结果
1	保护装置插件密封良好，固定可靠	
2	保护装置连接片投切位置与运行要求一致	
3	保护装置运行正常，无异味，无异常声响，标签完整	
4	端子排及设备接线牢固，无松动脱落	
5	退出的二次线包扎完好	

3. 充电系统的日常巡检

（1）交流充电桩的日常巡检，见表5-9。

表5-9 交流充电桩的日常巡检项目

序号	项 目	结果
1	外观及桩内清洁干燥	
2	固定平稳、牢固	
3	充电插座外观完好、无损坏变形现象	
4	指示灯状态符合运行状态	
5	液晶屏无损坏，操作有响应	
6	桩内接线牢固、无松脱	
7	充电过程中充电线缆无明显发热迹象	

（2）充电机的日常巡检，见表 5-10。

表 5-10　充电机的日常巡检项目

序号	项　目	结果
1	外观良好、无损坏变形现象	
2	无异味、放电声响、发热迹象	
3	接线牢固，无松脱、断线现象	
4	指示灯状态与运行状态相符	
5	液晶屏无损坏，操作有响应	
6	液晶屏显示电压、电流等数据与测量数据相符	
7	液晶屏显示电压，电流等数据与充电桩数据相符	
8	能够自动完成设定充电过程	

（3）直流充电桩的日常巡检，见表 5-11。

表 5-11　直流充电桩的日常巡检项目

序号	项　目	结果
1	外观及桩内清洁干燥	
2	固定平稳、牢固	
3	充电插头外观完好、无损坏变形现象	
4	指示灯状态符合运行状态	
5	液晶屏无损坏，操作有响应	
6	液晶屏显示电压、电流等数据与测量数据相符	
7	液晶屏显示电压、电流等数据与充电机数据相符	
8	能够自动完成设定充电过程	
9	急停按钮外观无损坏，操作有效	

（4）安防系统的日常巡检，见表 5-12。

表 5-12　安防系统的日常巡检项目

序号	项　目	结果
1	各摄像头无损伤、遮盖，运行良好，画面清晰	
2	门禁系统正常	
3	后台机操作灵敏、可靠，各报警信号发出及时	
4	安防柜内部部件齐全完好，固定牢固	
5	安防柜内部接线牢固，无松脱、断线	

（5）计量计费系统的日常巡检，见表 5-13。

表 5-13　计量计费系统的日常巡检项目

序号	项　目	结果
1	计量表计工作正常，计量准确	
2	与监控后台通信正常	

序号	项　目	结果
3	部件齐全完好，固定牢固	
4	计费规则正确	

（6）车辆运行监控系统的日常巡检，见表 5-14。

表 5-14　车辆运行监控系统的日常巡检项目

序号	项　目	结果
1	设备齐全完好，接线牢固	
2	能够与车辆可靠通信，获取运行参数	

二、充电设施的操作管理规范

1. 充电员岗位规范

（1）工作时间必须穿工作服，佩戴胸卡。

（2）严格遵守充电操作规范和电池维护安装操作规范。

（3）禁止踩踏电池（箱），禁止在电池（箱）上堆放物品。

（4）电池（箱）零部件定点放置，禁止随便丢弃。

（5）工作时间不得擅自离开工作岗位，如确实需要必须向主管领导汇报。

（6）工作中出现的异常情况必须向上一级汇报，不得擅自处理。

（7）工作时严禁闲谈，工作区内禁止吸烟。

（8）充电前应对电池电压情况进行测量，如发现电压、电池形状异常应及时汇报。充电过程中，应及时监测电池电压变化过程。

（9）充电结束后，认真填写相关记录表格。

（10）维护用具及设备在使用中负责到人，如在工作中发现重大事故隐患，应及时向上级汇报，以得到有效处理。

（11）每日结束工作前，应整理工作区，以保证工作区清洁。

（12）不准带与工作无关的人员进入工作区。

（13）不准操作与本职工作无关的设备。

2. 充电员充电操作规范

（1）对于不同车型使用不同型号的充电机，按照充电调度人员的安排进行车辆充电工作。

（2）在车辆充电过程中，认真观察电池电压、电流等参数变化，出现异常及时关机并向上级汇报。

（3）确认充电插头正负极后插接，确保插接安全可靠，两名值班充电员都确认无误后，开机充电。

（4）正常充电前，必须确认充电机充电参数设定与车辆电池类型、电池参数相匹配。

（5）在充电开始前、结束后，认真填写相关记录表格文件。

（6）充电结束后，必须先关闭充电机电源，再拔下充电插头。

（7）充电结束后，必须把充电线整理整齐，关闭、锁好车辆门窗及电池舱口。

（8）在充电过程中，不准擅自离开充电现场，不准在车厢内休息。

（9）严格按照规定参数执行充电工作，不得擅自修改参数。

3. 电池安装及更换操作注意事项

（1）电池安装前的配组工作需要确保电池必须处于相似的荷电状态，即：

① 并联的电池，电压差小于 0.01V，内阻差小于 0.5mΩ；

② 串联的电池，电压差小于 0.05V，内阻差小于 0.5mΩ。

（2）更换电池前，必须严格检查电池状态，包括电池电压、内阻等参数，或根据电池充放电历史记录参数确定需要更换电池的位置参数，并将测量结果报技术负责人，以确定具体方案。

（3）电池安装及更换工作场地必须相对封闭，非工作人员不得入内。场地周边不得有易燃易爆及与工作无关的金属物品，各个工位之间的距离不得小于 2m。

（4）连接电池前，用吹风机和吸尘器对电池表面灰尘进行清理，尤其是极柱内的灰尘和金属屑必须清理。

（5）电池间以铜编织线连接，首先用酒精溶液清洗，除去连接线表面的污垢和树脂胶。

（6）电池间连接采用规定的连接件及设备，不得擅自更改。

（7）电池连线工作实行责任负责制，电池装配后，由检验员检验，并进行登记。

（8）严禁在地面潮湿区域进行电池连接操作。

（9）必须保证电池连接操作工具具有绝缘手柄或在手柄侧进行绝缘处理，与工作无关的工具不得带入工作场地。

（10）操作人员上岗不得佩戴金属饰品，如手表、戒指等。工作服衣袋内不得有金属物品，如钥匙、金属壳笔、手机和硬币等。

4. 锂离子电池充电操作规程

以锰酸锂电池为例，充电操作规程如下。

（1）在充电前，必须检测电池包内单体电池的电压；单体电池并联的情况下，测量并联后电压的分布情况；在有条件的情况下，还应检测电池内阻的分布情况（用于确定电池的状态，包括电池是否损坏、电池荷电状态及不一致性分布情况）。

（2）如电池组电压高于 $3.95 \times n$V（n 为串联电池数），则充电初始工作电流为 $0.05C$，电池组最高限压为（$4.18 \sim 4.20$）$\times n$V。

（3）若电池组电压范围为（$3.85 \sim 3.95$）$\times n$V，则充电初始电流为 $0.1C$，电池组最高限压为（$4.16 \sim 4.19$）$\times n$V。

（4）若电池组电压低于 $3.85n$V，则充电初始电流为（$0.2 \sim 0.25$）C，电池组最高限压为（$4.15 \sim 4.18$）$\times n$V。

（5）开始充电后，应立刻对所有电池电压分布情况进行测量，对在测量中的电压超过 4.25V 的单体进行监控，对电压超过 4.30V 的单体进行重点监控，若有单体电压超过 4.40V 时，立刻停止充电，并按照规定上报监控情况。

（6）在充电过程中，测量电压的间隙，用红外测温仪测试电池温度（包括电池表面和电池极柱温度）。若发现单体电池温度高于其他电池 5℃ 以上，则需要对此电池进行监控；超过 10℃ 时，则必须停止充电，并按规定上报监控情况；电池组温度超过 60℃ 时，必须停止充电，待温度降至 50℃ 以下后，重新开始充电。

（7）充电终止电流应控制在 1～3A/200A·h 的范围内。

（8）充电终止后，必须等待全部电池温度下降至室温后，才能关闭电池舱结束充电工作。

（9）充电结束后 5h，再次测量并记录所有电池断路电压，单体电池电压低于全部电池平均电压 0.1V 以上者，考虑单独充电或更换电池。

（10）充电过程中，发生任何意外情况，都必须首先切断充电机电源，使发生问题的电池包尽快同其他电池断开，并使之与车脱离。

5. 电动公交车调度监控室管理制度

（1）为保证电动公交车调度监控室正常、安全运转，加强系统、设备的维护和人员的管理，制定本制度。

（2）本室工作人员必须严格遵守管理制度、操作制度和有关电气安全操作规程，不允许在室内从事与工作无关的事情。

（3）建立值班制度，严格遵守值班时间，执行交接班制度。值班人员必须定时检查室内计算机系统、网络设备、电源 UPS 系统等运行情况，发现问题及时处理或上报。

（4）本室值班人员必须认真、如实、详细填写《电动公交车调度监控室日志》，交班时必须向接班人员交代清楚一切关联工作事项，对重大事项必须让接班人员确认并签字。

（5）严禁非本室工作人员未经同意进入机房，经同意进入的非工作人员不得随意操作计算机等相关设备。

（6）所有进入本室的人员不得携带任何易燃、易爆、腐蚀性、强电磁、辐射性或流体物质等对设备正常运行构成威胁的物品。

（7）禁止随意变动和摆放室内所有设备。各种设备的使用人员必须严格遵守操作规程，确保设备的正常运行和信息数据的安全；出现使用故障时，使用人员应及时报告，请专业人员排除。

（8）不得在包括计算机在内的各种设备上私自装卸各种系统软件及常用软件，禁止私自登录互联网；一般情况下，不允许使用软盘、U 盘或移动硬盘传递信息，如确实有特殊需要，须先进行病毒检测。

（9）不得随意变动网络和通信设备的配置；网络设备应放置在通风、干燥的位置，需有防火、防盗措施；定期检查各种通信传输设备。

（10）各类软件系统的维护、增删、配置的更改，各类硬件设备的添加、更换必须经调度监控室负责人同意后方可进行，并且详细填写登记记录。

（11）保持室内卫生，不得随地抛弃废物，严禁在室内吸烟或进行其他可能引起安全隐患的活动。

6. 充电机安全操作规程

（1）充电设备开机前检查

① 检查充电站三相输入和直流输出线的连接插头是否可靠。

② 选择是否在电池管理模式下运行，根据电池特性设定合适的充电电压、单体限制电压和充电电流等参数，第一次设定好参数后无特殊情况请勿擅自改动以上参数，以便下次充电时能自动显示最近一次的充电参数。

③ 若接触器、液晶屏显示、风扇等工作不正常，请勿开机，等待维修处理。

（2）充电设备运行中监控

① 密切监控充电机的运行状态，包括充电电流、充电电压和电池温度，如带电池管理系统还须检测单体电压变化。

② 电池充电接近饱和后电压上升较快，应密切观测并及时停机。充电时如发现异常应立即停机处理，记录故障情况，并及时反馈给充电技术人员，待相关人员处理。

（3）注意事项

① 避免充电机带"病"运行，如发现充电机内部响声异常、电流电压显示异常、机内有不正常气味或烟雾产生、液晶显示异常以及各信号指示灯显示异常等应立即停机处理，以免造成更多的元器件损坏。

② 按键操作时请勿用力过大，严禁用硬物涂刮充电机外壳和液晶屏。

③ 充电机外壳应用电缆良好接地，充电过程中严禁靠近充电机和电池，禁止在充电过程中突然断开电源或负载电源插头。

④ 因充电机属大功率设备，主要靠强制风冷散热，充电时应确保其周围通风正常，并定期检查风扇是否工作正常。

⑤ 如遭遇雷电天气，为保证充电机不受损害，建议停止充电。如遇下雨天气过后充电，因空气湿度较大，请将充电机先接通电源，待机工作 30min 后才能开始充电。

⑥ 如充电机在运行过程中发生异常，应将同属于该充电架上的其他充电机全部停机，切断该充电架的三相电源总开关才能取下维修。严禁非专业人士拆开充电机，所有操作人员和维修人员需进行专业培训后才能上岗。为避免充电机电容剩余电荷危及人身安全，故障发生后应过 15min 才能拆开充电机维修，且维修时应做防静电措施。

⑦ 充电机应安装在无阳光直射、无漏雨、附近地面有绝缘处理的地点运行，并且充电机须为非移动式。严禁在充电机上堆放其他物品，充电现场应配备相应的灭火器材。

7. 人工更换电池的安全操作规程

以公交车为例，具体操作规程如下。

（1）公交车停车到位。打开电池舱门，打开开锁电源开关。

（2）更换车前部电池

① 用叉车从充电架上取下已经充好电的电池，调换至手推车上。

② 用手推车从公交车中取出相对应的需要更换的电池。

③ 把充满电的电池装入公交车中。

④ 把从公交车中取出的需要更换的电池装入充电架，锁好。

⑤ 重复上述①～④步更换其余电池。

⑥ 检查所换的电池箱是否已锁止，如已锁止，关上电池舱门并挂上挂钩，锁好。

⑦ 车前部电池更换完毕。

（3）更换车后部电池

① 用手推车从充电架上取下已经充好电的电池。

② 用手推车从公交车中取出相对应的需要更换的电池。

③ 把充满电的电池装入公交车中。

④ 把从公交车中取出的需要更换的电池装入充电架，锁好。

⑤ 重复上述①～④步更换其余电池。

⑥ 检查所换的电池是否已锁止，如已锁止，关上电池舱门并挂上挂钩，锁好。

⑦ 车后部电池更换完毕。

（4）更换结束关掉开锁开关

（5）公交车驶出更换位置

（6）使用叉车时的注意事项

① 叉车驾驶员应经过专门的操作培训。

② 使用叉车取装电池时操作人员至少为3人，1人驾驶叉车，2人在叉车上取装电池。

③ 叉车驾驶员应谨慎驾驶，上升、下降要平稳，上下左右对位要准、稳，保证电池安全，顺畅地装、取。

④ 叉车上的操作人员要站稳抓好，防止自身和电池的跌落。

（7）使用手推车的注意事项

① 使用手推车取、装电池时操作人员至少为2人，1人手推，1人在旁扶住电池。

② 取、装电池时手推车和公交车、充电架的对位要准。

③ 要保证手推车上的电池锁好，以防止电池甩脱。

④ 装电池时要轻并且要保证电池锁紧。

（8）在手动操作时，旋转前必须把缸和托盘缩回到位（如果缸没有缩回到位即旋转，将会导致电池和电动汽车相撞）。

8.快换机器人设备管理规范

（1）快换机器人安全操作规程

① 操作人员应持证上岗，熟识国家有关用电安全规定和触电急救方法。

② 工作中操作人员必须穿绝缘鞋，在潮湿区域工作时应注意做好安全措施。

③ 操作人员要经常检查工具的绝缘情况，正确使用各种仪器、仪表。

④ 操作前安全注意事项

a. 确认车辆已经停在指定的位置。

b. 打开车辆电池箱盖，检查电池盒外观，开启车辆尾部低压电源。

⑤ 机器人操作安全注意事项。

a. 两人操作，一位操作人员，一位监护、检查人员。

b. 确保机器人作业时机器人作业范围内不得有其他人员（必要的工作人员除外）。

c. 任何人不得在机器人与车辆、机器人与电池架之间行走（紧急情况除外）。

d. 机器人前后移动时，操作人员必须给监护人员口令并得到监护人员确认后，方可移动机器人。

e. 确认车上电池盒电磁锁已经锁好，关电池箱门，挂好电池箱门的保险绳，关闭自动解锁电源，关闭车辆后门。

f. 确认电池架上的电池安装稳固。

g. 对机器人运行程序的修改，必须先作试运行再作实际操作。

h. 严格按照规定维护、保养机器人，做好机器人工作记录，发现问题及时汇报。

⑥ 更换电池注意事项。

a. 禁止带电接近高压电极。

b. 在维护电池、电池盒前必须切断电源。

c. 确认车辆、电池架上的电池安装稳固。

⑦ 用手推车更换电池时必须双人操作，必须确认电池稳固地安装在车辆上或电池架上。

⑧ 从架上取电池前，托盘必须全部缩回到位，设备停在 0°或者 180°位置，工作托盘上不能有电池。

⑨ 机器人左右移动前需要把托盘和缸缩回到位，高度不超过 300mm。

⑩ 其他安全注意事项。

a. 对车辆进行更换电池或电池盒维护保养之前，确认车辆停稳，并在作业车辆前放置停车牌。作业完毕后，驾驶员签字确认，然后移开停车牌。

b. 留意来往车辆。

c. 严格按照消防安全指引作业。

（2）快换机器人日常例检及维护规程

① 设备操作人员必须进行培训考核，合格后方可独立操作设备。

② 设备纳入日常管理，按时进行例保、安保、小修和大修。

③ 每日每班操作前必须对机器人做检查和保养（对丝杠和缸加注润滑油）、擦拭。

④ 设备操作人员需按照使用说明书和安全操作规程要求对设备进行操作，按设备润滑图表要求，按时、定质、定量地对设备进行润滑保养。

⑤ 操作人员每日开机前必须认真巡视设备，检查设备上各紧固件是否有效，作用良好，各运动副上有无异物，液压站油位是否正常，并检查设备是否处于初始状态。

⑥ 在使用设备过程中应注意观察压力表的示数是否符合要求，液压站工作时是否有异响，液压油温度是否正常（不高于 65℃）、数字油缸是否工作稳定、准确。一旦发现异常必须马上按正常停机程序停机，并通知有关人员到场判断故障，以便及时检修设备。

⑦ 使用后，要求按停机程序进行操作，使设备处于初始状态。

⑧ 认真擦拭设备（擦拭设备前须切断电源），切断电源后方可离开设备。

参考文献

[1] 姜久春. 电动汽车充电设施运行与维护技术 [M]. 北京：北京交通大学出版社，2016.

[2] 周志敏，纪爱华. 电动汽车充电站（桩）工程设计 [M]. 北京：电子工业出版社，2017.

[3] 中国汽车工程学会. 节能与新能源汽车技术路线图 [M]. 北京：机械工业出版社，2017.

[4] 刘杰，宗长富. 电动汽车电力电子技术应用 [M]. 北京：北京交通大学出版社，2018.

[5] 黄志坚. 电动汽车结构原理应用 [M]. 北京：化学工业出版社，2018.

[6] 李敬福，王洪佩. 新能源汽车关键技术研究 [M]. 北京：北京理工大学出版社，2017.

[7] 唐勇，王亮. 新能源汽车电气技术 [M]. 北京：人民交通出版社股份有限公司，2017.

[8] 包科杰，徐利强. 新能源汽车维护与故障诊断 [M]. 北京：人民交通出版社股份有限公司，2017.

[9] 陈社会，陈旗. 新能源汽车构造与维护 [M]. 南京：江苏凤凰教育出版社，2018.

[10] 文少波，赵振东. 新能源汽车及其智能化技术 [M]. 南京：东南大学出版社，2017.

[11] 何洪文等. 电动汽车原理与构造 [M]. 北京：机械工业出版社，2012.

[12] 刘春晖，张炜炜. 混合动力汽车结构与检修 [M]. 北京：化学工业出版社，2017.

[13] 瑞佩尔. 图解新型动力汽车结构原理与维修 [M]. 北京：化学工业出版社，2017.

[14] 瑞佩尔. 新能源汽车维修资料大全 [M]. 北京：化学工业出版社，2018.

[15] 滕乐天. 电动汽车充电机（站）设计 [M]. 北京：中国电力出版社，2009.

[16] 杨鲲鹏. 争做大功率充电桩技术应用的开拓者 [N]. 中国电力报，2017-4-13（7）.

[17] 张奇志. 直流充电桩的基本工作原理及技术发展趋势 [J]. 电子产品世界，2017，（10）：63-66.

[18] 佚名. 汽车电池充电的新技术 [J]. 农业装备与车辆工程，2016，（01）：45.

[19] 佚名. 美国研发新型无线充电技术充满电仅需 30 分钟 [J]. 电源世界，2016，（04）：10.